U0754531

丛书编委会

（按姓氏拼音排序）

顾 问 段伟文 刘永谋 单 波 夏可君 许 煜
　　　　汪民安 吴国盛

主 编 胡 钰

副主编 刘海龙 吴璟薇 张 磊

编 委 胡翼青 姜宇辉 潘 霁 王金礼 袁 艳
　　　　曾国华 章戈浩

本书受国家重点研发计划
"促进文化和科技融合特色产业集聚和公共服务平台机制与模式研究"
（2019YFB1406001）资助

当代中国媒介研究系列丛书

媒介与技术研究 经典导读

第一辑

吴璟薇　毛万熙　❖　主编

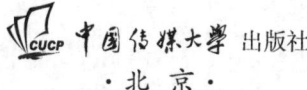

中国传媒大学 出版社

·北 京·

总　序

　　观察当代人类社会的特征，媒介成为基础性架构，技术成为关键性驱动。如何理解媒介与技术，已经成为当代学术发展的焦点问题，不仅是新闻传播学，而且哲学、政治学、经济学、社会学、人类学等都将此作为重要研究对象。与此同时，由于媒介与技术的快速发展与深刻影响，非学术领域的普罗大众对如何认识媒介与技术的兴趣也愈发浓厚，在社会媒体上、公共讨论中经常会看到涉及媒介与技术的话题。如同基特勒所言，"媒介决定了我们的处境"，今天看来愈发明显。因而，作为"文化技艺"的"媒介胜任力"（media competence），今天看来愈发重要。

　　媒介既是文化的载体，也是文化的内容。作为文化载体的媒介，承载了人类的知识、行为与情感，没有媒介的存在，就没有文化积累的可能。但仅仅看到媒介的这种媒介性或中介性，还是不够的，媒介自身就是文化进步的产物，换言之，就是构成文化的鲜活内容。不同的媒介，带来不同的文化呈现方式，也会体现不同的文化创造方式。就写作来说，在纸质媒介上书写，会有个性字体与灵感触动；而在数字媒介上书写，会有规范字体与标准结构。于是乎，在构思提纲时，用纸质媒介会更有创造性，而在写作全文时，用数字媒介会更有效率感。这种书写媒介的使用方式表明，新兴媒介并不一定比传统媒介具有完全的优势，只是各有优劣而已。而这，其实是认识媒介的一个重要原则。

　　媒介发展的实质是技术发展，认识媒介的实质是认识技术进步及其社会影响。技术既是人类的产物，也是人类的对手。在人类数千年的文明进程中，技术一直保持着积极状态存在，成为人类文明的推动力，但在工业革命两百多年以来特别是信息革命数十年以来，技术的社会角色发生了重要变化。技术的强势地位愈发明显，技术即政治，拥有技术能力就拥有政治权力。技术即生活，离开了技术使用就没有了日常生活。在技术的强大能力面前，在"传感器社会"与"智能机器人"的时代，人的主体性正在受到挑战，技术进步与人性退步并存，技术胜利与人类困境并存。简言之，技术既是推动人类进步的手段，也愈发成为挑战人类进步的问题。而这，其实是认识技术的一个重要原则。

　　理解"媒介"的概念，从汉字字面上来看，是"媒"＋"介"，前者体现了主体性、主动性，后者体现了物质性、功能性。事实上，把握媒介的物质属性与交往属性，认识到媒介在主客体关系中的独特价值，就会对媒介的实质与发展、媒介与社会的关系有更深刻的认识。

在日新月异的媒介与技术发展进程中，在旺盛的专业需求与社会兴趣背景下，回到媒介与技术研究的经典著作，通过研读经典，启发深入思考，正所谓"返本开新"，恰逢其时，极其必要，体现了学术的连续性与开放性。对媒介与技术的反思不是今天才引起关注的，事实上，随着近代科技在西方的兴起与扩展，在许多西方学者的思考中，就已经有了许多洞见。遗憾的是，这些洞见很多时候显得不那么"合群"，被湮没在当代媒介与技术发展的现实功用与经济胜利中，被实用主义与物质主义所掩盖。但是，随着时间的推移，随着媒介与技术发展的多重性影响凸显，这些被掩盖的"思想珍珠"会放射出自己的光芒来。

温纳认为，技术是人类的"一个未完成的创造物"。对此，我深以为然。尽管今天的技术无孔不入乃至"自主发展"，但技术始终是"未完成"的创造物，尽管先进但不完善，而要实现完善，还需要人的关怀、人的指引，需要在技术领先的追求中真正注入人文精神。技术专家统治，人文学者退场，导致的只能是技术的"永远未完成"的状态。

对媒介与技术的分析，要坚持马克思主义哲学的基本原理，以工具尺度和价值尺度的双重尺度来考量，既要对媒介和技术实践积极支持，又要在其发展过程中始终保持对人的尊重和关注。媒介和技术作为一种外部力量，是为了人的发展，嵌入了人的发展进程，而不是独立于人的存在。正如马克思所言，"个人的全面发展，只有到了外部世界对个人才能的实际发展所起的推动作用为个人本身所驾驭的时候，才不再只是作为理想、作为职责等存在于想象之中，而这也正是共产主义者所向往的。"

对媒介的研究，是建构中国特色新闻传播学、形成中国自主的新闻传播知识体系的重要着力点。中国的媒介技术发展迅速，媒介应用更是居于世界领先位置，这提供了鲜活的媒介实践。中国的媒介研究坚持辩证唯物主义与历史唯物主义的世界观与方法论，这提供了科学的分析工具。对中国的媒介研究乃至新闻传播学研究来说，立足中国本土，回到马克思，把握新技术，放眼全世界，就能做出自己的原创研究，不但解释与指导中国实践，也会为世界学术与全球实践做出自己的贡献。

本丛书的编写体现了当代与经典的对话，体现了学者与社会的对话，提纲挈领的导读，言简意赅的讨论，深入浅出，意味深长，思想火花时时闪耀，人文关怀溢于言表。细读之，收获之。

是为序。

胡 钰

（清华大学新闻与传播学院教授、中国新闻史学会副会长）

编者序

　　媒介的发展给人类社会带来了巨大影响，不仅改变着人类信息传递的方式，也从更深层次、更广领域参与到政治、经济、文化和社会等领域的变革之中。近年来，由于智能媒介等新技术的引入，也彻底改变了新闻的生产和传递方式，并挑战着原有的研究范式。面对媒介技术的飞速发展与变迁，人们不禁思考：什么是媒介？什么是技术？它们对人类、社会和文化的影响究竟是什么？

　　当然，这不仅仅只是当下的疑问。自工业革命以来，技术的迅速更新迭代便已开始让人类经历着各种各样的变革，伴随着每次新技术的到来，众多技术恐惧、技术迷信之后的技术反思都能够积淀出丰富而深厚的思想成果。尤其近年来新的技术在国内外学术界也引发了本体论转向、物质性转向和后人类主义等重要思想，推动着人们重新深思人与技术，物质与社会和文化之间的关系。

　　2019年春，中国传媒大学举办了首届"物质性转向——媒体与文化分析学术研讨会"，引发了众多关于媒介、技术、物质、社会和文化的讨论。而会上也聚集了大批关注这一议题的学者，"媒介域联盟读书会"和本书正是缘起于此。会后，章戈浩老师、张磊老师、袁艳老师和曾国华老师等多位"小伙伴"们开始计划进行一场关于媒介技术的读书会。但之后因为杂务繁多而一直没能实现。2020年，新冠疫情席卷全球，大家开始待在家里做研究，以国际新闻界的在线读论文和中国传媒大学的"中传领读者计划"在线读书会等为代表的线上研讨会不断兴起，人们也慢慢接受了通过互联网进行学术交流的方式。2020年10月，"媒介域联盟"正式成立，清华大学"無V不至读书会"联合中国人民大学"海龙果读书会"发起线上读书会，2021年中国传媒大学国家传播创新研究中心的"云起沙龙"加入。说起"媒介域联盟"这一名字，还要感谢当时正在念博士的张虹，大家正在为读书会的名字头脑风暴的时候，她提出借用法国媒介学家德布雷的关键概念"媒介域（Mediasphere）"来命名。为了表示众人合作的特色，我们专门以"联盟"命名之。这意味着"媒介域联盟"是一个由多位学者组成的、去中心化的学术群，重点关注媒介与技术、社会和文化方面的研究。

这也是一个开放性的学术群，希望通过互联网的链接，让全国各地关注这一议题的学者们也可以参与到学术研讨中。同一年入学的硕士生郭琦和博士生高山，也在团队中发挥出了多年积累的互联网经理人与平面设计师的经验，为线上内容发布和读者互动，以及视觉呈现提供了极为专业的技术支持，博士生毛万熙也以扎实的学术功底和优美的文字功底承担起每期的预告工作。从 2020 年 9 月起，每学期为一季，每季为六讲。时光如梭，如今已第五季矣！

"媒介域联盟读书会"立足"热门学科的冷门绝学"，诚邀该领域海内外资深学者作为领读人，同时邀请该领域的资深学者作为主持人，以激发更为深入的对话与探讨。读书会自开创以来，得到了大量学者、学界同仁与学生群体的大力支持。在一期期精彩的领读和研讨背后，能够感受到大家所投入的热情和浓浓的温情。这里更像一个大家庭，虽然疫情阻隔了物理空间的相聚，但又能够通过互联网在虚拟世界中相遇。这里有在这一领域深耕多年的学术大家们的精彩解读，也有在主持人和读者提问中引出的思想的交锋和智慧的火光。周日的午后有学术相伴，一袭阳光、一盏清茶、一本经典、赴一场思想盛宴。

希望这样的热情、温情和思想之光继续陪伴着大家。古有人生三不朽，今有基特勒提出媒介让思想"成为不朽的东西"。于是我们将"媒介域联盟读书会"中的精彩内容整理成文、铭刻于书、以飨读者，也期待从互联网到书本，旧友重聚，新友相逢。本书作为第一辑，按照时间的顺序整理汇编"媒介域联盟读书会"第一、二两季的经典领读，外加 2020 年夏"中传领读者计划" 中吴璟薇领读的《基特勒论媒介》一书，涉及媒介与技术研究领域的十二本经典学术著作：

● 杰弗里·温斯洛普 - 扬《基特勒论媒介》——吴璟薇领读
● 兰登·温纳《自主性技术：作为政治思想主题的失控技术》——曾国华领读
● 许煜《论数码物的存在》——张磊领读
● 斯科特·麦夸尔《地理媒介：网络化城市与公共空间的未来》——潘霁领读
● 维兰·弗卢瑟《人类传播的惊奇现象》——章戈浩领读
● 西比尔·克莱默尔《传媒、信使和传递：媒介形而上学小引》——袁程领读
● 约翰·杜海姆·彼得斯《奇云：媒介即存有》——刘海龙领读
● 许煜《递归与偶然》——许煜领读
● 保罗·亚当斯《媒介与传播地理学》——袁艳领读
● 乔纳森·克拉里《观察者的技术》——孙蓁领读
● 尤西·帕瑞卡《昆虫媒介》——章戈浩领读
● 齐格弗里德·克拉考尔《工薪大众》——徐亚萍领读

这些书既贴近当下国内外研究前沿，又具有一定难度，因而我们邀请的领读人都是国内外该领域最具有影响力的专家学者。他们有的就是该书的作者或者译者，抑或是多年从事该领域研究的学者，力求贴近原著，对经典著作的原文进行系统而扎实的解读，深入浅出，

以引领新闻传播学科发展、引导研究者或者学生快速进入该领域，并建构系统的知识体系。因为媒介与技术研究既是新闻传播学学科中较新的领域，又涉及众多跨学科知识，因此在领读之余，读书会还进行了"媒介与技术研究圆桌论坛"，与众位其他学科的学者共叙。

衷心感谢丛书主编、清华大学新闻与传播学院的胡钰教授，以及中国传媒大学出版社的张毓强社长和曾婧娴编辑的大力支持，使得本书能够高效而顺利地出版。由衷感谢中国人民大学的刘海龙老师和中国传媒大学的张磊老师在资源和平台上所提供的鼎力支持！也衷心感谢一直以来支持读书会的各位专家学者、学界同仁和同学们，以及为"媒介域联盟"在线平台付出了众多辛劳的毛万熙、高山、郭琦、吴余劲、秦艺丹、吴欣慰、束开荣、段世昌、曹国东、刘钰潭、张雅迪、霍旻含和高涔朝等同学。

这本书既是关于"我们"故事，也是关于大家的故事，"媒介域联盟读书会"将在媒介与技术研究领域继续陪伴着大家。

吴璟薇

2022 年 12 月 21 日

写于清华大学紫光大厦

目 录
CONTENTS

领读书籍：《基特勒论媒介》[1]（*Kittler and the Media*）[2]，作者：杰弗里·温斯洛普－扬（Geoffrey Winthrop-Young）

内容简介：杰弗里·温斯洛普－扬在《基特勒论媒介》中将理论、概念与历史背景、人物传记、案例结合起来，将基特勒思想分为三个发展阶段并进行了细致梳理，探讨了基特勒的学术背景、学术概念、学术影响。本书为读者了解基特勒的关键思想提供了一个思路清晰且信息量充足的指引。

作者简介：杰弗里·温斯洛普－扬，加拿大不列颠哥伦比亚大学教授。1991年从不列颠哥伦比亚大学获得博士学位，同年开始任教于马尼托巴大学和滑铁卢大学，1995年起在不列颠哥伦比亚大学任教。早期研究领域是18世纪历史文化，后转向媒介理论、演化理论、文化技艺，是国际公认的基特勒研究专家。

图1-1 《基特勒论媒介》封面

领读者：吴璟薇（清华大学新闻与传播学院副教授）

对谈人：黄典林（中国传媒大学副教授）、张昱辰（上海社会科学院新闻研究所助理研究员，现为同济大学艺术与传媒学院副教授）

讲座时间：2020年9月17日

文字稿整理与校对：毛万熙

一、开场白

吴璟薇：2015—2016年，基特勒开始成为德国学界热门话题，德国媒介理论也开始

---

[1] 温斯洛普－扬.基特勒论媒介 [M].张昱辰，译.北京：中国传媒大学出版社，2020.

[2] WINTHROP-YOUNG G, Kittler and the media[M]. Cambridge, UK: Polity, 2010.

在英文学界受到关注。除基特勒之外，德国媒介学者还有克莱默尔等诸多人物，但今天的介绍聚焦在基特勒身上，因为他是德国媒介理论的第一位领军性人物，也是英语学界具有争议性、关注度极高的学者，被称作"数字时代的德里达"。《基特勒论媒介》这本书译文优美，契合基特勒所处的德国文化和德国媒介研究的文化氛围。由于德国媒介学研究拥有浓厚的日耳曼文学或德国古典学和人文学的根基，中国读者对相关话题不熟悉。今天导读的标题是《寻找基特勒》，希望通过介绍德国媒介研究背景、德国的文化特征和学科背景特色，以及基特勒的学术路径如何受法国结构主义理论和后现代理论的影响，还原知识背景和学术历史，让读者了解真正的基特勒，实现在原汁原味的德国媒介文化研究氛围中交流。

导读还会讨论到基特勒研究中的重要人物——本书作者温斯洛普 - 扬。他是重要的基特勒代言人、推广者。很少有人专门把基特勒理论作为自己唯一的研究对象，而他就是其中一员。本书在写作上极具基特勒风格，采用了基特勒《话语网络 1800/1900》（*Discourse Networks 1800/1900*,Kittler,1990）中的写法，也以大量篇幅讨论了该书。同时除本书外，温斯洛普 - 扬还用英文写了诸多关于基特勒理论的引介文章。他在个人网站上列出的 42 篇论文中，就有 13 篇直接在标题里提到基特勒的名字。温斯洛普 - 扬感兴趣的是"文化技艺（cultural technique，德语 Kulturtechnik）"，并专门把它作为自己的研究对象。他本人的人生际遇也十分有趣，书中写了作者作为一位小镇青年的成长史。他第一次见到基特勒是在德国弗莱堡大学读一年级时，这里是德国的人文中心和哲学中心，文化底蕴深厚，这里还靠近法国。基于基特勒早年的人生境遇，作者在第一章中试图解读，为什么基特勒会接受法国思想而非当时德国主流的法兰克福学派思想。

二、领读环节

（一）全书结构与基特勒思想阶段划分

真正的基特勒是什么样的？以下将按照全书章节顺序，梳理知识理论，分析核心观点。该书可分为五部分（见图 1-2）。

第一章：人物小传及其他。 这部分是基特勒的小传，还介绍了德国的文化和学术背景知识，比如媒介研究（Medienwissenschaft）的发展脉络、德国的文化历史背景和学术发展背景。

第二章：话语分析。 本章是《话语网络 1800/1900》一书的提要，该书有浓厚的早期福柯的思想特点。这一章清晰地梳理了基特勒如何受到福柯和拉康的影响，所以本章的导读也将融入对福柯、拉康的解读。因为中国读者对福柯的《词与物》等早期研究著作已经比较熟悉，我们将讲解重点放在第三章和第四章。

第三章：媒介理论。 本章谈论因基特勒而产生的媒介研究和媒介理论的发展。

第四章：古希腊文化技艺。本章是本书最难读的部分，却也是最优美的部分，诠释了文化技艺的学术范式，谈到古希腊、荷马史诗、数学、音乐。这是典型的德国媒介研究路径。我将结合学术史的考察，解释文化技艺这一重要概念是如何在德语学术研究中发展的。

第五章：充满争议的学术成果。本章是对基特勒和媒介理论的总结。我将讲解涉及范围最广、对媒介研究理论或实践最有影响、最能激发我们、最有创新性的概念——"媒介决定了我们的处境"。本章后半部分谈及战争等研究，可进一步和鲍德里亚的研究做对比，因时间关系不再展开。

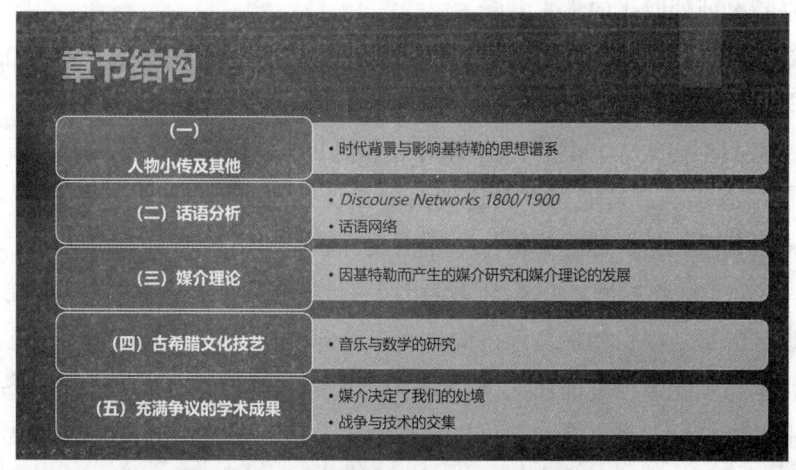

图 1-2　《基特勒论媒介》一书的章节结构

本书章节划分也代表了基特勒学术思想的整体脉络。基特勒的学术思想可以分为三个主要阶段。

第一阶段：文学阶段。《话语网络 1800/1900》一书对应的是早期基特勒的研究。基特勒基于歌德时代即 18 世纪以来的德语文学传统来写作，把文学手法融入了话语分析，引入了《词与物》、知识考古学的相关概念。这一时期包括基特勒在 20 世纪 70 年代中期到 20 世纪 80 年代初期的作品，关注文学视角。

第二阶段：媒介技术。近年来，这部分在英语学界引起的讨论最多。总体而言，麦克卢汉的研究带有较多印刷时代的色彩，而基特勒则梳理了欧美 200 年来的媒介史，从模拟媒介到数字技术，提出了很多新观点，这是基特勒在当今受到关注的重要原因。尤其在美国，当麦奎尔的大众传播模式因新技术，尤其是数字技术的到来而宣告终结之后，基特勒等人的德国媒介理论开始浮出水面，受到热捧。基特勒的理论从宏观、系统的视角，基于媒介学、媒介环境学、媒介史，对人、社会、媒介的关系做了超越时间限制和技术限制的深层次诠释，所以他的理论具有更多的解释力与活力。这部分著作主要集中在 20 世纪 80 年代初期和之后的 20 年。

第三阶段：系谱学／文化技艺。这一阶段集中在 20 世纪末。基特勒运用福柯时代的系谱学，也引用了德国文化里的重要概念"文化技艺"，不断挖掘出新的发现。文化（Kultur）

一词具有鲜明的德国特色，和文明（civilization）不一样，也不能和英文的"culture"直接对等翻译。后面将进行细致论述。

导读第一部分讲解基特勒所处时代的学术背景。第二部分讲解基特勒在法兰克福学派如此有影响力的学术圈里却跨越大西洋引介麦克卢汉的原因，重点关注基特勒所承袭的德国学术路径。第三部分集中解释"文化技艺"。第四部分分析"媒介决定了我们的处境"。第五部分做出梳理和总结。每一部分都是对相关章节的回应。

（二）基特勒所处时代的学术背景

首先介绍基特勒的主要经历。读者应将理解视角放在德国历史和德国文化的语境下，从学术史和概念史的角度去还原基特勒。

基特勒在二战中出生，1943 年生于东德"Rochlitz"。1958 年由于其家人不认同苏联对东德的意识形态影响，其随家人搬迁到西德黑森林中的小城 Lahr，靠近弗莱堡。1963年基特勒进入弗莱堡大学，学习德语、罗曼语及哲学。弗莱堡是一个具有"地方精神"的小城。首先，它处于法德边境，距离法国城市斯特拉斯堡很近，具有多元的地方文化环境，与德国内部地区的哥廷根、柏林等地不同。由于地理位置优势，这里受到法国后现代思想的影响较大，基特勒能够经常前往法国聆听福柯讲座，也能接触到德里达的研究。其次，弗莱堡是报业发展最早的地方之一，可以算作德国早期新闻媒介中心，印刷业发达，具有深厚的人文底蕴，海德格尔也曾居住于此。

基特勒 1976 年在弗莱堡大学完成博士论文，并于此任教。1985 年完成教授资格论文（Habilitation）后，任教于瑞士巴塞尔大学。1987 年任教波鸿鲁尔大学，教授现代德语文学，而这所大学正位于工业发达的鲁尔地区，这里也是德国接收福柯思想的前沿阵地，因此，基特勒的学术路径和福柯也有较多重叠。1993 年，他前往柏林洪堡大学并担任媒介美学讲席教授，和后来的一些学者成了德国媒介研究的重要代表，德国媒介研究也以洪堡大学为中心发展起来。2008 年，基特勒退休，2011 年去世。以上是基特勒一生中几个重要的学术节点。

1. 基特勒的知识谱系

影响基特勒的重要学者包括两个序列：一是海德格尔、黑格尔、尼采、拉康、福柯等哲学家；二是图灵、香农、麦克卢汉和维利里奥。本书第一章对基特勒如何受到法国影响的介绍比较清晰，但未充分分析麦克卢汉或伊尼斯学派对其影响，其实二者之间有很多相似却不同的地方。

20 世纪 70 年代，基特勒在欧洲开始活跃起来。虽然同一时期麦克卢汉在北美掀起热潮，但在欧洲几乎无人知晓。1968 年，麦克卢汉的《古登堡星汉灿烂》被译为德语并在杜塞尔多夫出版，其思想开始被正式引入德国，此时基特勒还在弗莱堡。麦克卢汉的作品是天马行空的风格，他擅长使用夸张的手法，和欧洲传统的哲学思想完全不一样，因此所引发的影响不大，甚至还获得了不少负面评价，例如法兰克福学派的第二代代表学者汉斯·马格努斯·恩岑斯贝格尔（Hans Magnus Enzensberger）[1]就曾评价他是"江湖骗子""理论无能者"。直到20世纪80年代，麦克卢汉在北美的热潮退去之后，才在德国被重新"发现"。

麦克卢汉在德国不同时代的不同境遇与德国国内的学术发展有着密切关联。当20世纪60—70年代麦克卢汉遭受冷遇时，法兰克福学派的理论思想还是德国学术界的主流。回顾整个法兰克福学派的发展历程，20世纪30—40年代是其黄金时代，二战前随着核心学者迁移至美国，其影响也从德国蔓延至美国。然而到了20世纪70年代末，阿多诺（Theodor Adorno）、霍克海默（M. Max Horkheimer）和马尔库塞（Herbert Marcuse）等第一代法兰克福学派中坚力量离世，第二代代表人物哈贝马斯还正在成长，法兰克福学派的影响日渐减弱，德国思想界甚至出现理论真空。这一真空最终被"法国后结构主义、系统论和麦克卢汉的理论所填补"[2]。

2. 德国新闻传播学的学科建制

说到基特勒，需要介绍一个重要概念："媒介研究"（Medienwissenschaft）。该词不能被翻译为"媒介科学"。英文的"科学"（science）指自然科学，是可以被证伪、被重复的科学、系统性知识。而"Wissenschaft"在德语中指"研究"，所以将"Medienwissenschaft"翻译成"media studies"更准确，指通过研究、梳理、抽象形成对知识的拓展，基于研究的视角对媒介进行观察和思考。

媒介学沿袭了电影与电视研究和法兰克福学派的传统，融合了诠释学、语言学、精神分析学、结构主义、符号学的学术资源。其开端在20世纪70年代前后，以"电影与电视研究"（film and television studies）的形式出现。1972年，柏林工业大学（Technical University Berlin）的弗里德里希·基尼里（Friedrich Knilli）教授设置了媒介研究专业，这个研究领域也开始了学科的建制化过程。20世纪80年代初，德国科学与人文委员会（Council of Science and Humanities）将其定义为"kulturwissenschaftliche Medalitätsforschung"，即文化学的媒介性研究，英语是"studies in mediality"。这涉及两个词，文化学和媒介研究。文化学或文化研究基于历史的宏观视角来分析文化和社会，而媒介研究正是从德国的文化学里分支出来的，指新闻学与传播学研究以及电影与电视研究之外的研究。

---

[1] ENZENSBERGER H M. Constituents of a theory of the media[M]// GRIMM R, ARMSTRONG B. Critical essays. New York: Continuum, 1982:67.

[2] LESCHKE R. McLuhan and medienwissenschaften: sense and sensation[M]// FRIESEN N. Media transatlantic: developments in media and communication studies between North American and German-speaking Europe. Switzerland: Springer International Publishing, 2016:184.

媒介学、新闻学、传播学在德语里有何区别？这涉及德国教育体系中与新闻、传播、媒介研究相关的四个学科。[1]

一是新闻学（Journalismus）。在德国，新闻学不属于大学学科，和美国新闻学尤其是密苏里模式不一样。密苏里模式强调在大学本科进行新闻实践教育，实践和理论相结合，早期突出新闻实践，之后逐渐上升为理论。不同的是，新闻学在德国是一个以实践为主的学科，不强调学术研究。德国的大学教育机构分为两种，一种是技术职业应用性学院（Fachhochschule），可以学到实际操作的应用性技术，如中国大学开设的播音主持、新闻采写、摄像等课程主要在这类学校开设；一种是综合性大学，即"Universität"，主要教授理论课程。在德国，新闻学作为以实践为主的学科，并不属于大学的教学和研究范畴，而只有以下三个学科属于大学体系。

二是公共媒体学（Publizistikwissenschaft）。该学科具有德国历史特色，其前身可追溯到专门研究印刷媒体的出版、发行、组织结构以及社会功能等的报学（Zeitungswissenschaft）。该学科是最早设立的关于新闻媒体研究的学科，可追溯到 17 世纪，1690 年，莱比锡大学的托俾厄斯·波伊瑟（Tobias Peucer）博士完成了世界上第一篇新闻学论文《关于新闻报道》（当时的拉丁语标题为 De Relationibus Novellis，德译名为 Über Zeitungsberichte; 英译名为 On News Reporting）[2]。前面提到的新闻学更多传授新闻专业技能，学生实习时间较长，而公共媒体学注重理论层面的大众媒体研究。综合性大学主要使用"公共媒体学"的名称，以"新闻学"作为专业名称的大学极少。

三是传播学（Kommunikationswissenschaft）。这是一个外来词。受美国影响，德国从 20 世纪 60 年代开始盛行民意调查（Meinungsforschung）。这是沉默的螺旋理论提出者伊丽莎白·诺埃勒－诺依曼（E. Noelle-Neumann）从美国引入德国的。这个学科更多使用量化研究方法，注重媒介效果研究。所以在德国，传播学等同于源自美国的以量化和实证方法为主的传播学。

四是媒介研究（Medienwissenschaft）。今天的媒介研究结合文学、戏剧学、音乐学的人文视角，关注大众媒介及其公共传播，包括媒介美学和媒介史。

彦斯·施罗特（Jens Schröter）2014 年编写了媒介学教材《媒介学手册》（Handbuch Medienwissenschaft），从本书结构可以看到相关的学科背景。它将语言学、语言分析、信息学、网络分析、批判理论、后现代理论、媒介考古学、德布雷的媒介学都列为媒介学的重要理论根基。可见，媒介研究的知识背景是深厚的。

---

[1] 吴璟薇. 中德新闻传播教育的比较与思考 [J]. 中国新闻传播研究 ,2017(1):97-105.

[2] 陈力丹. 回到最早的新闻学博士论文——读 1690 年托俾厄斯·波伊瑟《关于新闻报道》[J]. 现代传播（中国传媒大学学报）,2012,34(10):13-18, 27.

3. 媒介学代表人物

第一代代表人物有弗卢瑟（Vilém Flusser）、法兰克福学派第二代学者恩岑斯贝格尔、基特勒（如图1-3）。基特勒和弗卢瑟关系紧密。基特勒是德国媒介学派的奠基人，是第一个在作品中融入"麦克卢汉元素"的学者。在法兰克福学派失去曾经的辉煌后，基特勒通过麦克卢汉的一系列著作为媒介研究引入了新的研究方法、研究对象和研究主题。研究范式和研究对象的转变使德国媒介研究走出了法兰克福学派的"阴影"，从文本分析走向文化分析，从针对高雅文化的批判转向对日常大众文化的研究。

图1-3　弗卢瑟、恩岑斯贝格尔和基特勒

20世纪90年代，数字媒介时代到来，在大西洋两岸掀起了一轮麦克卢汉与基特勒"热"。一方面，麦克卢汉重回理论热点，而基特勒也借助"麦克卢汉之光"被北美学界"发现"。从1990年起，基特勒有四本著作及一系列单篇论文被译成英文并在北美地区出版，借助麦克卢汉的"壳"进入北美学术界。近年来，基特勒本人甚至成为北美学术界研究的主题，一系列以基特勒研究为主题的书籍和论文出版。

基特勒的代表著作可分三个阶段来介绍。从已出版的英译本来看，第一阶段是《话语网络1800/1900》。第二阶段是《留声机·电影·打字机》《光学媒介》《文学·媒介·信息系统》《德考拉的遗产》。第三阶段是《音乐与数学》《数字与数字符号》。目前，在英美学界还是前面两个阶段的作品影响大，尤其是第二个阶段的作品（如图1-4）。

第二代代表人物有克劳斯·皮亚斯（Claus Pias）、班哈德·西格特（Bernhard Siegert）、沃尔夫冈·恩斯特（Wolfgang Ernst）。这些学者深受基特勒影响，被称为"基特勒三青年"（如图1-5）。皮亚斯被称作基特勒的接班人，以"控制论"（Kybernetik）研究而闻名，他所著的《关于计算机模拟的认识论》，内容是研究计算机媒介学所关注的符号、工具、机制以及实践，如何对知识的构成、流通、处理和存储做出贡献，调查知识和知觉的媒介—历史条件，即一种历史认识论。基特勒也通过话语网络、文化技艺分析符号的机制、信息储存等。西格特以"文化技艺理论"闻名。恩斯特是柏林洪堡大学音乐学与媒介学学院的媒介理论教授，学术上受海德格尔的《存在与时间》、福柯的知识考古学、基特勒的《留声机·电影·打字机》、麦克卢汉的"媒介即人的延伸"等影响较深。他结合历史学背景，将媒介考古学作为媒介理论的主要研究方法，从微观视角研究技术媒介中的时间性、信号传输、编码解码、存储机制等。他追溯词源，从古希腊语中探讨当代媒介最原始的功能和意义，以及它在历史上的重要衍变和发展。

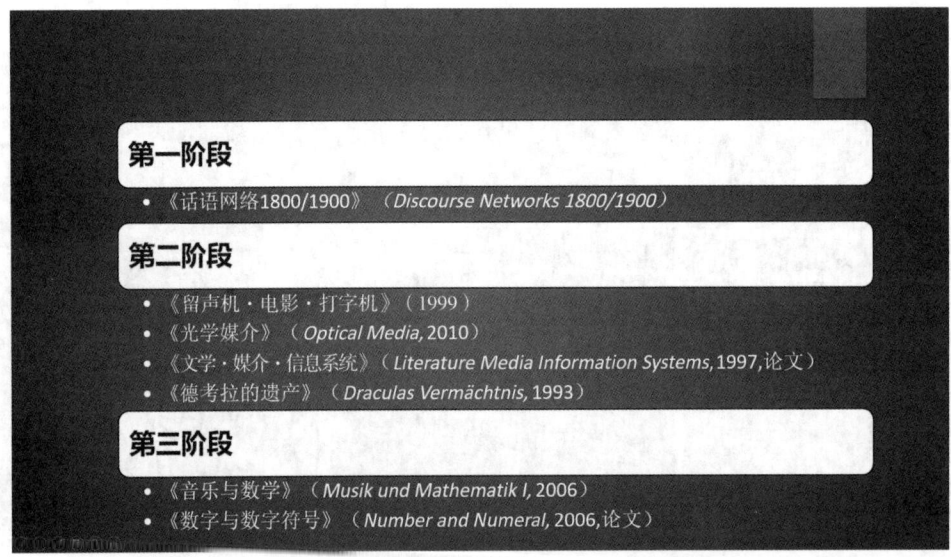

图 1-4 基特勒的代表性著作（以已经出版的英译本为主）

图 1-5 "基特勒三青年"：皮亚斯、西格特和恩斯特

4. 基特勒与媒介考古

基特勒因其大多从媒介物质性和本体论出发进行历史性叙事研究而被称为"媒介考古学"的先驱。基特勒秉持媒介中心（media-oriented）的研究取向，将信息的储存、处理与传输作为探究媒介文化的起点，这使得不少人将他的作品奉为媒介考古学的先驱之作。[1]

---

[1] 施畅.视旧如新：媒介考古学的兴起及其问题意识 [J].新闻与传播研究，2019，26（7）:33-53,126-127.

但他本人在一次访谈中直接挑明了自己的研究与媒介考古学存在分歧。不过，诸多媒介考古学者以他的研究作为指引。沿着基特勒的思路，媒介考古学者如是断言："技术不是由文化因素所决定的偶发产物，相反，技术一定程度上构成了主体存在、意识及无意识的条件。"这里，技术成为一个重要的视角，注意不是技术决定论。

可以说，德国媒介考古学形成了事实上的两大学术阵地。[1]基特勒的代表作品包括《话语网络 1800/1900》《留声机·电影·打字机》《光学媒介》。齐林斯基的代表作是《媒体考古学：探索视听技术的深层时间》。基特勒的理论脉络是"作为文化技术的媒介"。齐林斯基的理论脉络是媒介变体分析，考察"作为地质岩层的媒介"。基特勒的研究旨在恢复媒介的物质性，齐林斯基则注重寻访媒介的异质性。两人的学术路径有所不同。基特勒受福柯的知识考古学的启示，将分析对象从话语实践转向媒介物质基础。齐林斯基则受益于福柯的系谱学（genealogy）分析，将分析对象从典范媒介扩展至异质性媒介。

（三）话语网络

第二章和第三章重点解释了"话语网络"。其中一个重要分析是从诠释学的角度，分析话语网络的断裂。这里基特勒使用了历史视角。

1. 话语网络的断裂

18 世纪 50 年代，养育婴儿和儿童的方式发生了变化。这时，资产阶级的核心家庭崛起，女性几乎全部被贬入私人领域，作为婴儿和儿童的重要监护者（p.37）[2]。最重要的改变就是儿童学习语言的方式。儿童不再通过《圣经》中繁多的名字、字母来学习说话，而是被母亲教导说出"最小所指"（minimal signifieds）（p.37）。最小所指就是最小的符号或意义的单位，它既不是真正的词汇，也不是无意义的音节，不是噪音，而是位于二者中间的东西……它能够轻而易举地与词汇相结合（pp.38–39）。这样的最小所指总是孕育着意义（p.37）。当我们回到德语的造句法、造字法或中文的造词法中时，就可以发现有很多相似点，这和英语不一样。举个例子，河马，在英文中河（river）是一个词，马（horse）是另一个词，河马（hippo）又是一个词，但是在德语和中文里，河（Fluss）是一个词，马（Pferd）是一个词，而河马（Flusspferd）是由这两个最小所指合起来的词。二者之间形成一个新的词。在造词过程中，不同元素的组合产生更多新的词语和意义。

话语网络是"完全由诗人、哲学家和教育改革家参与传播的，关于亲密的甚至情欲化的母亲身份的话语建构……是构成文化断裂的重要因素之一……语言彻底改变了自己的地位……语言、自然和母亲的身影都是意义而不是噪音"（p.39）。

---

[1] 施畅. 视旧如新：媒介考古学的兴起及其问题意识 [J]. 新闻与传播研究，2019，26(7)：33–53，126–127.

[2] 全书内文中出现的页码均为领读书目的页码，后文不一一标注。

在话语变化里产生了一个断裂。德国是一个属于诗和思的国度，儿童在家庭教育里学习歌德的诗歌，在中学教育里学习诗歌和哲学，这些都是非常重要的教育内容。从早年的母亲教育到后来的学校、大学教育，这些都使得现代化的语言模式融入社会，改变了儿童的思维方式。基特勒所讲的文化断裂在这里有浓厚的福柯色彩。福柯在《词与物》《知识考古学》里提到知识型。每个时代都有它的知识型，其所对应的意义的传输方式、结构方式等是不一样的。基特勒从福柯的《词与物》理解话语网络。在基特勒这里，媒介不是中介、广播、电视，媒介等同于语言。由于母亲角色的变化、儿童学习语言方式的变化，语言符号的改变，媒介从歌德眼中迷人的文字工艺品变成了信息（p.40），话语网络在1800年到1900年之间发生了断裂。

2. 话语分析的法国路径

除了德国传统的语言学分析之外，还有一个对"话语网络"的分析路径，即法国的福柯和拉康的分析路径。在1800年到1900年间，说话主体的去权化（disempowerment）以及语言秩序的断裂发生了。

去权化指人不是语言的主人，语言在我们之前就已经存在，成为人的主宰。一个词指称的某种东西，会产生相对应的区隔。比如，"我"指称"你"时，有一个对应的"我"的产生。这里需要回到福柯的《词与物》，去看结构主义的思维范式在当时产生的对应。就是说，当一个概念产生的时候，会有另外一个概念与它形成一个对应。在这样的对比和区隔里，产生了不同的概念。

新型模拟媒介技术使话语网络发生了断裂，阻碍了文化的延续性，因而话语的基本秩序、话语机制改变了。话语这个词不再指关于扩展的语言和语言学上的抽象概念，而是指由教育机构、教育机构的分支、存储和传输的技术手段以及可用的诠释学策略等塑造的语言存在的真实方式（p.42）。历史受制于深刻的文化断裂，语言成为技术手段，整个媒介形式也发生了变化。话语分析与文化技艺之间有很强的关联性，福柯和基特勒着重分析的是对语言的操作和技术，而这里的技术更多指涉的是文化技艺和对语言的操作技术。

3. 文学和哲学从官僚精神中诞生

随着语言技术的产生，一系列与之对应的社会系统发生变化，这更多是一种建制化的过程。基特勒将话语网络定义为"技术与机构（institution）的网络，它让一个特定的文化得以选择、存储与处理相关数据"（p.46）。我们具体来看一下它是如何被建制化的。

文化是和语言符号体系相连的，它构成了"一个巨型的信息机器，根据数据输入、处理量和输出的联结方式，生产出关于机器为什么要这样运作以及应该怎么运作的观念"（p.46）。语言的改变，话语的改变，语言结构和技术的改变，带来了社会和文化信息系统的改变。文化信息系统代表了处理和输入数据的方式，而处理、输入数据是语言所做的主要事情。

由此带来的社会影响，就是公共部门改革——一个相互连接的文化技艺网络的一部分。同时也意味着，由于文化技艺的影响，语言在社会上被运用并产生相应的社会网络，结果就是社会相关机构也进行了改革。由此可以看到，从语言符号到文化技艺，再到形成相关话语网络的变迁，影响着整个社会的变迁。

语言教育的改革也使得书写成为另一种书写的笔迹。每个人都是不同的，与众不同的书写笔迹使得个体得以产生，即现代语言的主体出现（p.51）。个体性出现了，主体、灵魂和精神的崛起也在书写中产生了，而这些和传播物质性所发生的变化是有关联的。字母在哪里，这些主体就在哪里（p.51）。从当时母亲的口语到后面学校的教育，基特勒想要强调的是书写作为一个体系，是一种写作、书写的文化技艺系统，它影响着意义的传递和媒介系统，或媒介形式的变迁。

基特勒对媒介的物质性进行了深入研究。德国媒介学家克莱默尔在诠释基特勒的理论时也对平面书写、数字屏幕和数字化网络的运用进行了研究，考察媒介的物质平台变化如何影响思维和社会结构，从书写体系来解释技术带来的变迁。具体大家可参阅《全球传媒学刊》刊登的克莱默尔的相关论文。[1][2]

（四）文化技艺

与话语网络的使用和操作息息相关的一个话题是"文化技艺"，比如语言作为文化技艺如何被运用、如何影响了媒介变迁。本部分的讲解将在德国文化背景中理解文化技艺。

1. 文化技艺的三个范畴

文化技艺（Kulturtechnik）在德国学术史有三个重要的代表性范畴。"Kultur"来自拉丁语 Cultra（colere），最早与农业（agriculture）有关。

第一个范畴是 19 世纪末，文化技艺指田园的（rural）、农业水利的、环境工程（environmental engineering）相关的，属于自然科学词汇。温斯洛普-扬也写过相关文章解释文化技艺。文化技艺具体指"大规模的改造程序，如灌溉和排干可耕地，矫正河床或建造水库。它还包括水文大地测量学的研究和实践"[3]。

---

[1] 克莱默尔,吴余劲,叶倩,等.作为文化技术的媒介:从书写平面到数字接口 [J]. 全球传媒学刊,2019,6(1): 18-27.

[2] 吴璟薇,曾国华,吴余劲.人类、技术与媒介主体性——麦克卢汉、基特勒与克莱默尔媒介理论评析 [J]. 全球传媒学刊,2019,6(1):3-17.

[3] WINTHROP-YOUNG G. Cultural techniques: preliminary remarks[J]. Theory, culture & society,2013,30(6): 3-19.

第二个范畴是20世纪70—80年代，文化技艺指媒介胜任力（media competence），指"掌握新媒体生态所必需的技能和能力"[1]。例如观看电视、听收音机需要知道每个按钮的功能。如果延伸的话，可以指阅读、书写、写作、计算和艺术创作的能力，与教育学理论联系，在德国教育里是最基本的教育方式。

由于与写作、阅读的联系，文化技艺也发展出第三个范畴。"话语网络"的"1800"部分也涉及教育。文化技艺作为媒介学的重要概念，是18—19世纪出现，20世纪80—90年代由基特勒确立的，其在媒介学里的开端存在很大争议。而需要对文化（Kultur）再做一个文化史或媒介考古的知识梳理，可以大致归纳出两个重要年代。

19世纪左右，有一个重要学科产生，即德国文化研究（Kulturwissenschaft）。文化技艺和德国文化研究有深刻的联结。德国媒介学最早的起源是文化研究。19世纪，德国文化研究带来了我们对文化的理解。首先要说明的是，德语的"Kultur"不同于英文的"culture"。"文化作为特定民族的特殊和相对特征"，涉及德意志民族的认同。[2]德语文学和德国文化有很大关联。路德进行新教改革后，形成了文字的大一统，促进了德意志民族的融合，之前日耳曼人分成八个不同分支，各个部落文化不一样，当时日耳曼文化没有统一性。后来德语统一后，形成了德语文化。今天，在欧盟背景之下，德国人还在讨论，德国是什么？德国人是什么样的人？这是贯穿德意志文化精神的问题。德意志精神会探讨民族认同是什么。所以在德语文化中，Kultur特别强调德意志的民族特色、自我认同、和他者的区别。

德语中的"文明"（Zivilization）与"文化"（Kultur）也有重要区别。艾利亚斯是德国社会学家，其《文明的进程》[3]一书的核心是文明和文化的区别。今天，人们眼中的文明是指科技、科学知识、现代经济学等。在18—19世纪的德国知识分子看来，文明的代表不是德国，是法国和英国，它们通过现代技术、知识、坚船利炮打开了殖民地大门，通过贸易开发、占有殖民地，把文明带向了所谓的野蛮地带。另外，在18世纪的欧洲人看来，法国宫廷礼仪也是文明的象征，在德国宫廷里要说法语来表示自己很文明。所以，文明带来的是技术、殖民地文化、全球化的世界、大一统的文化相似性。

德国知识分子认为德国和英法是不同的：德意志民族是有文化的，区别于法国和英国的文明。德国社会的核心系统是知识分子造就的，德意志民族是一个诗和思的民族，文化代表的是德国知识分子引领的艺术、哲学、宗教、政治、社会规范等。他们谈文化的目的

[1] WINTHROP-YOUNG G. Cultural techniques: preliminary remarks[J]. Theory, culture & society,2013,30(6): 3-19.

[2] GEOGHEGAN B D. After kittler: on the cultural techniques of recent german media theory[J]. Theory, culture & society,2013,30(6): 66-82.

[3] ELIAS N. On the process of civilization[M]. Dublin: University College Dublin Press, 2012.

是寻找德国人的身份认同，寻求群体的独特性。文化与诗和思、哲学以及德国的自我认知相联系，因此"Kultur"与"culture"是不同的。

2. 从身体技艺到文化技艺

文化技艺和操作是相关的，涉及身体技艺（Körpertechnik/ Body technique）。很多关于文化技艺的书都会先讲身体技艺，再讲文化技艺、语言的使用。阐述文化技艺的几位重要学者都谈到，不同文化体系有不同的组织身体活动的方式，[1] 例如走路、游泳和跑步。控制身体和操作的方式就是身体技艺，包括书写、阅读、计算和谱曲，这些都和符号的操作有关。克莱默尔也解释说，身体技艺就是使用图像和物品的操作体验，包括绘画、书写等。[2] 可见文化技艺有明显的德国文化特征，强调文化的独特性，"文化技艺通过它自身潜在的自我参照和其他所有的技艺区别开来"。作为重要的文化技艺的方式，身体技艺也区别于其他技艺。

本书把文化技艺视为操作，"是产生我们所知的文化差异网络的操作"。"从哲学的角度来说，我们正从稳定的本体论走向可操作的本体论。我们谈论的不是主题和对象，而是操作。……谈论文化技艺就是试图以严谨的概念来谈论操作"[3]。这和本体论的变迁有关系，这时不再是本体论本身，而是本体论的操作。谈论文化技艺就是试图以严谨的概念来谈论操作，包括语言、文化本身是如何被操作的，在被操作后又是如何形成文化差异网络的。这涉及教育领域，之前谈到话语网络的构建和社会机构的建立，都和教育分不开，它们从教育领域延伸出去之后，展示出广泛教育实践中两个根本性变化。

首先，语言变成了"自然的"、同质的媒介。在基特勒看来，语言是媒介，语言能够捕捉到诠释学上可以理解的意义，因为语言变成了操作后，语言背后就有很多可解释的操作过程。

其次，世界变成了一个意义无限的存在。基特勒讲到最小单位的所指，其分化可组合成无限可能，使这些变化得以实现的实践有时被基特勒称为"文化技艺或半技术"。我们能够操作它，能够使语言成为自然而然的媒介，为什么不使用媒介呢？温斯洛普－扬称，基特勒使用"文化技艺"或"半技术"这些术语是因为"媒介"术语并没有涵

[1] MAUSS M. Die techniken des körpers[M]// MAUSS M. Soziologie und anthropologie. München：Carl Hanser Verlag, 1974: 197－220.

[2] BREDEKAMP H, KRÄMER S. Kultur, technik, kulturtechnik: wider die diskursivierung der kultur[M]// KRAMER S. Bild－schrift－zahl. Paderborn: Wilhelm Fink Verlag, 2003:9－22.

[3] 王继周. 文化技艺：德国文化与媒介研究前沿——对话媒介哲学家杰弗里·温斯洛普－扬 [J]. 国际新闻界,2020,42(5):51－60.

盖他想做的一切。[1] 用文化技艺能够使人更多地关注语言或媒介的操作过程，而非媒介的实体或本体。以此为视野，可以进行媒介考古分析、对话与网络分析等。

这样，对文化技艺的分析就成为对语言操作的分析，语言成为媒介。包括书中举例的古希腊文字，希腊人尝试修改腓尼基字母表，让演说成为可能。基特勒认为，对符号系统的改编教会了古希腊人如何有意识地说话。古希腊文字不仅是符号库，还体现了人们对语言的分析。"古希腊字母表分析的不是你听到了什么，而是你如何通过分类语言的基本构成要素来说话"。"写作不该被视作获取关于现有句法知识的尝试，而是为演说提供了模式，从而让可拆分的语言变成句法成分，其中最主要的成分就是后来成为哲学反思以及术语定义对象的单词。"这一事实直接指向了基特勒的断言："直到媒介提供了模型和隐喻后，我们才对我们的感觉有所了解。"（p.106）

3. 语言—符号—写作—模型和隐喻

语言形成了特殊的符号形式，对符号的操作形成了写作，在写作过程中，我们了解了背后的模型和隐喻，在操作过程中，我们知道了背后操作的变迁，就是对话语网络的分析的变迁。基特勒提出"文化技艺"的概念来分析处在不同社会背景下的技术。媒介作为文化技艺，可以让人们选择、存储和生产数据和信号。

总之，对文化技艺的理解要放到德国的背景中。第一，文化强调的是异质性，和其他群体的不同，所以话语网络最终形成的是与他者的不同。第二，基特勒想用文化技艺取代原来对媒介的理解，关注的不是媒介本体，而是对媒介的操作。语言等同于媒介，我们对语言的操作就是后来的对话语网络的分析，从中可以看到关于语言、模型、操作流程的分析。

（五）媒介决定了我们的处境

前面从话语分析、话语网络讲到文化技艺，重点关注媒介和技术的关系。基特勒的名言就是"媒介决定了我们的处境"[2]。基特勒通过分析媒介发展过程中的历史条件以及传播的结构来理解媒介，做出了这个判断。这句话引发了一场讨论：基特勒是不是和麦克卢汉一样，是所谓的技术决定论者？基特勒谈论的技术只是指技术的视角，而不是作为决定因素的技术。他从技术的视角看，在历史语境下，传播结构、社会结构如何发生变化。

基特勒将媒介分析放到历史情境中，通过对处于后一历史阶段的媒介的使用的分析来分析前一阶段的媒介。从后往前推，才能推出媒介的历史情境。基特勒在麦克卢汉的

---

[1] 王继周. 文化技艺：德国文化与媒介研究前沿——对话媒介哲学家杰弗里·温斯洛普－扬 [J]. 国际新闻界,2020,42(5):51-60.

[2] KITTLER F. Gramophone，film，typeuritter[M]. Standford：Standford University Press，1999：xxxix.

媒介分析的基础上，继承了拉康的精神分析以及福柯的权力与话语研究、知识考古学。其中一个重要概念是媒介物质性、传播的物质性（materiality of communication），用来分析媒介技术、制度框架和身体政权（body regimes），以及数学符号、字母和音乐符号等标记系统。

如何理解传播的物质性？传播的物质性强调传播过程中的物质载体。德布雷认为，媒介包括符号、语言体系、物质载体。信息的物质载体是显示屏，是书写的纸张。原来人们对媒介更多关注传播效果，内容决定传播效果，但是今天，对媒介的关注从内容变成了物质载体，人们发现物质载体影响传播效果。比如物质载体会影响恐怖片人物贞子爬出来的效果。如果贞子不是从电视机里爬出来，而是从电脑屏、手机屏或大屏幕里爬出来，传播效果将大为不同。手机屏幕太小，笔记本电脑屏幕太薄，缺乏震撼力；大屏幕的情境是多人分享的，不可能造成恐怖效果；电视显示的是模拟信号，在信号不很稳定的时代，屏幕上会显示雪花点，雪花点造就了恐怖效果，加上电视机有厚度，人们不知道里面有什么，恐怖效果就又增强了。

麦克卢汉和基特勒都在谈论技术，在此简要比较二者。二人书写风格相似，都是文学领域的学者，作品充满文学特征；都因对自身学科产生不满而转向研究媒介技术；在学术路径上，都讨论了香农信息论，都从历史视角研究媒介。

但二人有重要的不同点。第一，对感官的认知不同。这可以延续到具身性的话题上。本书谈道："基特勒认为没有必要将所有媒介都挤向人类感觉器官的瓶颈。"（p.147）麦克卢汉则聚焦人类感官，"一个特定媒介的技术特质以某种可预测的方式影响着感官比例，进而对个体以及知觉进行了改造"（p.148）。对天主教徒，计算机预示着"世界范围的理解与和谐的神恩降临的状态"。

第二个不同点是技术决定论的立场。"在基特勒更加微妙的解释中，技术决定论的面向是不存在的……基特勒预设了一个偶然得多的技术与理念体系间的关联"（p.148）。媒介技术的变迁对话语产生重要影响，"话语网络1800到话语网络1900的转变被认为是由媒介导致的。在处理数据的新型技术手段到来之时，文化的上层建筑都被颠覆了"（p.146）。准确地说，基特勒采取的是技术视角，而不是技术决定论。

第三个不同点是对于传播符号在多大程度上可准确传递讯息的认知。这个问题是由信息论对噪音的讨论引发的。麦克卢汉认为媒介即信息，强调渠道的存在会影响噪音，但是基特勒论述的是传播的物质性，是技术的物质结构而非渠道在影响噪音，渠道只是宏观层面，要在微观层面结合物质的结构、文化技艺去了解符号的噪音如何影响传播信息。

（六）基特勒媒介理论的发展与运用

基特勒热和"德国媒介理论（German media theory）"热的到来不是没有原因的。技术的变迁使得媒介研究的视角从本体论回到影响技术发展的各种原因上。今天，基特勒的理论可以怎样运用？基特勒理论的文化技艺这一核心概念究竟在今天如何运用？可以从文化技艺中获得哪些启示？

温斯洛普－扬在访谈中解释说：我们应该"停止使用'媒介'术语，不再把它当作能够处理任何事情的'魔法棒'，这将会有很大帮助"。媒介的概念太模糊了，光对媒介的解释都有很多，包括它的单数和复数。"'文化技艺'的兴起是'媒介'概念变得可疑的诸多迹象之一，但我们还是继续使用它，我们用它是因为当我们谈论媒介时，希望其他人或多或少理解我们所说的媒介的意思。这是合作上的愚昧。这对诗歌也许很好，但对理论却是糟糕的"[1]。文化技艺为我们理解媒介的运作方式、操作流程、它对人类及社会结构变迁的影响提供了一个新视角。顺着这样的思路，我们可以谈论"媒介"之后还有什么可能，思考在媒介之后会有什么能够取代媒介。

关于文化技艺的概念或对媒介的讨论可以延伸出很多关于媒介、媒介功能、媒介作用的想象。德国媒介理论中有一个概念"mediality"（媒介性或中介性），指媒介作为中介能够联系双方，不管是联系传者和受者或联系任何介质，即克莱默尔的"第三性"（the thirdness）。这涉及一个有意思的哲学概念。第三者或第三性的存在是否能够降低噪音？这也是基特勒和麦克卢汉所谈的。第三性的存在能否降低噪音，让传者和受者完全接触信息？第三性有没有必要存在？中介有没有必要存在？彼得斯说，天使的对话不需要中介，中国叫作"心有灵犀一点通"。克莱默尔也谈论身体作为第三性或中介的存在是否必要。

以美国为代表的大众传播理论虽然在世界范围内具有重大影响，但在新媒体时代面临众多的问题与考验。德国媒介研究与媒介理论一方面发展出了具有自身特色的研究视角与理论，另一方面也从中观和宏观层面来理解媒介（如系统论、法兰克福学派与技术哲学、物质性研究等），探讨技术、媒介与社会的关系。重新发掘这些理论资源是为了了解今天的数字媒介对人和社会的影响。

2015年以来，基特勒作品的大量英译本问世，国内开始召开相关会议并出版相关译著，2019年，ICA（国际合作联盟）也专门安排了一场会议来讨论德国媒介理论在全世界的影响。今天对基特勒的研究主要集中在理论方面，具体运用较少。希望未来的研究将基特勒的理论更多应用于电子媒介的诠释、媒介物质性研究和媒介考古学中，并融入批判动物学、身体物质性（和麦克卢汉也有某种潜在的关联）、具身性理论等。可能的议题有：人工智能时代人与技术、机器的关系以及其中的伦理和价值观问题，技术变迁究竟如何改变着媒介与人的关系，新闻传播研究的反思与创新。比如，把基特勒的理论放在新闻生产实践中，

---

[1] 王继周.文化技艺：德国文化与媒介研究前沿——对话媒介哲学家杰弗里·温斯洛普－扬 [J].国际新闻界,2020,42(5):51-60.

考察技术参与新闻生产时如何构成人和技术的主体关系的变迁，技术在新闻生产里如何造就新的生产关系；新闻传播学发生本体论转向后，学科如何变化；也可以融合很多跨学科的讨论，包括认知心理学与神经科学诠释基特勒和拉康思想的关联。

最后，借用本书作者的话作为结束语。温斯洛普－扬说："我想提醒读者的是，千万记住《基特勒论媒介》是一本引介性读物，它是通向大厦的一扇小门，而不应该被误认为是大厦本身。"（p.22）

三、讨论环节

黄典林：感谢吴老师的精彩解读。只有在德语学术背景下长期学习和工作的老师才有可能做到这种对背景信息和知识的深度介绍。这本书的理论氛围和我们平常接触的英美传统差别很大。有很多线索值得更多了解。下面有请张昱辰老师作为译者对吴老师的解读做一些回应。

张昱辰：我简要介绍下自己在翻译中的经历、感想和体会。首先是基特勒在媒介道说系列丛书中介绍的六位学者的位置。我把六位学者粗略分成了三组。第一组是海德格尔和本雅明，是西方思想界万神殿中的经典人物，对后世学者产生了巨大影响，在作品中可以看到基特勒和海德格尔的联系，以及维利里奥和本雅明的关联。第二组是齐泽克和卡斯特，是当今依旧活跃在学界的学术超级巨星，影响广泛，尤其值得注意的是，和当下联系紧密，齐泽克在近期疫情中也频频发言。第三组是基特勒和维利里奥，这两位学者非常有趣。他们出生在20世纪，跨越到21世纪，在21世纪的第二个十年去世，距离现在不远，去世后影响力不断增强。他们是当仁不让的媒介理论家，而且对媒介理论版图产生了重要影响。

总体来看，他们在中国的思想旅行也有着不同的路径。海德格尔很早就被引入英文世界，在20世纪90年代，中国开始出现大量的关于海德格尔的研究成果，有相当多的研究者研究海德格尔，一直是大热门。本雅明和海德格尔相比，影响力更加广泛。他不仅是文史学者，而且广泛涉猎文艺批评、神学、人类学、社会学、艺术史等领域，但是他的特点是论述非常分散，小作品很多，所以有些作品没有及时引入中文世界。卡斯特偏社会科学风格，作品被翻译成中文的有很多。齐泽克不停出版新作中译本，是这几位学者里中译本最全的。维利里奥的写作有法国学者的随笔风格，很早就得到了英美学界的关注，大量作品被引入英美学界，大部分著作都是英文版，绝大多数已被翻译成中文。被翻译成中文的导读就有三本。基特勒的著作和论文加起来不多，在这本导读之前被翻译成中文的著作只有一本，还有几篇论文，因此他是六位学者里中文资料最少的，他在中国和同期的斯蒂格勒、德布雷相比，不算热门。这带来的好处在于，把他引入中文学界时，不存在容易造成困扰的不同译法，当然翻译时也常常遇到没有可以参照的标准译法的困扰。

本书的重要性在于，它是第一本中文的导读性的基特勒研究著作，也可能是英文学界第一本导读著作。作者身份非常有趣，在德国成长，在加拿大攻读博士学位，对德国媒介研究和多伦多学派都有了解，和基特勒是师生关系，能跳出德国看德国学界。他同时精通英语和德语语言文学，是位语言大师，比一般学者更有发言权。最近他还在继续把基特勒的德语论著引入英语学界。他和北美学者比如彼得斯、凯瑟琳·海尔斯交情甚好，另一方面和德国的克莱默尔等大佬们也有颇多交往，他把德国和北美的交往不多的两股媒介研究或传播研究力量编织起来，所以他本身也是连接德国和北美传播研究的媒介之一。

在我看来，本书不仅仅是一本导读，还是作者的研究成果，反映了作者本人的研究旨趣和鲜明风格，出现了很多作者原创性的见解。本书"干货"很多，脉络清晰，零基础的人读下来也没有太大难度。很多内容在英文世界中第一次出现，尤其是古希腊部分，对不会德语的学者来说是难得的资料。

本书具有人文学者的写作风格，行文风趣幽默，但也不时出现犀利词风。每一章常用文学作品或故事开头，充分展现了作者的渊博学识和敏锐洞察力。本书是套系六本书里涉及文学作品和人物最多的一本。有些文学作品不仅是案例，而且对理解基特勒的核心观点至关重要，值得认真阅读。本书的三道难题分别为理解二、三、四章提供了好的开端。第二章《话语分析》使用歌德、霍夫曼、浪漫主义童话，阐释语言作为充满意义的媒介在《话语网络1800/1900》中的重要地位。第三章《媒介理论》引用了平克·弗洛伊德的《大脑损伤》和斯托克的现代派小说《德古拉》中内容。第四章《古希腊的文化技艺》引用了荷马史诗等古希腊经典的内容，分析当时的文化技艺。本书中还出现了里尔克的诗歌、瓦克纳的歌剧、披头士、滚石乐队、黑客帝国等一系列的文化作品和人物。这样的写作方式某种程度上也能帮我们理解德国人文学科学者怎样阐述理论。所以，耐心读完书中的故事对读者很有意义。

本书观点鲜明。作者常常分析基特勒和诸多学者的关联。本书对基特勒对于福柯和拉康的热情，以及法国大师们对基特勒本人的态度进行了有趣的描述和评价。本书对基特勒在一段时间里避开谈海德格尔做出了自己的解释，而没有依据基特勒本人的解释。本书对于基特勒和传媒研究中理想主义者的关系，尤其对左派和右派同时开弓的态度，基特勒对法兰克福学派的批评与不屑，也有一些阐述。

作者认真回应了基特勒的常见标签，包括对于保守主义者的批评，提出了自己关于基特勒的基本观点。第一点，作者认为，基特勒并非保守主义者，仅仅是忽略了解放性理想，但是他某种程度上比一些追逐解放性理想的理论家更有创新性、颠覆性。第二点是技术决定论，作者用马恩回应对经济决定论的批评的方式来回应对基特勒的技术决定论的批评。第三点是回应基特勒在古希腊研究中对福柯和拉康的背叛。另外，作者也为基特勒贴上了新的标签。比如作者认为，基特勒具有反社会学、反人类学的偏向；基特勒在处理性别问题上体现出大男子主义倾向，在古希腊问题上展现出文化主义倾向；基特勒忽视了政治、经济的问题。

四、问答环节

听众： 基特勒的媒介物质性的概念和媒介形式的概念有何区别？

吴璟薇： "materiality" 和 "form" 是有区别的。比如书是一种媒介的形式（form），书中纸张具有物质性（materiality），强调物质的介质本身。介质可以多种形式存在，比如以书的形式、杂志的形式，"materiality" 强调物质更加本质的属性，本质可以不变，而形式是可以变化的。

听众： 基特勒的话语分析和梵迪克的话语分析是否有承接关系或者其他关联？

张昱辰： 基特勒和福柯的话语分析的联系更多。梵迪克使用的是语言学、新闻学的话语分析手段，更加有操作性。基特勒和福柯的话语分析不仅仅是我们说的方法，某种程度上是理论资源。本书第二章用媒介的视角看待话语、语言、话语网络，认为话语网络是一整套体系，哲学家、官僚体系、教育手段、各种各样的社会机构构建了这样的网络。基特勒的话语不是梵迪克作为文本的话语。

听众： 媒介考古学会受到诟病吗？它研究古老的技术，缺乏与当下议题的真实联系，加上研究的碎片化，是否高估了过去这些无关紧要的破碎的东西？

张昱辰： 首先，媒介考古学本身也是一把伞，伞下有非常不同的脉络，很难说齐林斯基的媒介考古学和胡塔莫的媒介考古学是一回事。另外，媒介考古学具有视旧如新的观念，虽然考察的是古老的东西，但它和现在的真实世界并非没有关联，它和我们认识世界、理解世界的方式有很多关联。媒介考古学要挖掘过去的观念和现在的观念的关联，不是脱离现在去看以前的东西。所以看似破碎的东西不是无意义的。

吴璟薇： 媒介考古学虽然在考古，在研究历史，但分析的是媒介形态的变化，以便看到人类发展历史上媒介对人类社会的影响，分析人和媒介、技术的关系，以及媒介在建构社会关系、人和世界之间的关系中起到了何种作用。它要起到由历史来启发现实的作用。

听众： 基特勒认为语言是媒介，德国文化建立在自身语言特点的基础上。德国文化有语言特点，在面对其他文化时会不会有冲突或不和谐的困境？如果要解决这个问题，需要消解自身的语言还是借由其他媒介技术进行超越？

吴璟薇： 先要强调一点，德国文化是德国的历史和文化所造就的。德国错过了第一次工业革命，好不容易在19世纪末借助国家统一、第二次工业革命才慢慢发展起来，在这一过程中建立了对德意志民族的认同。德国本来是很分散的，在民族国家建立后，认同也没有那么强烈，所以德国在寻找自我认同，思考什么是德国、什么是德国人或德意志民族，试图与法英区分开。因此德国强调自身的文化，并不是天生就自带这种骄傲情绪。后来他们对民族情绪的强调多少和纳粹有关。

另外，德国确实存在文明或文化冲突。18—19世纪，面对英法冲突，至少德国的知识分子在这时跳出来。他们有话语权，有学识，在新兴中产阶级兴起后他们联系着德国传统文化，作为社会力量、学术中坚力量，提出德意志文化认同，引起了社会关注，成为文化引领者。在他们的领导之下，人们认为德国是独特的，区别于其他国家。

面对美国流行文化带来的冲突和不和谐，德国传统知识分子试图寻找自我认同。在基特勒的前一代，包括法兰克福学派的第一代，对流行文化持猛烈抨击态度。阿多诺或霍克海默站在传统高雅艺术的视角上批判美国的流行文化，这种批判是非常德国的、传统的、老旧知识分子的。这是第一代的冲突，后来的冲突可能不再如此显著。二战之后，马歇尔计划很成功，虽然它只是经济计划，但也从社会、思想状态等方面改变了德国社会，从这之后，德国人对美国文化慢慢接受，20世纪70年代的年轻人可能开着大众小车，听着美国音乐。基特勒多少听一些摇滚乐，了解不一样的美国文化。和听着古典音乐、读着哲学长大的传统德国文化人和知识分子相比，基特勒可能更多接受了这种文化融入，对美国文化持有更加宽容的态度。

另外，二战之后德国被分成四块，英国、法国、美国、苏联各占一块，后来是柏林墙将德国分为东德、西德，柏林墙倒塌已经三十年了，但两边在意识形态、认知、文化、生活方式上的分歧依然存在，既有冲突也有融合。德国的老旧知识分子、新青年一代也有各自需求，发生了新老的代际断裂。从语言的视角来看，新一代的语言接受了很多外来词，如美国的外来词。

至于媒介技术的超越，也许今天社交媒体在其中能起到一定作用。比如，德国有自己的隐私观念，但是美国社交媒体被引入之后，美国的互联网公司也把美国文化，包括隐私观念带到了欧洲社会，引起了隐私观念的变迁。也许社交媒体技术给全世界带来了更多的相似性。跨文化议题也是可以通过技术视角来讨论的话题。

听众：克莱默尔和基特勒对传播的物质性的理解有什么不同？

吴璟薇：我有相关论文做了详细解读，请查阅《全球传媒学刊》。

曾国华领读《自主性技术》

领读书籍:《自主性技术:作为政治思想主题的失控技术》[1]
(*Autonomous Technology : Technics-out-of-Control as a Theme in Political Thought*) [2],作者:兰登·温纳(Langdon Winner)

内容简介: 兰登·温纳在《自主性技术》中探讨了技术在现代社会兴起和发展过程中起到的巨大作用。温纳吸取了马克思、芒福德、艾吕尔、马尔库塞、阿伦特等思想家关于技术与工业的社会理论,揭示了巨大复杂的现代技术系统是如何与政治和人性紧密交织在一起的。人们确信技术是中立的、工具式的,以此来掩护一种正在或者已经建立的秩序,但是技术不仅仅参与造就了现代社会的形态,同时还内在地塑造了现代人的精神世界。

图2-1 《自主性技术:作为政治思想主题的失控技术》封面

作者简介: 兰登·温纳,1944年生于美国加利福尼亚州,1973年毕业于加州大学伯克利分校,获得政治学博士学位。曾在荷兰莱顿大学,美国加州大学、麻省理工学院等欧美多所大学任教,从1985年至今一直担任美国伦斯勒理工学院(Rensselaer Polytechnic Institute)科学与技术研究系托马斯·菲兰人文和社会科学讲席教授(Thomas Phelan Chair of Humanities and Social Sciences)。代表性著作就是1977年出版的毕业论文《自主性技术》。1986年出版了论文集《鲸与反应堆:探索高科技时代的界限》(*The Whale and the Reactor: A Search for Limits in an Age of High Technology*)。其他名作还有《技术与民主》(*Technology and Democracy*)。

领读者: 曾国华(中国社会科学院新闻与传播研究所副研究员)

主持人: 刘海龙(中国人民大学新闻学院教授)

讲座时间: 2020年10月11日

---

[1] 温纳. 自主性技术: 作为政治思想主题的失控技术 [M]. 杨海燕,译. 北京: 北京大学出版社,2014. 为方便阅读,后文只写主书名。

[2] WINNER L. Autonomous technology: technics-out-of-control as a theme in political thought[M]. Cambridge,MA: MIT Press, 1978.

文字稿整理与校对：毛万熙、吴欣慰

一、开场白

刘海龙： 兰登·温纳的《自主性技术》是一本引用率很高的老书，在谈到技术和社会时人们都会提到它。本书对复杂系统这一网络化、大规模的技术和传统的独立技术做出区分，提出了技术失控观点（即技术无法被人控制）。

本书展示了一条清晰的思路，认为过去人们错误地认为技术既然是人类制造的，人当然能控制技术，这种对技术的认知过于简单。类似案例在中国也出现过。几年前，世界围棋冠军柯洁败给了人工智能"AlphaGo"，在电视活动里他被人问及"人工智能技术如此强大，人类未来该怎么办"时，柯洁回答道："AlphaGo 也是人类制造出来的，AlphaGo 的胜利其实也是人类的胜利。"这一回答背后的常识是：人类发明技术，所以人类也一定能控制它。但是本书展示了事情的另外一面：技术问题具有复杂性、漂迁特征，人类无法预测其发展方向和影响。不过因深受美国实用主义哲学影响，温纳在结论部分回到对技术的乐观主义态度上，与前文自相矛盾。

20 世纪 80 年代，温纳在一篇名文中进一步发展了本书主题，认为技术是"政治的"（political），将技术分为独裁技术和民主技术，有些技术先天是"独裁"的，例如电力技术、运输技术、核弹技术。

温纳的话题构成了技术哲学的重要议题，如果想要理解算法等一系列当代复杂技术，阅读本书是一个很好的出发点。人们在今天谈论媒介时争论的焦点是，系统像是一个失控的事物，比如 2021 年全网刷屏的新闻报道《外卖骑手，困在系统里》。这其实回到了温纳的话题上。从事外卖员研究的孙萍老师也多次引用温纳的研究。

温纳的观点偏向美国实用主义哲学流派，本书可读性强。书中诸多论述在对话埃吕尔、法兰克福学派、马尔库塞和哈贝马斯等人，也为今人掌握技术研究领域的重要文献做了铺垫。

曾国华： 本次领读将采取细读（close reading）方式，尽量贴近原文。本书其实是文学研究意义上的思想史，英文原文长达 300 多页（英文学术书籍一般长度为 180 页至 220 页），行文风趣，内容丰富。领读将重在分章解读本书的行文逻辑，并将本书与当下的研究关联起来。

二、领读环节

（一）作者简介

兰登·温纳，1944 年出生于美国加利福尼亚州，1973 年获加州大学伯克利分校政治学博士学位。曾在荷兰莱顿大学，美国加州大学、麻省理工学院任教，目前担任美国伦斯勒理工学院科学与技术研究系托马斯·菲兰人文与社会科学讲席教授。他的著作不多，代表性著作是 1977 年出版的毕业论文《自主性技术》，1986 年出版的论文集《鲸与反应堆》[1]，此后编著了论文集《技术与民主》，谈论技术对民主的影响。

本次读书会研读的《自主性技术》是杨海燕老师翻译、北京大学出版社 2014 年出版的版本，该书属于吴国盛老师主编的技术哲学系列丛书中的一本。总体翻译流畅，但从学术角度而言，一些译法可对照英文版进行推敲与研讨。

（二）自主性技术的含义

温纳在书中两处清晰定义了"自主性技术"。第一处是这样描述的："在本书的讨论中，自主性技术这一术语被认为是个一般性的标签，泛指所有含有技术业已失去人类控制之意的观念和评论。我对这一概念的使用，基本上直接源于雅克·埃吕尔的自主 technique（技术）。按照埃吕尔的说法，'技术已经成为自主的事物，它已经塑造了一个技术无孔不入的世界，这个世界遵从技术自身的规律，并已抛弃了所有的传统。'我在本书中将要考察的理论都以这样或那样的方式主张：从真正意义上来说，技术如今掌控着其自身的进程、速度和目的，人类想达到的理性目的远远没有控制住它"（pp.12-13）。

这一定义可从两个层次去理解。首先，"自主性技术"并不是对纯粹技术现象的直接化描述，更大程度上是带有文学批评意味的思想史归纳、思想史的框架化叙事，是一个一般性的标签，泛指含有"技术业已失去人类控制"之意的观念和评论。所以读者需要考虑到本书内容是带有文学批评意味的思想史研究。

其次，这一概念与埃吕尔的自主技术有密切关联。埃吕尔在《技术社会》中提出，"技术已经成为自主的事物，塑造了一个技术无孔不入的世界，并抛弃了所有的传统技术；就掌控技术的进程、速度和目的而言，人类想达到的理性目的远远没有控制住它。"这就是失控：技术是能自我掌控的，人类对它的掌控力非常微弱。

后文有一个更加清晰的定义："自我生成、自我维持和自我规划的机制之统治"，即技术的自我增长形成了统治性机制。"其基本假设是，技术发展超过一定水平之后，由不受限制、明确表达、强烈主张的目的来施行统治就成了一种奢望，不再被允许。"（p.203）技术已超越了社会一般形态的区分，超越了意识形态的区分，超越了诸多社会限制，成为具有自主性的过程。

（三）章节概览

1. 导言

温纳在开篇提出问题，引入议题背景，陈述技术为何成为问题：技术的过快发展使得

---

[1]《鲸与反应堆》即《鲸与反应堆：探索高科技时代的界限》。

技术进入并影响人的意识、政治和社会结构，在过去被认为是一种推动性力量的技术自身转变成问题。

此后，温纳对技术做出两重定义。首先，埃吕尔所提出的技术定义成为讨论的出发点，即"技术是在人类的每一个领域内，在发展的特定阶段由理性得来的以及具备绝对功效的方法的总和"。（p.6）诸技术都指向一个广博多样、无所不在的整体，这个整体成为处理现代文化的中心。这种定义的来源本身就指向了技术自主性以及对人的控制，对社会、世界的控制、塑造和重塑的过程。

在此基础上，温纳从三个层面定义了技术观念（pp.8-9），即认为技术分三个层面：第一个层面，技术运作的物理装置（apparatus），即各种各样的与物质技术、对象物质和具体技术应用有关的物理装置，如工具、仪器、机械。第二个层面，一般文化意义上（或中国流行概念中的非物质文化遗产意义上）的技法（technique）。第三个层面，是完成前两种技术的组织（organization）与网络（network）。温纳使用的technology概念既指"硬技术"，又指文化社会性的软技术。读者们可开放讨论如何去认识和评判这种拓展。

2. 第一章　自主与控制

在此背景下，第一章提出自主性控制的问题，以及这一概念的来源。在中文里，"失控"暗含混乱（chaos）或骚乱（riots）的意思，但在本书中失控（out of control）这一概念主要指所关注的技术对象具有自主性，有自身的发展轨迹、逻辑、状态，超出人类的控制能力范畴。这并不一定意味着它自身处于混乱的状态，失控就是自主性控制（autonomous control）。凯文·凯利在20世纪90年代所著的《失控》（*Out of Control*）也表达了类似观点。自主性技术观念的重要之处在于，通过表明人类对技术的控制在实践中行不通，从而拆穿这一梦想。一系列以前被认为可信的观念现已受到广泛怀疑。这些观念有三方面内容：一是人类对自己制造的东西最为了解；二是人类制造的事物在人类的牢固控制之中；三是技术本质上是中立的，是达成目标的手段，所带来的利弊影响取决于人类如何使用它。（p.21）这些观念在西方文化中广泛流传，尤其在19世纪以前，从古希腊罗马时代到基督教文明，到启蒙运动（如弗兰西斯·培根）。但这些观念在后来，尤其在二战后，受到广泛怀疑。这种变革是如何发生的？人们需要认真面对这个过程。

3. 第二章　变革的引擎

本章谈论变革发生的原因，回答推动技术产生自主性的原因。

本章开始借用发电机引擎（永不关闭、独立自主、有能量供给能力）的隐喻（p.37），说明技术已经变成了一个拟人化的、自我发展的动力。那么，人类是否可以实现和保持对其的控制呢？本章从弗兰西斯·培根的科学革命的角度出发，探究技术自主的动力或动机如何产生，以及起到了何种效果。

随后，温纳指出，工业化和现代化是推动技术以特定的、跨社会形态的路径和方式发展的重要因素。面对"发展"这种具有强制性的普世性概念，人类对技术的控制是否能实现？温纳指出两个相关的问题，"首先，技术变革的过程，某些方面是否不依赖于自由意志、有意识的决定或任何人的智力控制？……其次，情况是否像批评者所断言的那样，因为对技术变革方式的过程的依附，人类为对抗技术的混乱趋势而做出自由选择的能力已受到侵蚀？当然，从某种意义上看，选择总是有可能的，但那样就足够了吗？在所有情况下，只能按照技术扩张的逻辑来选择下一步骤，这是多么古怪的一种自由"（p.48）。在这一意义上，现代化和工业化提供的选择有限，人其实做不了选择。

由此，埃吕尔提出：技术已进入自我增长（self-augmentation）阶段。他指出："在一个更具体的层面上，让技术进化思想变得相当有说服力。如果对现代历史中的科学发现以及技术发明和创新的过程进行考察，确实会遇到与进化相似的现象。随着时间的流逝，技术科学和技艺都变得越来越专业化、多样化和复杂化，这正是变革的过程。"（p.51）技术自我增长就是"变得越来越专业化、多样化、复杂化"，并且这种多样化和复杂化要求它形成一种具有强制性的律令，从而对世界和人类社会的运转进行重塑。"正是这种现象被埃吕尔视为技术的自我增长，并视为现代病根源之一"（p.51）。

这涉及学界经常批评的技术决定论。温纳通过马克思的观点来论证。马克思曾清晰地断言：物质生活的生产方式决定社会政治和人类精神生活的过程的总体特征。从这个意义上讲，马克思的观点接近技术决定论。当然，马克思认为人是具有能动性的，只不过能动性在很大程度上受到限制。也就是说，技术留给人们选择的余地是非常小的，生产方式不以人的自由意志为转移。

但是温纳指出，技术发展不是线性的生产方式的迭代和转移，生产方式也是非线性的，这意味着经典技术决定论不能完全解释技术的自我增长。这推动温纳使用"技术漂迁"的概念来进一步阐释。技术漂迁指技术进化具有非线性的不确定性和多元性。这意味着，技术会像基因一样发生突变和漂迁，发展过程是非特定目的的。和进化论一样，技术存在基因突变，技术的发展有很多支流，支流发展方向多元，并不确定。

温纳认为，"当技术后果的最终范围既没有被预料到也未受到控制的时候，它是最有成效的。换句话说，技术做到的总比我们想的要多得多"（p.84）。今天可看到诸多观点谈论国家和地方政府如何促进社会创新和技术创新，如何松绑并以非特定目的的方式来鼓励创新，因为在这种状况下创新最有成效。虽然在过程中可能存在浪费，但会有相对有成效、有创造力、能产生技术漂迁的积极效应出现。总体而言，"我们投身于漂迁过程而随波逐流，这种漂迁——累积的无法预料的后果——被称为进步。如果决定论仍然适用于这种变化模式，那么荒谬的是，它是一个随意的决定论，一个只要我们不要求过早知道结果，就一直为我们效劳的这种决定论"（p.85）。它和经典意义上的决定论有重大区别，自主性技术之所以能发展到今天，它的进化过程其实并不是技术决定论意义上的进化过程，而是漂迁过程。

温纳追问，为什么技术漂迁看起来有不确定性，没有确定目的，它仍可发展为自主性技术，即发展到对人、社会、世界进行全面重塑和控制的地步？温纳提出技术律令（technological imperative）的基本概念："技术是这样的结构，它们运作的条件要求对其环境进行重建。"（p.86）技术的发展成为一种强制性的目的和过程。它说明了一种工具在处于正常运转状态之前，需要有何种必要条件出现。如果一个社会对技术的依赖、认可达到一定程度，人们会主动而迫切地希望技术能够发挥作用；如果不能，部分人会期盼创造出这种条件，让技术能够出现，并能够应用技术；如果在这个过程中出现问题，就解决问题并推动技术进一步发展。诸多类似过程彼此碰撞，最后形成技术的自主性状态。也就是说，技术力量包含一种逻辑，该逻辑对变革在社会中的发展方式做出解释，它其实是社会的底层逻辑。比如，美国曼哈顿工程（核计划）、登月计划，美国对整个社会进行了诸多重组和动员，才使得这种大型工程能够被实施。

"Technological dynamism"的概念可以作为第二章的总结（p.90）。技术的"dynamism"被译为"物力运动"，这一翻译值得商榷。温纳认为，它是历史中的一种强大运动，基本上不受意识指引。有些重要的变革范畴在选择和意愿的概念下根本没有意义，因为技术产生的后果恰恰是人们希望能加以选择或控制的产物。这种理解可关联起诸多事物，如工业化、现代化、全球数字技术运动等。

4. 第三章 缺陷及其起源

紧接着上一章所提出的技术物力运动，这一章探究其如何得以形成，以及为什么人没有控制住技术。人性缺陷首先成为一种解释：人因贪婪而对力量和各方面有狂热追求，从而导致了技术的失控。温纳回溯了芒福德、巴尼特·纽曼等思想家对人性缺陷的批评。然而，这一解释因为过于模糊而缺乏说服力。因而，西方文明的缺陷取而代之成为新的阐释，如韦伯在《新教伦理与资本主义精神》中提出，加尔文教派为主的新教伦理起到了非常重要的作用，导致了人们对物、对世俗成功的追求，导致了资本主义物质技术生产及在这一基础上生产运作的社会系统的产生。很多思想家指出，基督教文明、希腊罗马文明可能开启了人们对技术过度利用的过程，从而导致技术的自主性。比如新马克思主义（如霍克海默的《理性的衰落》）称，启蒙运动以来的现代工业文明导致了这种问题。但是温纳反驳，一方面，科学家未必对统治有积极的渴望，另一方面，并不是仅有西方文明受制于技术统治，非西方文化和技术统治也发生了关联，因此这些解释很难具有说服力。

那么，技术究竟是如何取得胜利的呢？希腊、罗马或基督教文化对技术也存在限制，这种限制是如何消失的呢？从18世纪以后的技术革命开始，技术成为服务特殊利益的最佳手段，技术的自主性现象开始出现，并取得了这种胜利。

人被技术或者物质世界控制不是一个让人满意或期待的现状或未来状况。理论家们如何面对这个问题？第三节概述了理论家们如何去寻找关于技术的"新伦理"——一种理论性的解决方案，涉及的理论家包括海德格尔、威廉·莱斯（William Leiss）等，他们都在寻找关于人和世界、人和技术的关系的新方案。温纳以实用主义的强大逻辑否定了这种解决方案。他认为："哲学的审慎总是包含了这样的认识，即过于详细而明确的解决方案往往是荒谬的。"（p.113）新伦理的错误在于以哲学工程的方式来解决现实问题，这是不可行的。但后文中，温纳自己或多或少也进入了这一过程。如何评判这种解决方案，事关每一个个体、群体、社会总体。

5. 第四章　技术专家统治（Technocracy）

本章要解决的重要问题为，如果技术统治现象不是由各种缺陷导致的，那么它是如何出现的？会不会是技术专家统治导致了这种现象？启蒙运动之后出现了一股有影响力的思想潮流，即技术专家统治：以前由帝王进行统治，后来由资产阶级或资本代表或其他人群进行统治，这些都不是好的选择，好的选择应是由技术专家来统治。持这种观点的思想家包括培根、圣西门、韦尔斯、维布伦、斯宾格勒等。其基本落脚点是强调工程师和技术人员的重要性，从而强调他们应该成为工业革命后的机械文明的统治者。

但这种观点不见得受人欢迎。比如，在美国，技术专家统治在现实中从未实现过。同时，技术专家统治的理论强调精英阶层的统治能力，民众被排除在政府管理行为之外，这种精英政治对自由主义构成了挑战，也不可能在美国这种国家出现。因此，技术专家也很难为技术自主性的出现负责。

6. 第五章　人造物与秩序（中文版："人工与秩序"）

这一章标题名是"Artifice and Order"。"Artifice"被译为人造物更合适，不完全是人工的概念。从本章开始，温纳开始从技术应用本身的角度进入正向讨论，而不再像前文那样只做历史回溯和理论梳理。本章要处理的问题是，人的活动或人的创造物和社会秩序有何种关联。从美国式的实用主义研究路线出发，温纳重新梳理了一系列重要概念，在此基础上扩展了整个逻辑。

譬如技术的"人工性"，其含义已不仅仅局限在培根对自然层面的人工改造上，其实现在人工性已经扩展到各个方面，还囊括了对社会各个方面的人工处理，其中也包括社会行动；"延伸"概念主要沿用麦克卢汉的理论，刘海龙老师所提倡的身体研究为此增添了更丰富的理论含义。其他概念还包括"合理性""规模和集中""拆分""复杂的相互联系""依赖和相互依赖""中心"等，都容易理解。需要特别提及的是"失用症"，很多媒介理论家都说过，媒介技术和其他技术一样，运转流畅时，人们不会在意它，一旦出问题时人们才会关注到它的存在，媒介扮演了重要角色。媒介/传播研究里有更深的传统，是一个值得拓展的话题。

另外，技术政治实际上重思了主人和奴隶的关系。主奴隐喻一直很常见，黑格尔、马克思都讲过。与当下较为有关联的是机器人问题。"Robot"的本义是被强迫的劳力，就当时意义来说，就是人造的机器奴隶。从这个隐喻出发，如果技术是一个人造奴隶，那么奴隶已翻身做主人了，技术的自我增强意味着机器已反向奴役人类。在当下，技术奴役不仅已经发生，技术的加速发展还形成了进一步深化奴役的压力，而技术律令则对社会成员提出秩序要求，不断强化主奴颠倒的过程。比如，老人不会扫码，就进不了一些机构。技术的普遍性后果变成理所当然的事情被接受，这种秩序、纪律、速度的关联使得技术律令异常鲜明地呈现出来。温纳指出，从速度延伸开来，技术通过转化与合并对整个世界进行了重建。这就出现了第五节中所说的人造奴隶推翻了主人的统治，做了主人，并形成一种反向适应的情况。因为技术系统一旦得以建立并处于运行之中，就不会对人的指导积极回应。"技术系统与最初设定的目标割裂开来，并且实际上重新编排了自身的程序及其环境，以使它们适合技术自身运行所需的特殊条件"（p.193），这个过程就变成了一种反向适应。不是技术来适应人类社会发展或个体发展要求，不是人能掌控技术，而是技术反向要求人类和人类社会来适应技术的自主发展。这在当下是一个显而易见的现象。

7. 第六章　技术政治

温纳进一步提出，在上一章提到的状况下，技术变成了政治。它不再像过去所说的是一种中立的状态或者事物。它不只是如前文所说，在技术专家统治下具备了统治性的潜力，还会伸人讲入第二种思路，即技术的政治本质在于它对整个自然和人类的文化构成施加总体性影响（p.237）。现代技术进入了"建构、维持、选择、行动和执行方式"这些重要领域，而这些领域原本属于传统政治，也就是说传统的政治范畴已被技术全面侵入。在这个基础上，温纳重新定义了技术自主性的概念："自我生成、自我维持和自我规划的机制之统治。它的基本假设是，技术发展超过一定水平之后，由不受限制、明确表达、强烈主张的目的来施行统治就成了一种奢望，不再被允许。"（p.203）人的控制能力、机制、效果都被压制，而技术的这些层面则在上升。下一步，温纳提出反向适应所导致的技术政治集中化的五种形式，即技术在广义的社会运作或者社会政策层面展现出了强大影响力。

随后，温纳论证了技术律令与国家之间的关系。温纳的结论是，技术政治并不需要一个特殊的技术专家阶层来实现。技术系统运转起来后，谁具体负责技术发出的律令是无关紧要的，教育、训练、专业岗位的本质都不重要。但是，技术政治的确需要国家的支持。这可以通过技术漂迁来理解。技术专家自己"也并不能自由地运用专业知识，或无限制地追求自身阶级的利益，他们同样也受到技术系统的限制和约束。的确，拥有技术知识增加了优势——增强了话语的合法性，有机会施加更强大的影响力，以及获得更大份额的物质和社会回报。但这种局面并不必然导致一个新的有至高无上地位的统治阶级的产生。所以，这种技术政治学理论本质上不是一个精英理论，它强调的是现代技术如何影响公共生活的广泛看法。社会中的技术环境整体往往规定了政治必须面对的问题的主要议程，它在任何真正的政治审议行动之前，就确定了解决这些问题的方案的性质"（p.223）。选择其实都是既定的，起码自由意志意义上的选择肯定要打问号。

如果从这个角度出发来理解，那么革命对技术政治的影响是失效的。马克思主义批评统治阶级的力量影响了反向适应，但温纳认为，其实恰恰相反，当前所讨论的观点是，"不管是谁处于控制地位，无论阶级存在的根源是什么，在技术手段的维持和发展方面，都会被迫采取大致相同的措施"（p.225）。书中以俄国尤其是列宁主义的实施状况作为案例来论述这一点。温纳提出了本章的结论："我们已了解到的这种处境可以概括如下——技术如今是这样一种管道，即无论你决定输入的是什么目标或者意图，最终导出的都必然是一个特定的结果。"（p.237）

8. 第七章　复杂性与自主的丧失

在第六章的基础上，本章进一步解释复杂性的问题。这一章主要解答前述三个广泛持有的信念（人类对于自己制造的东西最为了解；人类制造的东西处于他们牢固的控制之中；技术的本质是中立的，是达成目标的手段，其产生利弊影响主要取决于人类如何使用它）中的第三个，即技术的中立问题。温纳认为这种理念已经站不住脚了。技术自主性被视为人类技术环境的复杂性和不可理解性的一个方面。如果这一观念和亚当·斯密的"看不见的手"的经典问题结合在一起，这个问题就变成了："这两只看不见的手，哪一只有害还是有益，能够更多发挥作用，哪一只手的力量更有可能在日趋混乱的状况下发展壮大？"（p.251）复杂技术也许的确有助于解决社会中遇到的问题，"与此同时，技术集合体每添加一项技术都推动了无数漂迁的过程，这一状态本身就没有解决之道。这种局面被保罗·古德曼（Paul Goodman）称为现代的哲学危机，即在极其庞大的社会组织中感到无能为力，盼望依靠技术手段来解决那些由先前技术手段所造成的问题。当城市地区由于技术或财政原因而难以运转时，它还会推进、计划它未来的发展，然后说'无计可施了'。只要我们的技术社会系统继续创出另一个满意的条件，只要其运行没有遇到什么重大障碍，复杂性似乎就不会造成什么问题。但是当事情开始出错，当技术秩序开始产生人们预料不到的结果，现代文明的人工物的复杂性所造成的后果就凸显出来了"（p.251）。技术因其复杂性有时候会使人不理解，这种不可理解性事实上会使得人的罪责减轻，暗合阿仑特所谓的"平庸之恶"。它使人们的自主性和能动性丧失，而被技术自主性控制。那时人类将不知道从何处下手解决问题。

9. 第八章　弗兰肯斯坦问题

复杂性使得人们的自主性丧失，人们应该怎么办？温纳提出了一个解决方案。他从著名的弗兰肯斯坦元叙事加以阐释。弗兰肯斯坦的故事是这样的：他是一位技术专家，创造出了一个人，但在还没有完善时就感到恐慌，从而离开了这个被创造的人。这个被创造出来的人只能以自己的方式去融入社会，在这个过程中它成长得很快，两年之后与弗兰肯斯坦相遇。这时，这个被创造出的人已经有了一定自主性，经历一系列纠葛后，在弗兰肯斯坦的婚礼上这个被创造出的人杀死了新娘，最后一幕定格在弗兰肯斯坦和他的创造物一起死在墓穴里。

这一故事在很多小说或好莱坞电影中延续，在某种程度上成为一种元叙事。但回顾玛丽·雪莱的原版故事，其实它讲的是普罗米修斯拿到火，启发了文明，人开始创造发明之后该怎么办的问题。它说明了一个道理，如果人没有给予创造物充足的关爱，那么它就会出问题。从这个角度出发，温纳提出中心观点：技术就是"我们正在处理的一个未完成的创造物，它基本上被遗忘或未受到良好关照，被迫在这个世界上开辟自己的道路"（p.271）。它包含了人类生命的宝贵要素，同时也具有自主的力量，并没有完全受到我们的控制。因此，我们需要把技术本身看成一种政治现象，把技术本身看成一种"立法"（legislation），而不是人类为技术来立法（即限制技术）。当我们"认识到一项简单的长久被忽视的原则的正确性质时，就迈出了重要的一步"，这项原则是，"要实现不同的社会生活和政治生活理想，必然需要有不同技术的存在"。（p.279）

要解决技术自主性的问题，一种真正的政治技术必须取而代之。（p.287）温纳给出了"新勒德主义"作为解决方案，其中包含两个具体建议。

第一个是审慎的技术发展。如果技术成果不能从根本上被重新考虑和创造，那么人类就会永远受到其自身发明物的力量的束缚。因而要寻找新的技术形式，就要为之提供一些积极的指导性原则；民众需要参与新的技术形式的形成、开发的过程控制；技术应该使非专业人员能够理解，既具有高度的可塑性、可变性，又应降低人们对它的依赖性。最后温纳回归到对技术的最初理解上，即手段。仅在我们对什么是事业有可靠认知的情况下，技术才得以被应用，必须要强化对技术使用能力的审查。

第二个是对人类的生活方式进行修正。最重要的技术实际上是生活本身。他用了"新勒德主义"，即当年英国破坏机器功能的一种方法。但温纳并不是指让人破坏技术，而是指审慎地改变生活方式。

总体而言，温纳的分析框架是非常传统的，选取的是在那个时代典型的二元论分析构架，即人的自主性/能动性与具有控制/束缚性的外部环境之间的冲突。

（四）总结与评价

本书具有很强的预见性和借鉴价值。即使过了40年，书中所举的一些例子有了更多的发展，但建立在技术进化、技术漂迁、技术律令、反向适应、技术秩序等基础上的逻辑框架，现在来看仍然是强有力的。从理论依据上来说，虽然这本著作过度倚重埃吕尔的《技术社会》，但是对技术思想史的梳理仍有启发意义。

但是本书过度强调了系统和总体，个体是隐没的。20 世纪 70 年代以后，学术界有一个关于个体微观抗争的学术传统，比如文化研究、法国后现代主义和后结构主义哲学、社会学的实践论等。广义的文化分析、解放策略、左派运动都和系统 / 个人有关。

另外，在法语中，"technique" 有文化与社会性技术的含义，但是本书更加关注科学技术（technology）层面，对文化与社会性技术关注不够。生态主义、物质性理论、个体抵抗理论在一定程度上可以对埃吕尔和温纳在个体能动性方面的缺陷进行修补。

温纳最后的做法回到了哲学工程上。这是否能成为一个解决方案值得商榷。20 世纪六七十年代以后，各种抵抗运动是大潮流，比如北欧简单化生活（simplicity）等，就是通过哲学化的抵抗运动来抵制技术资本，但它不见得弱化或遏制了自主性技术。实际上，对自主性技术的批评，在某种程度上丰富了技术自主性的过程，成为成就或强化技术资本和权力的控制性力量。因此，从我们身处的情境、身处的中国社会、身处的地球环境去反思这些问题非常重要。它也提醒我们回到传统经典的伦理学，即反思如何与自我相处、与外界相处、与具有自主性的广义 "technique"（即 "hard science" 和 "hard technology"，加上文化社会的技术）中的自主性内容相处，如何看待它们对我们生活的构建，学术研究又该如何考虑这种构建。

三、讨论与问答环节

刘海龙：温纳为今天的研究做了铺垫与准备，同时也为我们提供了应引以为戒的教训。

一方面，本书提出了技术漂迁、反向适应、技术律令等有启发性的概念，还从思想史的角度概括了过去的技术讨论，读者们可以在这个基础上延展。另一方面，本书成书年代较早，有些内容不合时宜，如二元论、技术和人的对立、主客二元的划分。除此之外，还有几个问题值得注意。

首先，埃吕尔的观点可以看作本书的一个副文本。温纳受埃吕尔影响很大，在书中一直在对话埃吕尔，对埃吕尔的同意远远大于不同意。国内对埃吕尔讨论较少，他关于宣传和神学等方面的研究都对我很有启发。埃吕尔的研究往往带有强烈的总体性论断，颠覆常识，极有震撼力。埃吕尔作为温纳书中的一个主角，值得深入讨论。

其次，温纳谈论了马克思，但没有处理好相关内容。本书每一个话题都在试图和马克思对话。马克思本身对于技术的观点就是矛盾的，一方面带有技术决定论，另一方面强调社会关系，包括阶级统治者的影响。温纳也谈到了这种复杂性，但处理得不尽如人意。

最后，温纳提出了问题，但没有妥善解决问题。温纳在文末的解决方案和前文存在矛盾。前文谈论技术的复杂性，认为任何人都无法掌握复杂技术，它是一个庞大的网络、复杂的系统，尤其是计算机技术，人类想理解背后的逻辑变得越来越困难。但温纳在结论部分叉回到了可知、可控的解决方案上，落脚于教育与意识的发展，相对于前文立场，这些措施谈不上是解决方案。温纳提出的问题本身就存在问题，温纳自己也承认，所谓自主性其实是主客二元论，这个问题往往是一个难以探讨的无解问题。

孙萍： 在技术律令和反向适应的背景下，降低人对技术的依赖性在何种程度上可能实现？

曾国华： 这当然是可能的。比如从20世纪六七十年代以来的北美和欧洲的抵抗运动来看，有些个体和群体，在特定的社会阶段和社会环境下，在特定的人生阶段，远离社会，远离硬科技和软社会文化技术，建立了一个独立王国，过简单的、共同体互助的生活。现在丹麦哥本哈根还有这样的独立王国般的嬉皮士社区。一些宗教团体也会这么做，比如我国的终南山隐士。所以，降低人对技术的依赖性，这种状况其实是可能的。另外，疫情强化了我们对某些技术的依赖，这种技术在某种意义上也强化了对我们的控制，但在这个过程中另外一些技术被放弃了。

也就是说，对抗技术操控，不同的人群在不同的社会状态、不同的社会时刻是可以做到的，但很难指望把它当成一个总体性的、社会性的解决方案。起码在温纳来看，或就目前的主流理论传统来看是困难的。

但与此相反，法国后结构主义哲学家不把这个问题当成问题，而将这种操控性权力的渗透当成社会或人的存在状况的一部分，从这个角度来说，自我独立性构建的可能性会有所不同。但这种方法是以一种哲学理论的方式去化解这个问题，并不意味着在社会总体的实践概念上解决了问题。

听众： 如何看待技术内卷化？

曾国华： 技术自主性的过程就是个内卷化的过程。它需要技术不断进步和卷入，来不断重塑人群和世界。

刘海龙： 就技术谈技术确实无解，但其中还有政治因素。刚才提到，温纳没有处理好马克思的问题，将马克思思想处理得过于简单，因为温纳将技术放到重要位置。其实今天的中国也是这样，有些技术是在国家推动之下，用科学的"技巧"、用技术漂迁的理论去解决部分社会问题。孙萍老师研究外卖发现，美团和饿了么两个平台现在就处于内卷化的状态。从1999年大规模进入互联网时代以来，媒介平台的迭代已有多次，大部分是在人们不明原因的情况下突然发生变化。技术的内卷化和漂迁的过程、突然的发展和变化，两者之间不一定是矛盾的。如果用技术来解决这一问题，解决部分问题之后可能会产生新问题，只能再用新技术去解决新问题，最后在某一天定会进入这种状况：人们进入一个死胡同，在系统内部的可能性被禁锢了。

听众： 重大危机是否可以成为颠覆技术内卷化的关键力量，如此代价是否太大？

曾国华：重大危机比如战争和自然灾害使人付出的代价，实际上是难以界定的。重大危机、技术漂迁等都可以成为颠覆内卷化的关键性力量。但战争、自然灾害的颠覆性太大，从社会总体过程看，我们难以确切地计算战争、自然灾害的颠覆性使人付出的代价，从不同的视角、理论、关注点出发，可能得出差别巨大的结论。这需要根据细节或个案来分析状况。

刘海龙：这需要对技术内卷化进行具体定义。温纳语境下的内卷化是指由于技术律令，技术本身会制造在自身产生之前不存在的一系列问题，迫使人们忙于解决这一系列问题。在这种情况下，重大危机（如战争和自然灾害）反而会加剧技术的内卷化。当遇到危机时，有两种解决方法——用政治和技术手段解决，这两种方法都有各自起作用的领域，比如政治因素在基因技术发展的过程中占据主导。

但是用政治手段又是无力的，尤其像自然灾害等。近两年来，社会迎来了一场技术大爆发，例如监控技术、扫脸技术、基因技术。人们研究某种自然技术，会导致更大的技术爆发，这种爆发往往会制造出一系列问题。例如学生们不上学，学校进行课堂直播，要求所有学生购买电脑，登录网络。一位贵州老师告诉我，贵州的许多偏远地区没有网络，没有电脑，所以课堂直播用的不是互联网而是电视，数字电视有多个频道，每个科目可以开设一个频道，方便学生收看。战争更是如此，杀人武器产生于战争，所以重大危机往往造成技术的进一步内卷，不是颠覆，就是加剧。温纳所谓的技术漂迁就指出了技术的复杂性，意味着个人无法操控这一进程。但有趣的是，温纳在有关技术的政治的另一篇文章中，又抱有技术具有指向性的观点。温纳同时强调技术复杂性和技术政治性的观点存在部分矛盾，但其"技术漂迁"提供了理论的可扩展性和灵活性。

听众：如何看待技术的政治干预？

曾国华：这取决于如何定义政治的概念。政治一般指建制化组织（国家、政府机构等）之类的干预。温纳所讲的技术政治是指资源、规模、规范等社会生活的安排，这种政治超越了将政治与建制性机构和国家等同的状况。而后结构主义者对政治的定义更加宽泛，比如福柯所说的政治，一个人对另一个人的理念、想法和行动的影响也是政治。所以这一问题取决于对政治下的定义的不同。

从长时段来说，政府对自主性技术的很多干预，最终被发现并不成功；而柔软手段体现出的强大弹性和形塑力，有时反而强于国家或政府的力量。从这一意义上讲，国家干预不一定是最好的手段，政治干预不是一个完全成立的状态或是最强大的手段。

听众：还有哪些著作对这一议题进行了拓展？

刘海龙：推荐非学术性著作《我们最后的发明》。

曾国华：学界对于温纳议题直接拓展的情况并不多见，但"添砖加瓦"式的拓展在多个领域都有所体现。比如大卫·哈维讲述了技术加速主义如何重塑了全球的资本主义生产和空间生产；东浩纪的《动物现代性》讲述了在当下的日本，文化性和技术性的生产怎么使得人的生存境况动物化了；霍布斯鲍姆的作品、《现代性与大屠杀》等著作都可以参考。可惜，直接探讨自主性技术的专著似乎还不多。针对数据监控议题，特别推荐《传感器社会》[作者：马克·安德烈耶维奇（Mark Andrejevic）]。另外，凯文·凯利的《失控》虽然关注的主题非常广阔，但在一定程度上可认为该书是与技术自主性问题高度相关的拓展性著作。值得补充的是，尼尔·波斯曼的《技术垄断：文明向技术投降》从负向角度探讨了技术自主性问题。

听众：如何看待刷脸技术？

刘海龙：现在的刷脸技术也是数字技术制造出来的。再往前推20年，政府或居委会也不会有采用刷脸技术这种想法，因为无法做到。当代人对数字技术过于信赖，感觉数字技术无所不能。其实一些当代的做法还是过去的方式。包括刷脸在内的大数据技术的使用，在很多时候变成了一种仪式，其实这种碎片化数据没有联网，防疫部门难以用到社区采集的数据。但政府和公众都相信可以用数字技术来强化防疫。技术本身会创造人的需求，对技术的反向适应让人们因为安装了数字设备提高了安全感。当然，可能未来会统合这些数据，但这就变成另外与当下无关的监控技术，这另当别论，但将是常态化的。

曾国华：关于隐私或关于监控也是西方学者的重要研究方向。马克·安德烈耶维奇的"传感器社会"这个概念扩展了福柯的政治概念，可以用它来探讨很多当下的监控现象。他认为，很早以前，监控就已经无孔不入了，现在所有的东西都是传感器，比如手机、运动手表、监控摄像头、GPS、数字电视、打车轨迹。美国前总统奥巴马为"棱镜"计划辩护说，我们不监控个人，只监控元数据。其实这是一个谎言。比如，只要稍微监控一个人打字的方式，就可以对一个人的打字特征进行数据描述，借助数据描述，只要服务器足够强壮，就可以轻易在1亿个人里找出此人在哪里使用了电脑。任何事物都可能成为传感器，这种状况是恐怖的，生物和非生物的特征都可能成为控制人的工具。

领读书籍：《论数码物的存在》[1]（*On the Existence of Digital Objects*）[2]，作者：许煜（Yuk Hui）

内容简介：数据、网络视频、文件夹等数码物弥散在生活中，但其本质尚不明确。本书借助海德格尔、西蒙东、胡塞尔等著名学者之间的对话，对数码物及其组织模式进行了哲学路径的考察。作者把考察放在计算的历史脉络语境中，通过本体论的历史以及对标记语言和网络本体论的研究，探索数码物在其系统和环境中的存在结构，数码物如何通过个化与个体化被理解，论述了异化——西蒙东所说的错将技术与文化对立的结果。通过这种对数码物和技术系统的关系型方法、哲学和技术的跨学科研究，本书发展了一种富有成效的新颖方式来思考定义着世界的数据和元数据。

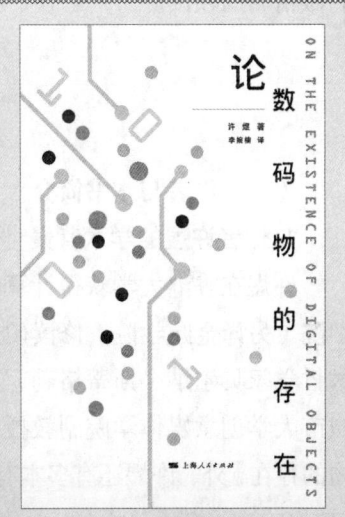

图 3-1 《论数码物的存在》的封面

作者简介：许煜，先后任教于金匠学院、吕讷堡大学、包豪斯大学、中国美术学院和香港城市大学；曾任巴黎蓬皮杜中心创新研究所博士后研究员，柏林德国电信实验室客座科学家；曾在香港大学和伦敦政治经济学院金匠学院学习计算机工程和哲学，在法国著名哲学家贝尔纳·斯蒂格勒的指导下完成哲学博士论文，其后在德国吕讷堡大学取得哲学教授资格；也是博古睿哲学与文化奖评委，哲学和技术研究网络发起人；出版的专著包括《论数码物的存在》《论中国的技术问题——宇宙技术初论》《递归与偶然》《艺术与宇宙技术》等。

领读者：张磊（中国传媒大学国家传播创新研究中心研究员）

主持人：王金礼（福建师范大学传播学院教授）

讲座时间：2020 年 10 月 25 日

文字稿整理与校对：高山、毛万熙

[1] 许煜. 论数码物的存在 [M]. 李婉楠，译. 上海：上海人民出版社，2019.

[2] YUK H. On the existence of digital objects [M]. Minneapolis: University of Minnesota Press, 2016.

一、开场白

王金礼： 每一次的传播技术与媒介的变化都给人类社会的发展带来了巨大影响，不仅改变着信息传播方式，也从更深层次影响着政治、经济、文化等领域的变革。《论数码物的存在》是华人学者许煜的代表著作，书中思想来源纷繁多样，知识源流错综复杂——从人文社会科学、哲学到计算机理论都有所涉猎。与之对应的是，这本书的阅读难度较大。许煜的写作是穿花拂柳、摇曳生姿，而我的阅读是云山雾罩中步步深移。请张磊老师为我们做精彩的领读。

二、领读环节

（一）作者与本书简介

1. 作者许煜的学术背景

许煜在香港大学获得计算机工程学士学位，之后负笈英国，在英国伦敦大学金史密斯学院（另译金匠学院）修读硕士和博士，获得文化理论硕士和文化哲学博士，师从法国技术哲学家贝尔纳·斯蒂格勒、英国文化理论家马特·福勒和斯科特·拉什。许煜现任香港城市大学创意媒体学院副教授，中国美术学院跨媒体艺术学院的客座研究员。除《论数码物的存在》外，许煜还有多本有影响力的著作，包括《论中国的技术问题——宇宙技术初论》（*The Question Concerning Technology in China: An Essay in Cosmotechnics*，2016），《递归与偶然》（*Recursivity and Contingency*，2019）以及《艺术与宇宙技术》（*Art and Cosmotechnics*）。此外，许煜还发起了"器道"网站（http://philosophyandtechnology.network/language/zh/）以及相应的研究网络，开展技术哲学相关的书籍出版、论文发表与学术合作活动。

2. 书名与目录阐释

《论数码物的存在》英文名为"*On the Existence of Digital Objects*"。其中有三个实词：existence、digital，objects。这三个词的组合可以帮助读者理解书中的三个部分，并对应许煜所画的示意图（如图3-2）。第一部分"物体"是 digital 和 objects 的组合，涉及研究数码物的基本概念、数码物与网络本体的生产。第二部分"关系"可理解为 digital existence，包含数码物的

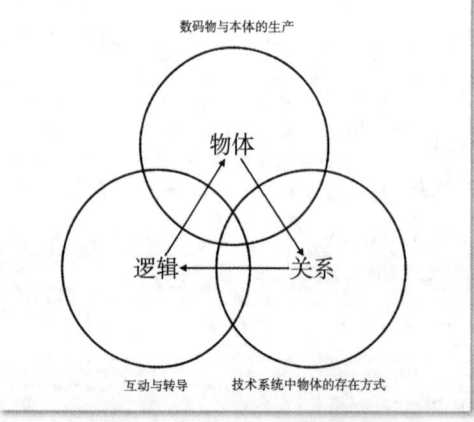

图 3-2　许煜对书名的示意图

存在、数码物在技术系统中的存在方式等内容。第三部分则是 digital objects 的 existence，涉及其互动与转导的逻辑问题。

3. 本书文献脉络

《论数码物的存在》阅读难度大的原因是其知识来源丰富。书中的知识主要来源于三个庞大的哲学知识谱系。一是西方现象学哲学思想。这一谱系包括从亚里士多德到笛卡尔、休谟，再到康德、黑格尔，再到胡塞尔和核心的海德格尔，以及后续的舒茨、哈曼等学者。二是法国的技术哲学思想。法国的技术哲学有不同的流派和研究侧重点。许煜主要以吉尔伯特·西蒙东为核心，组织对法国技术哲学的讨论。西蒙东受到巴什拉的影响，又影响了艾吕尔、吉勒、斯蒂格勒等后来者。三是计算机哲学思想。涉及的主要有弗雷格、莱布尼茨、图灵、蒂姆·伯纳斯－李、巴里·史密斯、坎特韦尔·史密斯、休伯特·德雷福斯等人，学者之间关联并不紧密，但都是对当今计算机、信息工程和互联网发展有重要影响的理论家，其中除重要哲学家外，也不乏发明家、数学家与互联网技术的从业人员。

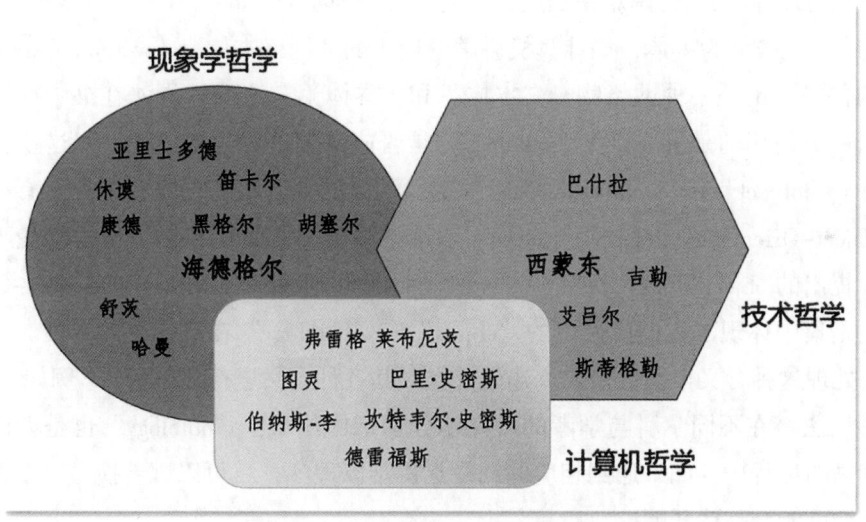

图 3-3 三大哲学知识谱系示意图

阅读难度过大往往是因为书中涉及的文献读者不熟悉。如果读者想对许煜的这本书有更深的理解，建议除了读这本书之外，阅读其引用的重要文献，如海德格尔的《存在与时间》《技术的追问》《物》，西蒙东的《论技术物的存在模式》（*On the Modes of Existence of Technical Objects*）等。当你熟悉了相关联的文献网络后，就更易读懂一本书。

从文献造成的阅读困难扩展开来，文献的不同语言所造成的话语方式的区别，也使本书更加难解。而超越人类语言的思考，物质性不同的人与动物又如何实现相互理解？碳基生物与硅基生物如何实现相互理解？如果人类创制一套语言并将其教授给机器，那么这套语言就能让交流可行吗？这些问题构成了本书讨论的重要基点。

(二) 内容介绍

1. 导言 数码物研究提纲

导言部分勾勒了研究框架和图景，帮助读者把握本书核心思路。读者可将导言内容作为本书主要线索使用。导言分为五节，第一节可以用"何为数码物"来概括，第二、三、四节分别阐述了本书标题中的三个实词——existence、digital 和 objects。第五小节阐述了本书框架。

第一节"何为数码物"，首先说明了 object 和 ontology 两个概念。两个词所对应的中文词众多，这些中文词反过来也会对应不同英文词，因此，中英文翻译并非一一对应。"object"在日常语言中被翻译为"物"，但在哲学语境中还有"客体"的意思，在计算机科学中又被译为"对象"，如"以对象为导向的编程"（object-oriented programming）。如果将中文的"物"作为英文"object"的对应词，那么"物"所包含的众多内容是否"object"可以承担？章戈浩和张磊在《物是人非与睹物思人：媒体与文化分析的物质性转向》一文中研究了学者们在谈"物"时所使用的英文，除 object 外，还有 material、thing、matter、artifact 等。语言之间沟通的困难是长期存在的。第二个词"ontology"在本书中被译为本体论，"ontologies"也被译为本体，如计算机科学中使用的"网络本体"（web ontology），是一段写好的代码，也是一种网络物。"本体"和"本体论"这两种译法在书中反复出现，在不同语境下使用的是哪一个？"ontology"是否应该翻译为"本体论"？这些会给读者增加困扰。"object"和"ontology"这两个难以翻译的词还曾经汇集在一处。有一个流派叫作"Object-Oriented-Ontology"（OOO），这是由美国哲学家格雷厄姆·哈曼（Graham Harman）提出的 object-oriented philosophy 演化而来的。因此，"Object-Oriented-Ontology"的译法更是集中体现了我们所讨论的"object"和"ontology"在翻译上的困难。在阅读中应该如何处理这种含义丰富的概念？建议首先对其各种含义进行充分了解。例如，"object"有哪几种用法？在不同学科与学者的研究中分别指代什么？"ontology"也是如此，这样我们在读书的过程中，如果遇到相应的词并觉得难以理解，就可以试着换另一个含义进行讨论，这样可能会豁然开朗。

在"object"的基础上，可以继续探讨数码物(digital object)的概念。许煜在开篇阐明："人类一直生活在人造物与自然物混杂的环境中。人造与自然并非判然不同，人造物也不单纯是征服自然的工具，而是构建了影响人类经验与存在的动力系统。正因人造领域不断朝着更具体化的方向发展，对其特殊历史条件的持续反思才必不可少。我们生存的环境也已改变。录像带已被油管（YouTube）视频取代，晚餐请柬不再以信函方式寄出，电话与电子邮件邀请也越发减少，更多的是脸谱网（Facebook）上的活动邀请。"（p.1）这里，许煜提供了一些关键点。第一，人生活在某个环境中，这个环境充满着"物"，对其最基本的划分是"自然物"和"人造物"。第二，这些人造物，虽然是人首创的，但它反过来会影响人的经验和存在。第三，强调这种技术物和人造物的具体化。第四，人们的生存环境已经发生了改变。许煜列举了一些现象，这些改变意味着我们需要对所生存的环境重新命名。这一环境不再是自然环境或者社会环境，而是数码环境。在这一系列现象中，数码物愈加清晰。许煜写道，"这些物体归根结底是可分享、可操控的数据；它们的可见性被系统配置的改变所操控。本书计划探究诸如此类的数码物"他罗列了一些数码物：程序缺陷（bug）、病毒、硬件组件、小工具、一串代码、一组二进制码等。这些并非都是许煜研究的数码物。他选择搁置其中的硬件、软件、算法，而以数据为主要研究对象。最后，他界定了数码物的内涵："本书的数码物指成形于屏幕上或隐藏于电脑程序后端的物体，它们由受结构或方案（schema）管理的数据与元数据组成。"（p.1）如电脑屏幕上的讲座图像、共享屏幕的内容，都是数码物外化的表现，其本质是一连串数据，都是数码物。

数码物还需要从分类的角度进行界定。在第 43 页，许煜谈到，根据科学家与数学家的观点，物首先可以作为一个超集，其下又包含自然物和技术物（人造物）两个子集。数码物是技术物的子集。然而他不想这样划分，想把技术物和数码物分割开来。技术物往往是物理的、实在的，如二极管；数码物表现为虚拟的，且由数据和元数据组成。许煜研究了两个不同数量级的数码物：一个是网络本体以及书写这些网络本体的标记语言；另一个是在此基础上形成的一系列外化的数码物，如网络视频、图片、文字、脸谱网个人主页和邀请等（p.2）。

我们做个小结：数码物建立在"物"的基础之上，同时涉及网络本体这一具体的研究对象，它又与"本体论"这个复杂的概念相连，所以有一定的理解难度。我们试着从它的内涵、外延以及分类三个方面来加以框定。在内涵上，它是一系列外化于屏幕上的、存在于后端的、受结构或方案管理的数据或元数据；在外延上，网络本体、标记语言以及它们的外化形式均是数码物；最后，在分类上将其放置在"物"这一超集下，并与技术物分割看待。

在导言的第 24 页至 25 页，许煜描绘了数码物的存在景象："诚然，在人们眼中，它们是多彩又可见的物体，而在编码的层面上，它们是文本文件；深挖到操作系统，它们是二进制码，究其根本，在电路板层面上，它们只不过是由电压值和逻辑门的操作产生的信号。我们要如何将这些电压差与数码物的实体等同？刨根问底，我们可能会去思考硅与金属。最终，或许会考虑粒子与场。"在这个景象中，我们需要把握的元素有很多层次和维度，取其两端会发现，要想让屏幕上显示出一张图片，背后需要考虑的是硅和金属，以及它所造成的粒子的流动，这些是非常不同的东西。然而，它们构成了物的存在的一个共同体。所以，虽然每天都接触图片、网页和其他互联网上的数码物，但是我们真的理解它们吗？该如何理解差异如此之大的这些"东西"呢？对于这个问题，许煜在书中借鉴了巴什拉和西蒙东的"数量级分析方法"进行统筹。

对巴什拉而言，数量级分析方法是脱离笛卡尔式观察者主体的方法。笛卡尔说"我思故我在"。笛卡尔的观点是观察主体是至高无上的、绝对的、大写的人。物要么是人的改造对象（例如石头），要么是人使用的工具（例如锤子）。用锤子敲石头，我们考虑的是锤子是否顺手，石头是否坚硬，但在人的观察和理解之外，我们没有考虑石头和锤子也具有很多其他的性质，例如石头的温度、石头内部的纹理结构。因此，笛卡尔的观察者主体是值得反思的主体，这个反思贯穿本书。为了脱离这种主体，数量级分析方法在看待石头时，不仅考虑其可被人捕获的性质，更转换数量级，考虑石头在生态环境中对草和虫子产生的影响、它和阳光之间的关系等。数量级的变化打开了一片新天地，让物的不同存在方式得以展现。许煜同样说明，数量级研究方法是不精确的，这意味着我们无法以绝对的精确性分析世界，只能相对分析。引用哈曼的论断：人不能穷尽物的属性，物与物之间也不能互相穷尽。如果说，人对棉花的了解表现在其视觉的美观度和维持温度这一功能上，那么火对棉花的了解则是它的可燃性，这就是两个不同数量级的问题。"数量级将问题分割为不同的、由工具为媒展现给观察者的现实。"（p.26）许煜说他的方法论"主要基于研究不同数量级的方法并致力于创立一个通过发展关系理论来连接不同数量级的思想系统"（p.27）。这便是他关于方法的论述。

2. 第一部分"物体"

（1）第一章"数码物的起源"

为什么本书开端先从数码物的起源讲起？这不仅是一个历史问题，还是一个哲学问题。因为许煜的思想来源之一是西蒙东，西蒙东研究的就是技术的历史。所以，这一章先研究了数码物的历史，这个历史并不是我们通常意义上所说的科学史或者技术史，而是西蒙东所说的"技术思辨史"。技术思辨史并不过多描绘某一年份发生了什么事件、某些人物具有何种行动、某些事物具有何种演变，它更关注思想及其对技术系统的整体影响。数码物的起源涉及一个问题：它们是由什么事物变化而来的？如果把"数码物"进行拆分，那么"数码"即数据，因此数码物也是数据和物的关系的结合。许煜把这一结合分为两个过程。一是数据的物化，屏幕上映射的图像归根结底是一串1、0、0、1的数据，但通过外化变成屏幕上的数码物（如电脑屏幕上的人脸）。二是物的数据化，即将标签附加在对象物上，并将其编码到数字环境中，如物联网通过安装的传感器来给物提供定位符、标签乃至身份，使物进入互联网，以此实现了物的数据化。

同时，互联网的发展并不满足于只是像道路系统一样作为信息的传输系统，而是致力于创造一个全新的世界。正如伯纳斯－李对万维网的语义网设想的那样，万维网远远超越了信息网络，更倾向于作为一个语义网，是一种语言可以在其中扮演基础设施，人与机器协同共存的网络。许煜写道："对于2000年以来的伯纳斯－李而言，万维网的远景已经超越了文档共享，成为思想和机器的协同想象。……结构化的元数据为计算机程序提供了物的概念。……在超文本的时代，在线对象（online object）只对人类而非机器有意义。而在元数据时代，在线对象被认为对机器和人类都有意义。"（pp.45-46）机器在新一轮运动中变成了可以理解物或在有限程度上可以理解物的存在，所以在线对象对于机器也有意义。许煜继续引述伯纳斯－李的说法：“将来元数据语言与引擎更加发达的时候，它也应该为机器可以理解的任何信息——关于人、事、概念与观念的信息——网络创造坚实基础。”这样，网络就真正变成了一个语义网，也真正成为思想和机器的协同体。这是一个美好愿景，那么它如何才能实现？我们看到，虽然许煜在书中提人工智能很少，但最近这些年我们所努力发展的人工智能技术，其实也是在为这样的一个愿景而添砖加瓦。除此之外，还有一些基础性的工作需要完成，即创造计算机使用的语言——标记语言。许煜在这一章中主要研究的就是这样一系列的标记语言。从前互联网的机读编目格式（MARC）开始，这是一种起源于图书馆中对书目进行编码的一套机器语言，人并不能理解这些编码的意义，只有机器可以通过这些编码信息定位到特定的书目。而这样仅能单方面为机器使用的语言，必须让位给促使人与机器沟通交流的语言。在互联网发展的过程中，有了网络的连接，语言需要做的不仅是使机器能够理解某一个物的指称，还要使得包括机器与机器之间、机器内部的软件和程序之间能够彼此沟通。这就促进了通用标记语言（GML）在20世纪60年代的发展。20世纪90年代之后有了超文本标记语言（HTML）、可扩展标记语言（XML及XHTML）和网络本体语言（OWL）。网络本体语言需要与资源定义框架（RDF）、统一资源定位符（URL）结合起来使用。我们可以这样来理解，假如我们有了一系列的能指，这些能指又指向一些所指时，我们要把这些所指放在一个库里，于是我们就需要资源定义框架来告诉我们如何将不同的数据分门别类地放置于库中，之后，还需要通过统一资源定位符来调取其中的数据从而形成网络本体，即数码物。以上是标记语言的一个简单的演进历史。

下面我们需要进入更加深入的讨论。许煜参考了西蒙东的个化（individualization）与个体化（individuation）两个概念。个化涉及功能，描述技术的功能演进、实现和它的具体化，指技术形成了独立具体的一个技术品类，强调技术的形式与独立性。个体化涉及物存在的环境和状况，指一个又一个具体外延物，虽然看上去更加具体化了，但这种具体化不是技术本身的具体化，而是要根据物与环境接触后的具体境况讨论。基于此，个体化往往谈论互相连接的情况，强调技术的关系与连接性。面对这两个中英文都极易混淆的概念，我个人的建议是，我们主要理解它们所强调的不同方面即可，而无须对其做出非此即彼的区分。与此同时，相关讨论的关键也并不在于此，而在于西蒙东的另一个更重要概念——缔合环境（associated milieu）。

西蒙东用缔合环境来描述技术物的环境。这一环境是在技术的具体化过程中，技术与自然环境互为条件时形成的，技术因此具有了更完整的功能和更定型的机制，拥有了独立性。其表现就是，技术创造了自己的缔合环境，并在其中实现个化。许煜进一步追问，数码物是否有缔合环境？他认为，数据库、算法和网络协议构成了数码物的缔合环境。而缔合环境不只是技术个体的，更是技术物内部与外部沟通的重要环境性纽带，他称其为数码环境。

　　紧接着，许煜讨论了技术物与人的关系。在工业文明前，人类不断发明创造技术物及其缔合环境，稳定并调节整个组合，工具的使用者本身就成为技术个体。这里也呼应了蒂姆·英戈尔德（Tim Ingold）所讲的技艺的问题。到了工业文明时代，随着技术变得越来越复杂，人与技术的距离越来越远，人类逐渐被"去技术化"了。一个表现是，人类和机器之间的知识关系越来越浅，不知大家有没有体会到，虽然我们也在使用电脑、手机和各种各样其他数码产品，但对于其中的技术原理，甚至于操作的基本方面，我们更多的是只知其然，不知其所以然，这样我们就只是一个按下按钮或者滑动屏幕的操作者，而没有与它达成更深的理解。与之相对，在20世纪六七十年代，当时很多中国人热衷于自己装配收音机，当人参与其中时，人对于技术物及其工作原理会有更深的体会和理解，这样人和物之间便能达成更深的沟通。大家可以体会一下这两种现象之间的区别。对于西蒙东而言，人与技术渐行渐远的情况就是人的异化（alienation）。虽然西蒙东的异化思想来源于马克思，但是他认为异化的根源不在于生产资料的占有，而在于人失去了对技术的理解。西蒙东认为，应该恢复人与技术的相互关系，因为这种相互关系会成为发展技术文化的手段。我们现在是具有这种可能性的，就像社交网站上，如果没有人类的创造与修改，数码物便无法独立运作。我经常举豆瓣网的例子，比如我们把豆瓣用户所添加的书的条目、电影的条目，以及豆瓣广播和日记尽数删除，那么整个网站就会变成一个技术的空壳。因此，我们要追求人的回归。这种回归不是让人回归到笛卡尔式的至高无上的地位上，而是回归到技术与人共存、人与机器共生的状态。这一理念也是贯穿始终的。

　　回到对于标记语言的讨论上，需要明确的是，机器使用标记语言只是语法层面的运作，而不是语义层面的。伯纳斯 - 李幻想可以借助一个语音网络助理——一个网络本体，一个数码物——所使用的语言寻找互联网的信息，进行更深的理解。语音网络助理可以帮助人类致电预约牙医，调整预约时间，它还可以像人一样与其他人交流。但这样的愿景实现起来极为困难，我们现在与机器的交流、编码与互动等，仍停留在语法层面，而这只会让人类与技术的距离越来越远。

　　这是本书第一章的主要内容。许煜通过对标记语言的技术思辨史的分析，借助西蒙东的个化、个体化、缔合环境等概念，给我们提供了数码物发展的思路。人若是想要对其进行创造性的介入，就需要与其在语义上达成更好的沟通。在接下来的第二章，许煜对数码物与本体做了进一步讨论。

（2）第二章"数码物与本体"

　　在这一章，许煜首先讲数码物的起源，有纯技术的方向，也有哲学的方向。技术的方向形成了语义与语法的对立，哲学的方向形成了本体和本体论的对立。许煜希望通过这样一个框架去进一步理解数码物和本体。

　　对于本体和本体论的探讨内容来自海德格尔。本体指向存在物（seiendes），本体论指向存在本身（sein）。在语义和语法方面，计算机的运作通常遵循语法规则，而非语义规则。这里，约翰·塞尔的"中文房间"思维实验是一个经典的例子。这个例子告诉我们，如果有足够充分的数据以及相应的条件，不懂中文的人可以伪装成懂中文的人，因此，机器也可以伪装成一个人，从而通过图灵测试。但这一切都建立在语法而非语义的基础上。许煜有这样一句描述："机器不是按照命令的意义，而是根据遵循逻辑规则与符号顺序的指定语法来处理命令。"（p.68）

有了这两组对立之后，我们需要思考，这可能会造成什么不良影响？我们又该怎样寻求一种更好的前景？在这部分，许煜通过对哲学和计算机信息工程文献的探讨，做了充分说明。因为涉及本体，这也就将我们引向本体认识论的问题。奎因将本体的问题总结为"那里有什么"，对于"什么"的理解，需求一种分类的标准与范畴。福柯在《词与物》中谈到词与物的关系不是耦合的，而是有偶然性存在的。那么，这种社会范畴就是一个建构的概念，与之对应，这个概念需要解构。这一点在涂尔干和莫斯的《原始分类》中也有相关说明，比如他们有谈到图腾的问题。这是关于"社会范畴"的一点基本讨论。若我们试图在互联网上表达各种现实的物，我们需要对其进行概念化和规范化。一种做法是建立一系列的数据库，对物以及它们的范畴、关系做出分门别类的说明。例如，格鲁伯提出，本体是"一个概念化的规范"。这里，许煜举例说，在两个不同的数据库中，需要对"交易"这一行动做出说明，尽管都是"交易"，但是其分属于不同的子集和框架。这也说明了如果互联网标记语言只是在语法层面上运作，那么它关注的仅仅是形式。胡塞尔则区分了"区域本体论"和"形式本体论"。区域本体论涉及事物的区域本质，主要从外延上去观察具有这样或那样属性的事物；形式本体论则寻找一组事物的共同点，如提炼出事物都有相同的颜色或形状。正如现象学是本体论的方法论，现象学中核心的意向性（intentionality）问题也进入讨论的语境。许煜在此引用计算机哲学家布赖恩·坎特韦尔·史密斯（Brian Cantwell Smith）的观点，从人的意向性转移到机器的意向性上。这里涉及一系列问题，我们会认为，人现在需要创造一种语言，让机器去理解物，那有没有想过物是怎么想的？物是如何存在于世的？机器本身也是一种物，它们自己又有什么语言和怎样思考的？然后我们就需要问，什么是物？什么是语义？我们认为，电脑只识别语法、命令及其顺序，不能识别命令真正的含义。然而这是针对人类语言的界定，对于机器来说，人类做出的语法/语义二元划分可能并不适用。当我们说，一台机器能根据你设定好的程序进行良好反馈时，即使它不知道所反馈的内容在这个世界上是黑是白、是大是小，那么它是否也确实在进行思考呢？也许我们对于"思考""意向性"也要进行重新理解。

以上是一系列思想上的准备，在此基础上，我们需要进入对于本体语言的批判和新道路的找寻的话题。许煜回到了海德格尔的基本本体论。海德格尔关心真正的存在问题，而不是存在物。他的本体论目标是摧毁一切本体。为什么要摧毁这些本体呢？不是真的要消灭它们，而是要让这些存在物显示出真正的存在，让它们自立起来，让这些物不是只在人的目光下才能存在。由此，海德格尔提出一系列本体论差异：在手与上手；存在物与存在；对象与物。对海德格尔来说，物自己的物性是非常重要的，人不能只是去认识它（"在手"），更要去使用它（"上手"）。比如主体观察认识一个杯子的形象，对其进行概念的界定，这是现成在手的（Vorhandene）；杯子被用于接水，被端起来供人饮水，则体现了杯子作为工具被使用，这时是当下上手的（Zuhandene）。这样我们就把存在物变为一种存在，我们不仅把物当作对象，还要使物自立于天地之间。然而，技术的发明也带来了一系列变化。海德格尔认为，现代技术的本质是"座架"（Gestell）。在古代，银匠制作银壶是一个上手的过程，是各种因素综合之后的一种创制。而在现代技术包围下，物就变成了在手的，人在其中的角色会变得微不足道，甚至人不能体会其中的含义，反而是机器、机器带来的形式、工业流水线等更为关键，这就是"座驾"。这样的过程中，人们的存在状况被"压缩"了。所以，如果要改变这一点，我们需要进行多方面的反思。一是思考海德格尔。海德格尔批判现代性的技术文明，认为现代技术阻碍了我们与世界的"交道"（Umgang），技术使世界变成了一幅图像，我们只能在手地观察它，而不能上手地操劳，于是思想就从世界中脱落了。二是思考西蒙东。西蒙东相对来说要更加肯定和乐观一些，强调思想从物体中分离。然而，在许煜看来，海德格尔和西蒙东的观点虽然是不同数量级上的讨论，实际上存在相互对话的空间和可能。西蒙东的分离论为重建新的图景提供可能性，用海德格尔的话来表示是重新介入世界。许煜总结，他们二者都"意图使人类脱离自身作为世界中心的概念"（p.95）。这可以看作后人类思想的起源。让人从至高无上的地位上撤下来，从而让人与技术、机器有创造性地沟通、交流和协作，也就让人重新与世界关联了。

稍做总结，在这一章，许煜首先讲了两个对立，一个是技术上的语义和语法的对立，另一个是哲学上的本体和本体论的对立。我们可以从网络本体的发展中看到这两组对立。然后他将海德格尔和西蒙东的批判联系起来，形成一种对人和技术物进行重新理解的思维。此外，许煜也提出通过"个体发生"（ontogenesis）来弥合既存的对立。以上是这一章的主要内容。第一章和第二章主要聚焦"数码物"，第三章和第四章的关键词则是"关系"，分别从空间和时间这两个维度展开。

3. 第二部分 "关系"

（1）第三章 "网络空间"

从本章开始进入对数码物存在方式的思考。数码物在哪里？若数码物是硬件，则其一定对应一个物理空间，如电脑在桌子上。那么"诸如脸谱网（Facebook）个人主页或雅虎网络相册（Flickr）上的图片的数码物在哪个空间？"虽然数码物外观为三维物，但仍然在屏幕上，并不占据物理空间。当我们把笔记本电脑合上的时候，似乎也将一个空间折叠起来了。我们用鼠标或手指交互的"空间"，实际上是赛博空间（cyberspace）。而这种赛博空间，也只是一种表象。

那么，这个物体究竟在哪里，又将如何呈现给我们？许煜在此运用康德对空间的讨论进行类比。康德认为空间是被占据的东西，是直觉的和物理的："如果你逐渐从你身体的经验概念中删除身体经验的一切——颜色、硬度或软度、重量，甚至是不可穿越性——身体曾占据的空间（现在身体已经完全消失了，这个空间是你不能从概念中删除的）仍然存在着。"而若试图将一切数码物经验删除，那么还留有空间吗？这里需要对空间进行更加深入的理解。首先是空间和世界的概念区分。空间往往是一个抽象概念，而世界则是现象学中与主体息息相关的生活世界。海德格尔认为，上手对应完全不同的物体存在方式，其意义在于人与物的"交道"。在德语中，"交道"（Umgang）这个词与"环视"（Umsicht）、"世域"（Umwelt）等都具有相同的前缀"um-"，意为"在……周围"或"在……之上"。这就意味着，无论是上手、交道，还是环视、世域，它们都是一个空间性的问题。空间性和空间不同。当我们谈论空间的时候，很大程度上是在讨论空间性。人对于空间的意向性指向空间中的存在，而不是指向所谓纯粹、客观的空间本身。"它并非从主体指向客体，而是由此在的'在此'存在而产生的。"（p.106）这就是空间性的重要性。例如，当我们使用手机浏览照片时，时常感觉图片从屏幕外的空间出现。但数码物的空间只是一种知觉，因此我们需要更进一步超越数码物空间性指涉的空间表象。理解数码物，需要将其"信息空间"看作存在的世界，即一个指涉整体。我们对空间也不能进行在手的理解，而是要上手地与之打交道。

对数码物世界的讨论引向了海德格尔的关系说（Beziehurg）。对于关系的探讨也在两个数量级上展开：话语关系与存在关系。话语关系是我们对事物的指称，对应海德格尔的在手，也对应西蒙东的个化观念；存在关系是我们打交道的方式，对应海德格尔的上手，以及西蒙东的个体化观念。许煜认为，数码物是基于关系的存在，"数据本身就是关系，也是关系的来源"（p.127）。网络上大量的数码物，都是基于一系列关系数据库，并根据关系演算生成的。许煜有这样一段话："如果我们从亚里士多德的意义上理解本体，那么我们就已经假设了一个与事物本质相关的内在关系。但是，如果我们把它看作产生对外关系以及数码物的可能性，那么本体会突然显现一种新的思维方式。"（p.128）这里涉及亚里士多德的形质论、形式与质料的二分法，例如一个青铜雕像，它的质料是青铜，它的形式则是经历一番创制所显现出的这一雕像。我们若想理解本体，事物的外形是非常重要的，要想理解事物的关系，也需要厘清其内在本质和外在表象之间的关系、本体与其所属范畴的关系。但是，这个本质基本上是用于分类的，各个本体归属于不同类别，彼此之间似乎毫无联系。许煜则将网络本体看作关系的产物和生产者，将本体视为产生对外关系以及数码物的可能性，这样，本体则会显现出一种新的思维方式。我们使用的小程序、视频会议软件，它们都是关系的来源，也在不断产出各种关系。许煜用一系列彼此相关的数据库举例，即使它们都在一定的范畴内被分门别类，但也通过键值关联在一起，得以协同，同时，我们也可以从中提炼出更多的关系。按照伯纳斯－李的设想，语义网也可以从这些关系数据库中挖掘出丰富的语义。当然，也有人试图发明一些非关系的数据库，例如非关系型数据库（NoSQL），根据许煜的描述，这位创造者想要做的是，让这个数据库里所有的数据都可以单独成立，新数据的加入不会影响其他数据的存在，这样就可以让这个数据库无限地添加下去。许煜认为，虽然此类数据库号称是非关系的，但它恰恰产生了一种激进的关系，就是这些内容被放置在一起，它们就有了一定的连接性。而我们实际上可以使用其他的网络本体，来对它们进行加工，从而生产出新的关系。

以上强调的就是关系在计算机语言和数码物中的重要性。许煜直言，"在某种程度上，可以说内容不是数码物的关键问题；真正重要的是关系。整个数码物网络，同时也是一个关系网络。"（p.130）如社交媒体中的朋友网络、今日头条的算法推送等。如果我们从关系生产的角度重新审视互联网上形形色色的传播现象、文化现象和政治经济现象，我们应有一番全新的感受。而在中国语境下，"关系"一词还有额外的含义，例如中国传统的跑关系、走关系等说法，这对相关研究也有很大的启发性。许煜继续提出，"'内容为王'为口号的时代已经结束；关系已经接手。这并非意味着我们不需要内容，而是形式使内容呈现为不同的关系。因此，内容的主要功能是形成用于产生关系的资源"（p.130）。

最后，回到对世界和环境的讨论上。用海德格尔的概念来说，就是世域，或者说"周遭世界"。他提醒我们思考：人有世界，那么动物有没有世界？石头等无机物有没有世界？对此，许煜引用蜱虫的例子进行解释。即使蜱虫没有视力和听力，它也可以依靠嗅觉、对温度的感知、对光的感知从树上掉落到路过的哺乳动物身上；并且依靠仅有的感知，在哺乳动物身上寻找合适的部位，吸血生存。这说明蜱虫也拥有其对应的世界。更复杂的动物（包括人在内）同样如此。这样一来，世界显然拥有了超越空间的额外含义，世界是一个生存必需的场所，主体在其中与其他事物建立关系，在其中交道、操劳（Sorge）、繁忙（Besorgen），由此才成为一个"此在"。而如今，人类所生存的世界也发生了变化，充斥着数码物，当下已是一个数字化生存的时代，这要求我们对所生存的世界和周遭环境有更深入的了解。许煜还借鉴了安德烈·勒罗伊-古汉（André Leroi-Gourhan）提出的技术环境的概念。勒罗伊-古汉认为，技术环境是内部与外部环境之间的一个隔膜，一个调试的系统。例如，对动物而言，它们需要进化，通过改变自身以适应环境。而人类会发明技艺、技术，制作物品，创造技术环境以调试内部与外部环境。这种技术环境也和西蒙东的缔合环境观念有所关联。如果人类能成为技术个体，那么他创造的技术环境便是他自己的缔合环境；如果将人和各种技术物的缔合环境都连接起来，便是一个技术世界；如果是数码物，则对应着数字世界。

本章最后，许煜谈到导师斯蒂格勒。斯蒂格勒在《技术与时间》中讲述了技术的起源。技术起源于两兄弟的过错。埃庇米修斯的过错在于忘记向人类分配技能，而其兄长普罗米修斯的过错则在于为人类盗火。这是一个有趣的故事，使得我们对技术环境有寓言式的理解。这种起源形成了技术得以传递人类整体文明的重要条件，即斯蒂格勒说的"第三持存"

（tertiary retention）。本书的核心概念之一是"第三预存"（tertiary protention），其实是一个"第四手"的概念。第一手是康德所讲的人的知觉过程；第二手是胡塞尔在康德的基础上提出的"持存"和"预存"；第三手是斯蒂格勒讨论胡塞尔的"第一持存"（在具身的感知层面的持存）、"第二持存"（在回忆层面的持存）时提出的"第三持存"，即技术物的持存。以上是从空间维度展开的论述，下面来看时间维度的论述。

（2）第四章"技术系统的时间"

本章开头引用了休伯特·德雷福斯的《计算机做不到的事》（1972）、《计算机仍做不到的事》（1992）中的思想。德雷福斯对笛卡尔式的人工智能进行了批判。笛卡尔式的人工智能的发展思路主要是模仿人，通过对人的感官资料的搜集来模仿人的逻辑、人的语言。若说笛卡尔提到的主体——人是一个大写的人，那么笛卡尔式的人工智能力图成为一个小写人。这种构想是不可能的，因为机器与人有本质的区别，其物质基础就截然不同，所以机器注定不能成为人。与之相对的，有两种发展人工智能的思想，一是海德格尔式的人工智能，用上手的交道方式去关联事物，如马斯克的脑机接口，便是在贯通人类与机器的物质性方面所做的一种尝试。二是神经动力学的方法，不是让人工智能技术去学习人，而是让它形成像人一样的脑细胞或神经网络。

那么，这些思想对时间有何启发？许煜在此关注在物质化中如何构成一种新的时间结构："机械零件之间的关系被电子开关取代。话语关系变得物质化并被转化为物体之间的联系。我想用这种方法来理解关系的客体间性。"（p.142）什么是"话语关系"？例如，"是"和"否"，变为"1"和"0"，然后又变为逻辑门的开关，接着又被具化到电路板上，这就是话语关系的物质化。同时，它又转化为物体之间的联系。比如，在电路板中，开关、电池组、传输管道，它们之间就有一组关系；不同的门之间也有一组关系；这些不同的晶体管之间又有一组关系；当芯片和其他硬件被镶嵌在一起，它和其他硬件之间也存在关系。所以应考虑物与物之间的关系，即"客体间性"（interobjectivity）。

对客体间性的理解需要从相对的主体间性入手。简单来说，主体间性（intersubjectivity）指作为主体的人与人之间的互动性和相关性，是一种集体性、社会性。人并非孤立地存在于世，而是和其他人一起生活于此。在认识事物和改造世界时，我们的所思所想、所作所为都是与他人连接之后所发生的，是主体间的共在。客体间性是物与物之间的交道，电脑依靠电缆、WIFI联系在一起，芯片之间的关系，乃至在屏幕上的图片、文字、网页这些数码物之间的关系，这些都是客体间性的讨论范围。对于客体间性，许煜从两个数量级进行说明。首先，"它（客体间性）指客体内部与外部关系的物质化。技术的一般趋势在于通过将不可见成分或方面变为可见和可测量的形式，从而实现各种关系。这一物质化也意味着解决某些问题或扫除某些障碍的模式化"（p.147）。这里指，要想了解一个客体，或对一个物采取行动，需要把不可见的部分变得可见，例如人们发明工具来测量物体的准确温度，使温度这样不可见的成分变得可见，或利用某些光学设备，来关注物质内部的构成，这就是客体的物质化。在此，物与物的关系发生变化，物与工具之间也产生了新的关系。其次，"物质化的客体间性创造了自身环境，连接自然和人类。……人类构建并使用延伸其敏感性的工具。同时，工具成为系统并创建自己的环境。"（p.148）这涉及西蒙东的核心思想之一。西蒙东认为，技术物在独立个化之后会拥有自主性，可以能动地改变环境，并要求环境为其提供最为合适的条件。这样的技术物似乎有了自己的身份和思考，这种现象是无处不在的。当一个技术物出现在人们周边时，它总是要求一个空间，还要求这个空间能够适合人对它的操作，即它在建立一个环境。这也是客体间性的一种。如西蒙东的金堡涡轮机：涡轮机被发明出来以后，作为润滑的油和自然环境下的水便构成了涡轮机散热降温的缔合环境。通用标记语言和元数据标准也是一种客体间性的表现。

要理解这种客体间性，需要有充分的理论工具和哲学思考。许煜提到海德格尔的《物》这篇文章。海德格尔在《物》一文中批判了现代交通和通信技术，认为它们对于距离的消除没有起到任何作用；我们似乎可以跨越距离，实时交流，但我们正在和世界疏远。极端案例是原子弹。我们需要去理解物，而非现代科技座架下的对象。海德格尔运用壶的例子进行解释：壶本身是一个物自体，拥有承纳虚空的功能，壶由陶土烧制而成，作为人使用的器具又被用于祭神，因此，壶变成了一个天地神人四重维度下的一个聚集物。这样诗意的描述背后是海德格尔对物的关系的强调，物与空间、时间、世界中的其他客体、主体人的关系。这样的关系有助于我们理解客体间性。

可帮助理解客体间性的还有西蒙东的思想。西蒙东用图形和背景的对立探讨技术的产生。我们会在背景中格外注意某个图形，比如看一个写满了字的黑板，可能首先印入我们眼帘的是与其他文字颜色不同、勾勒精细的一枝花。这就是图形和背景之间的关系。当我们走进一个屋子时，我们不会把屋子里所有东西都环视一遍，而是会注意其中的某些图形。推而广之，世界和历史的变迁过程，为技术物的发明提供了某些背景，而某些技术物仿佛变成了图形，凸显出来，彼此连接，形成新的技术。例如在之前的时代，炼金术士、女巫等所做的尝试变成了化学、物理、天文等一系列技术和技术物的开端，它们从这一背景中跳出来，慢慢向其他方向发展，也变得更加具体化，这也是一种客体间性。

按照这种理论，可以继续寻求对数码物的技术的理解，可以先把技术物的起源看作新的客体间性的发明，那么，数码物的发展应使得物与人的关系愈加紧密，它缩短了信息获取时间和地理距离。但这样的发展是否能够达成人与事物、人与世界的切近则有待商榷。不过，技术物确实带来了一种新的融合，即数码物的硬件、算法、软件等彼此结合在一起形成一个系统，许煜将其命名为"技术系统"。他讨论了雅克·艾吕尔（Jacques Ellul）和贝特朗·吉勒（Bertrand Gille）关于技术系统的论述：艾吕尔的论述侧重技术人员的系统，吉勒则认为所有系统不同程度上依赖于彼此，它们之间存在一定的连贯性。所有结构、组合和过程的不同层次的连贯性组合，构成了技术系统。与"技术系统"相关的另一个概念是"信息系统",这一系统以计算机为核心,是互联网在发展之中形成的。

1945年,美国科学家和工程师万尼瓦尔·布什(Vannevar Bush)发表文章《诚如所思》(*As We May Think*),畅想未来计算机的发展。50年后,其中的很多畅想都实现了,伯纳斯-李等人也聚在一起纪念这篇文章,体现了信息系统逐渐成形的过程。

许煜断言,有了这些技术系统和信息系统后,在这些系统中,客体间性的核心关系就是时间,准确讲是时间性。二者最大的区别是,时间往往被视作客观的,而时间性则与生存境况相关。时间性也是海德格尔的核心概念。海德格尔谈论博物馆古董的过去,认为过去是"一个世界,在此之中它们属于器具的语境,被看作上手,并被曾经在世存有的繁忙此在所使用"(p.161)。西蒙东认为物比此在更长久,物是非时间且普遍的。所以,许煜说,"物体内的多重时间向我们呈现过去以及对于此在的过去"(p.162)。

许煜将技术系统中的时间具体分为三个部分进行讨论:时钟时间、逻辑时间和拓扑时间。时钟时间是钟控机制控制计算机系统的物理性,反映的是标准化和超越空间的同步,例如,不同时区视频电话的参与者需要在不同的当地时间"同时"参加会议。传统的时空观念也因此改变——空间由时间来决定,而不是主体在空间中形成对时间的直觉。逻辑时间层面,本书提到"拓扑时间关系"的本质是逻辑上的时间,帮助计算机确定一系列的逻辑时间问题,如之前与之后、间隔与瞬时。拓扑时间是时间寄寓物体,时间不是线性的,而是一个拓扑时间结构,时间是层层叠叠、往复纠缠的,可用它来研究集体记忆,譬如研究各种数码物所累积起来的集体记忆和其拓扑时间性。最后,许煜呼吁走向融合。

4. 第三部分"逻辑"
(1)第五章"逻辑与客体"

第五章和第六章的关键词是"逻辑"。

第五章开篇,许煜提问:"什么样的逻辑能够产生一种有利于融合的新型网络状结构?"这样的融合需要一种转导的逻辑,书中对此进行了多种探讨,肯定了西蒙东提出的转导逻辑和胡塞尔的内涵逻辑,并对形式逻辑和外延逻辑进行了反思。许煜认为:"哲学思想能够产生一种有利于转导的力量。……转导也意味着融合,它涉及人与机器之间的互操作性与协调性(以及非协调性),并将它们视为同时是个体与集体的结构。转导不是一种纯粹的发生(becoming),而是一种重新构造存在与环境结构的断裂。"(p.179)在许煜看来,转导逻辑及其意味的融合,可以使人与技术重新协作。

在"逻辑和本体论"的部分,许煜讲到数学家弗雷格。弗雷格想发明出一套可以形式化、公式化、进行计算的普遍语言,从而为人类的逻辑奠定基础。于是他提出一套概念文字,这对标记语言的发展产生了重要影响。但是,在弗雷格这里,对象和概念、含义和指称被区分开来,影响了互联网上数码物的逻辑关系。

举例:统一资源定位符(URL)中所包含的"协议://用户名:密码@子域名.域

名.顶级域名:端口号/目录/文件名.文件后缀等"（"http://digitalmilieu.net/wp-content/uploads/2019/12/Yuk-Hui.png"），这些我们都可简单将其视为弗雷格所讲的概念文字或逻辑语言。通过一系列域名，它们之间会建立逻辑关系，从而达成一个基本的协议和规则，使我们在互联网上顺利完成命令的发出、请求的获取和反馈等一系列事情。如果说网络本体语言让命令有了语言，统一资源定位符就使得指向的对象有了一个固定去处，这个基础便是弗雷格所讲的让语言基于对象而产生。至于那个对象究竟如何、是否有更丰富的含义，则不在考虑范围之内。把括号里的统一资源定位符点开，会出现一张许煜的图片。显示在观众的屏幕上和许煜的网站上的这张图片，其实是不同的东西，这套东西每次进行复制都需要一个独特的统一资源定位符。弗雷格有一个著名悖论："概念马不是马"，有点像中国古代的"白马非马"。但复制的马是马吗？如果把一个东西复制多遍，是否还能用一个统一的定位符定位它？如果这个数码物出现在互联网的各个角落，每个角落的数码物都需要一个统一资源定位符，那么语言究竟是更加简单了，还是更加冗赘了？这是我们需要思考的问题。许煜有一段批评弗雷格的评论："不是外延的描述给对象以身份，也不是自在物定义对象；而身份是来自一系列描述。统一资源定位符掌握，但不掌握整个对象；它并不总是掌握专名，但它总是掌握关系。"（p.188）弗雷格的思想反映了一种外延逻辑，与胡塞尔的内涵逻辑相对。许煜批判弗雷格的思想使得人与数码物、技术物之间的接触更加肤浅，我们需要恢复知识的基础，其只能在生命体的运动中、生活世界中、人的经验中获取。

许煜试图用一种逻辑重新激活抽象知识，这便是转导逻辑。转导不像外延逻辑或内涵逻辑那样寻求阐释，它更多涉及转变，使得不同数量级也能达成一致。西蒙东运用过饱和溶液结晶的例子进行阐述:结晶的"芽"加速结晶的过程，溶液则会因结晶形成亚稳态，不同数量级形成了新的一致。数量级之间的转导也是技术物具体化的表现。技术物作为背景上的图形，其转导来自一个能量域，这被西蒙东称为背景，背景是虚拟的，具有潜力和力量的系统，在许煜看来就是生活世界。那么，如何实现新的参与？许煜写道:"符合这一胡塞尔—西蒙东式批判的一个具争论性的例子是协作注解，或以其最原始的形式来说就是标注。"在豆瓣上标注一部电影和一本书，就是这种做法。许煜说:"标签是不同个体的表达，是来自每一个体生活世界的形式。其次，标注本身是不充分的……但是至少，标注充当不同可能世界如何聚集在一起的例子。"（p.204）前段时间豆瓣突然把标签"#"取消了，这种 hashtag 本身是可以聚集人的思想的，出于对这种聚集的担忧而进行的取消，反而激发了人们对这种数码物本身以及它所带来的聚集性的珍视。

回到生活世界，许煜有一段带有诗意的说明:"带有用户生成的标签的数码物成为一种特殊的文化产物，由表现为交互与检索痕迹的不同意向性构成；它不仅仅将自身作为一种属于特定文化的现象，而且也构成反对唯我主义思考世界的'我们'。我很想将标注的创始想象为发展胡塞尔式网络批判的可能性——一种通过万维网贯穿所有文化的范畴标准化——以及在其中找到进一步发展西蒙东所说的转导逻辑的可能性。"（p.204）许煜提出"串通"（complicity），希望通过它来重振经验。

（2）第六章"逻辑与时间"

第六章的核心概念是"第三预存"。第三预存指日常生活中技术成为想象的重要功能。它是许煜在讨论斯蒂格勒"第三持存"的基础上所创造的概念。第三持存即技术性的持存，或技术物的痕迹。在斯蒂格勒那里是电影和唱片，在许煜这里是数码物。例如数码物提供的关系，人们留下的痕迹——图片、视频或地理定位等。再如，我们到访过某家网店，留下的痕迹就变成了第三持存，当我们再去访问时，就变成第三预存，它会影响接下来算法推荐的店铺。

然而，第三预存不是基于地理定位的，而是基于时间，它是一种对于时间的综合。许煜运用海德格尔的语言与时间观念强调在世存有的时间性，将时间划分为先验想象时间、此在的日常经验时间和历史时间。在康德的三种综合（领会；想象中的回忆/再现；对概念的认定综合）后，海德格尔将其称为映像、再现、前象。这三者形成一个循环，使得第三持存和第三预存联系起来——第三持存就是第三预存。技术物、数码物的痕迹，在重建过去的时间性的同时，预测着未来时间性的可能性。而这样的循环引导我们走向递归。

在讨论递归之前，需要先讲斯蒂格勒的第四综合。第四综合是技术的组合，是集体性的、社会性的、技术性的。它是在技术系统之上形成的时间性。斯蒂格勒认为康德的第三综合，即概念中认定的综合，需要重新认识不存在于此的东西，认定需要记忆支持，也就是技术。"斯蒂格勒命名的第四综合，已经将此在重构为技术组合。同步是想象的力量，不仅基于此在的意识发生，而且依赖于技术系统的时间。"（p.223）

关于其中的时间性，许煜用递归的概念来阐释。递归可理解为时间的状态、时间的可能性，也是哲学思维的一个起点。时间性是拓扑状态，在计算机构建时间性时，它所使用的函数不一定按照线性时间来排列。递归函数可以自我计算，自我读取，调用其他任务补充自己，直至完成任务。例如，谷歌的搜索结果页面排序就是一个递归函数，每一个搜索结果链接都有不断变化的权重和多重关系，页面被不断递归计算，在结果页面点击几个链接之后便会有痕迹留下，影响链接的权重，递归之后页面便会被重新排列。因此，递归突破了我们对线性和因果关系的认知，它使得综合中的认定和回忆可以在技术系统中、第四综合中发生，继而让第三预存得以成为时间性建构的核心要素。

5.尾声

许煜最终倡导的是通过网络、想象的干预，使得人类首先从笛卡尔式的至高无上的地位上退下来，让占据核心位置并作为知识的中心的"人"宣告终结。随后，我们也要积极地介入，与技术的各部分紧密结合在一起，这种融合接近共生。他说，人类正在接近与机器共生的状态。

总之，本书一直试图让海德格尔与西蒙东两位不同数量级的哲学家对话，并运用数量级分析的方法在两个乃至更多的数量级上进行讨论。要想理解本书，要把握好这两位学者。除此之外，许煜通过分析提出了诸多概念，如数码物、数字环境、客体间性、第三预存等，由此帮助我们理解数码物的基本状况。

本书开启了一场冒险的远征，目的地是未来。很多科幻小说和科幻电影中都表达了对于机器会反抗甚至奴役人类的恐惧，解决之道在于人与机器的沟通与理解。这种相互理解现在看来似乎遥不可及，却已被提上日程。《论数码物的存在》为我们留下一些光亮和痕迹，值得我们继续追寻。

三、讨论与问答环节

王金礼： 感谢张磊老师。张磊老师的阅读方法值得借鉴。其一，在关键点的阐释中间建立联系，将本书内容串联起来。其二，张磊老师对文献的概括激发思路，特别是在现象学哲学、技术哲学和计算机哲学三组文献的对话上。下面可否请张磊老师回应一下听众的问题？

听众： 硬件相当于形式因吗？数码物可类比于质料因吗？
张磊： 形式因和质料因多集中在同一个行动中进行，而硬件和数码物可以区分开来在不同的数量级进行讨论。硬件有其形式因和质料因，数码物亦然。

听众： 许煜等学者是在强调反人类中心主义吗？
张磊： 许煜、西蒙东、拉图尔、哈拉维都是后人类主义者或去人类中心主义者，而不是反人类中心主义者。而后人类主义思想也面临诸多学者的反对，但这恰恰证明了人类现今至高无上的地位难以让人放弃。但这种放弃与退位将是必然，否则人类将会像恐龙一样不能适应环境，尤其是面对数码环境和社会状况的深刻变化时。而对于后人类中心主义的落脚点问题，后人类主义者并没有太大野心，或者说其野心是一种谦逊，在不停地敲响警钟，但也只是敲响警钟。

听众： 数量级是一种什么样的方法？
张磊： 首先它不是一个搜集材料的方法，而更多是一个分析方法。数量级分析方法的最大特点在于，它不是通过在一个单一的表面上建立二元对立来进行分析，这是我们惯常的一种方式，比如分析一个东西是黑或白，或是介于中间。而数量级分析方法除了要考虑颜色之外，还需要考虑温度、易碎性、可燃性等。这是它的基本理念。

听众：拓扑时间与集体记忆的关系是怎样的？

张磊：拓扑时间是一个时间性的问题，并没有一个钟表似的、固定的时间来表示。时间性是一个生存的状况。最近抗美援朝的例子可以用来解释集体记忆。大量没有经历抗美援朝的人通过媒体的叙述获取相关内容。而这样大规模、集体的讲述就是在构建一种成型的集体记忆。在获取内容之后，人们倾向于打分、评价、二次传播，甚至写作引用，纵使他们并非记忆的亲历者，他们也可以对集体记忆添砖加瓦。记忆从来不是过去的事情在一个固定的文本或头脑中的映射，它更多时候是多种时间维度和多种时间方向上人们反复交织和建构出来的一组东西。所以研究集体记忆可以以文本为切入点，但是围绕文本，关于集体记忆的讨论必须是拓扑的，这样在往返运动的时间性上，甚至是多个数量级的时间性上，才能够被充分理解。

听众：《论数码物的存在》一书对于关系的强调，是否意味着数码物数据之间原本一直是孤立的，是系统配置程序建立了不同物之间的关系？

张磊：与其说数码物是孤立存在的，不如说其本身数据之间就存在关系，只是我们一直没能深刻地理解并进入这种关系。未来可能寻找其他更主动的方式来介入这样的关系。

第四讲
潘霁领读《地理媒介：网络化城市与公共空间的未来》

图4-1 《地理媒介：网络化城市与公共空间的未来》封面

领读书籍：《地理媒介：网络化城市与公共空间的未来》[1]（*Geomedia: Networked Cities and the Future of Public Space*）[2]，作者：斯科特·麦夸尔（Scott McQuire）

内容简介：本书对当代城市公共空间中媒介技术带来的新的沟通可能和权力关系进行了批判分析。随着无处不在的数字网络使嵌入式设备和移动设备能将特定地点的位置数据与实时反馈电路集成在一起，网络数字媒介或曰"地理媒介"在城市空间中扩张成强大的"时空机器"，极大地扩展了人类的感官、社会组织和文化规范，影响和重塑了城市公共空间的日常体验。对于社会交往过程中"中介"（media）与"直接"（immediacy）之间日益复杂的关系，经典的媒介概念与传播再现理论已经无法解释，需要如"地理媒介"这样的新概念和新解释范式。作者借用亨利·列斐伏尔（Henri Lefebvre）等人的理论，通过对一系列前沿案例的研究，探索网络化城市背景下，如何通过艺术和网络文化中蓬勃发展的合作实践将地理媒介转化为激活公共生活的城市空间，重新定义了新技术环境下公共空间中复杂的张力。

作者简介：斯科特·麦夸尔是墨尔本大学文化与传播学院教授，墨尔本大学政治学博士，媒介地理学与城市传播领域知名学者。代表作有《媒体城市》（*Media City*，2008）、《地理媒介》（*Geomedia*，2016）、《数字灯光下的艺术》（*Art Seen Under Digital Light*，2018）、《可沟通城市与城市空间》（*Communicative Cities and Urban Space*，2021）等。

领读者：潘霁（复旦大学新闻学院教授）

---

[1] 麦夸尔. 地理媒介：网络化城市与公共空间的未来 [M]. 潘霁，译. 上海：复旦大学出版社，2019.

[2] MCQUIRE S. Geomedia: networked cities and the future of public space[M]. Cambridge, UK: Polity, 2016.

主持人：吴璟薇（清华大学新闻与传播学院副教授）

讲座时间：2020 年 11 月 8 日

文字稿整理与校对：曹国东、毛万熙

一、开场白

吴璟薇：地理媒介是媒介学里的核心词与重要研究视角。回溯到 19 世纪，地理空间、人的神经均可理解为媒介或中介，呼应媒介学的核心概念"中介性"。《地理媒介》[1] 一书也融合了本系列讲座中关于斯蒂格勒、克莱默尔、基特勒的相关研究。潘霁老师是该书的译者，也是读书会的领读者，邀请他来对本书进行深入解读再合适不过。潘老师的研究领域包括城市传播、数字技术和研究方法。期待潘老师的新作《跳动空间：抖音城市的生成与传播》能够早日出版。有请潘老师进行精彩解读。

潘霁：领读之意在于领读者提供一层主观的提纲挈领的内容，展现书中一些关键面向。所以本次读书会对《地理媒介》一书不会逐章细述，而是拎出纲要性内容，取出一些刺激点，连点成线。这样或可最大程度保留读者自我探索的乐趣。我的领读将围绕三方面展开：一，对全书的理论脉络走向做出整体交代；二，麦夸尔的叙述结构非常巧妙，先介绍理论，再引入经验案例，又在对案例的分析中埋入理论的意图和概念的"草蛇灰线"，从经验细节回到抽象理论；三，讨论麦夸尔理论下一步怎么走的问题。最后聊聊我和麦夸尔老师在本书翻译过程以及之后交往中的趣谈。

二、领读环节

（一）地理媒介理论概述

1. 何为地理媒介

麦夸尔将"geo"和"media"拼在一起构成地理媒介，它包含了交融汇流、无处不在、位置敏感和实时反馈四条脉络。

第一，将这四个特征合并起来，就会看到城市作为经验结构和交流系统，其根本性时空关系的重新组合。四个特征将时间和空间尺度上的变化全部包含进去。网络数字媒介带来了城市时空的扩张转型。城市生活的空间尺度和距离感知发生了变化；速度节奏乃至当下与未来的关联形态发生了变化；而人与人、自然，乃至各种非人行动者之间关系形成的机制也发生着改变。城市中的经验和实践，包括搅动经验的基础设施的运作随之发生变化。

---

[1]《地理媒介》即《地理媒介：网络化城市与公共空间的未来》，后文领读者为求简便均只提主书名。

需要澄清的是，城市经验的重组并非完全的融合，而是诸种要素的汇流。"convergence"被翻译成"汇流"比"融合"更恰当，因为"汇流"的意思是说每一个支流、符号、实体物等都有自己流动的系统逻辑，它们各自按照不同的逻辑和时空尺度进行流动，然后在地理媒介的中介作用下发生交汇。汇流不是说取消了各类流动自己本来的时空特性和支持逻辑，而是它们按照媒介特有的空间尺度和时间频率交汇在一起，并充满偶然性地生成高一层的新的存在。

第二，关于无处不在和位置敏感。麦夸尔认为，在地理媒介环境中，每个人在一个大屏幕上都成了人体鼠标。人的移动轨迹和人在移动过程中的媒介和生活实践，都成了可以追踪和操作的数据。与此同时，我认为"人体鼠标"的移动和实践不仅生成数据，还实时重新"编码"由大数据和算法构成的城市代码系统。在数字技术驱动的城市空间中，实时的移动实践不断搅动着代码空间本身的构成。因此，随身数字设备成了具身空间的基础构成。对此，还需要从理论意象上区分"geomedia"和"locative media"。"location"是定位的意思，而"geo"在词根上讲是盖亚（大地女神的含义）。后者更多指向混沌的异质渗透：原先的直接和间接之间、连接和断裂之间、本地和去地之间的界限发生了彼此混杂和互相渗透，造成了新的诡异（uncanny）关系。诡异关系不是传统日常意义上的奇特怪异、与众不同，而是重新生成的一种掺杂熟悉和陌生感的数字城市体验。"盖亚"的意思与"世界"（the world）相对，指向一种新的空间媒介化的条件。地理媒介带来的直接和间接、本地和去地之间界限的重新混杂和重新搭配，为城市生成新的沟通可能，也从传播交往上为保留"技术的暧昧"，促成新可能性的不断涌现提供了条件。

麦夸尔通过盖亚的意象试图表达，我们不是拒绝技术，而是要通过与数字技术的互动，充分实现地理媒介作为一种城市沟通新的媒介空间化条件为城市带来的另外可能。或按书中说法就是，利用技术的暧昧性，通过生活的媒介艺术实践来寻求并实现数字地理媒介在实践中的另外可能。另外的可能性是什么？书中提到要抵御现代的枯燥乏味。枯燥乏味指现代资本主义城市中，现代资本主义城市中，资本和政治力量对数字媒介的"工具化"规制和统一化驱力导致了对多样性的"吞噬"，加重了生活的枯燥乏味。麦夸尔想要通过本书揭示出数字媒介暧昧性当中蕴含的巨大力量和希望。

2. 本书的问题意识

根据麦夸尔的观点，地理媒介作为新的媒介空间化条件，对于"对城市的权利"产生了怎么样的影响？媒介与建筑、界面、机构规则和文化艺术实践的结合如何改变了"成为公共"（becoming public）的过程？事实上，"成为公共"是麦夸尔立论的重要基本前提。他认定，桑内特意义上的公共、公共展示和公共性是需要反复学习和实地演练的社会技能。所以麦夸尔讨论城市空间中的文化公共艺术实践时，将利用地理媒介新的空间化条件进行城市公共空间文化艺术实验，描述为用艺术方式向公众提供学习"成为公共"技能的演习机会。从这个角度讲，作者意图说明，城市公共艺术实践经由地理媒介的运作，为在数字城市"成为公共"提供了全新的演习场。

3. 技术暧昧性和技术的系统运作

由此出发，在对技术的态度上，麦夸尔强调"技术暧昧性"。比如，关于智慧城市（smart city）的主流修辞，背后的推动力量主要是大型数字基础设施生产商代表的资本力量。资本通过建构智慧城市进步美好的神话，来掩盖自上而下整齐划一的控制和效率逻辑，充满了数据集中性和技术工具论的迷思。但不能因此抛弃技术，不能做砸坏机器的卢德派。作者引用斯蒂格勒、西蒙东等人的观点，试图说明技术是带来新型野蛮的毒药，但与此同时也是化解新型野蛮最有希望的解药，这就是技术的暧昧性。或者说，在网络社会对抗网络资本权力最主要的手段恰恰是利用网络本身。需要通过与技术建立充满活力的互动关系，来抵御技术带来的枯燥乏味，乃至隐藏了巨大野蛮蒙昧的工具式控制。

实际上，技术暧昧性和技术的系统运作有直接关系。第一，技术并不是东西，而是以解决某个问题，达成特定目的为导向的一系列运作。当社会实践将技术物（乃至理想的技术流程）植入某个特定的实践网络时，虽然技术自身内在逻辑还在，但技术的含义和运作方式会在与特定社会、自然、经济和文化环境的交互中发生变化。技术系统与城市其他异质系统之间反复的动态交互塑造了技术的具体化过程。技术的具体化成了经反复和区分而生成意义关系的过程。那么如何将技术作为解药的问题就演变为以下问题：如何把特定的媒介技术以及带有其自身逻辑的运作植入城市日常生活？如何与城市日常中的其他生活实践发生语义关系的联系？技术到底是解药还是毒药，最终取决于把它特有的运作和其他系统及城市日常生活怎样关联起来。麦夸尔在书中提到的很多关于城市公共艺术的大胆实践，恰恰就是在这个意义上的媒介文化和社会实验。媒介学者、工程人员与艺术家合作，将地理媒介的技术运作及其带来的沟通潜能重新植入与城市公共生活其他实践的关联中，用先锋实验的方式连接地理媒介和城市公共生活，以此重新探索技术作为一种"解药"所具备的多种可能性。

比如，麦夸尔在第一章中提出，广播电视出现后城市形态和公共交往的变化具备三个特征：一是私人家庭为中心的消费；二是中心化官僚政策和组织演示；三是共识性的生活体验，一些全球事件的仪式是通过广播电视媒介独特的共时性媒介运作（卡茨所谓的媒介事件）形成的。但以广播电视为主导的城市日常以及经由它主张的对城市空间的权利，其实现方式和在地理媒介创设的环境中的实现方式大不一样。换句话说，如果回到技术暧昧性的含义上，在广播电视为主导的城市日常，技术作为解药的另类可能的实现方式与在地理媒介环境中技术"解药"功效的实现方式存在本质差异。

正是在这一前提下，麦夸尔理论的落脚点在于，利用地理媒介创造的新条件，积极尝试恢复城市多样异质共存和自发玩乐的姿态。当人和物的本质性认同和实质价值被消解后，城市中加速的流动和异质性的邂逅成为可能。但与此同时，城市又在差异共存的前提下产生了新的跨个人化过程，形成了新的"共通"。所以城市通常是一个具备多重面向和视域的矛盾体，充满了对自发的制约和基于自发玩乐精神的各种中间姿态。

4. 地理媒介与"对城市的权利"

第一，人们可将城市作为日常生活艺术实验作品的总体。地理媒介为普通人在日常生活中从事自发玩乐的艺术实验，探索新的感官体验，并操演新的社会交往提供了无穷的有待实现的可能性。日常生活本身获得了媒介艺术的特质。第二，地理媒介为城市居民即兴灵活使用城市空间提供了技术支持。第三，重新发现城市不完整性的价值。城市规划设计中精心保留的不完整性为居民预留了余地。比如，设计不完整的城市道路恰恰为"走的人多了自然成了路"提供了契机。同样，公共空间座椅的位置若不做完全的设定，则可以为市民发挥主观能动性参与公共空间即兴生成提供条件。相反，如果自上而下，从精英视角进入的城市设计规划过于完整全面，则消解了城市系统自发"生成"的可能。第四，数字技术穿透城市生活，使得政治商业系统或日常生活的原有规制系统或中介过程产生诸多"短路"或"裂缝"：城市中原有的不少中间过程被直接跳过。新技术"短路"或"裂缝"导致的眩晕、震惊和混乱的状态，也为创造性的城市艺术实践创造了机会。第五，城市具有具体行动力。需要将城市的公共空间、建筑和街道视为非人的行动者来对待，以求发现居住者（inhabitants）与建筑空间通过交互，形成多重感知、交往和日常实践的可能性。第六，需要将技术城市化，而不是把城市"技术化"。前者致力于把技术置于特定城市具体的空间和历史文化脉络当中，来接续通过艺术玩乐和市民间的广泛接触来完成的技术运作；而后者则将城市的社会关系和交往视为数字技术系统常备的资源库，从"数据资源"去差异化的角度出发，加以利用吸纳。第七，作为新媒介条件的地理媒介为市民的公共参与提供了分散性的数字网络环境。

5. 基于"人造共同性"的公共概念

书中还提到了基于"人造共同性"的公共概念，意指异质性的共同出现，牵涉到自然、语言、图像、知识、情感、日常习惯经各种人为过程形成的一个彼此相通的"公共"。"公共"对于城市而言不是与生俱来的，而是需要经过反复的社会学习和演练方能"发生"的沟通事件。所以"人造共同性"的公共需要在保证个人隐私，承认差异性的情况下保持惯常的松散交往，以保证城市空间的公共性。值得一提的是，中国城市独特的"公共"问题。中国文化中的公共与西方的公共尚有本质上的不同。中国的"公"通常更强调道德情感的共情和个体间的共享共有。如果要讨论中国城市当中如何形成了具有中国特色的基于人类共通性的公共，基本起点和麦夸尔主张的城市公共化、网络化城市公共空间的未来的立意似乎有一定的不同。

（二）案例与理论脉络的关联

本部分分享书中的若干案例，讲述它们与前文理论脉络之间的内在关联。

1. 第一个案例　谷歌城市

谷歌城市的意义在于，通过数字化的运作把城市公共空间变成一个可供操作的数字文档集群。这一变化一方面使得城市街景成为谷歌关键性的商业资源，另一方面也重组了城市公共空间或为构成它的过程中涌现出新的社会连接提供了技术上的条件。作为结果，城市形象数字化形成的操作逻辑反过来侵入了城市的实体空间，重新设定了城市空间的时空特征。与此同时，个人和城市空间当中特定的本地符号积淀之间也产生了诸多新的连接创造力。所以谷歌图像并不是"如实"反映城市，而是形成了一个可以进行数字化操作的我们与城市空间之间的新的体验结构。这种体验结构本身就受图像数字化所产生的语义结构影响，数字化图像支持了新的植入，在虚实穿梭间不断编码，在时间感知上进行预测性操作，以完成反向的媒介化过程，改变实体的砖瓦结构，重塑人与城市发生关联时的姿态。于是，它对城市的构成方式也发生了变化。

所以谷歌城市最主要的一点，它不只是一个图像的设置，还是通过数字化可操作的文档集来体验城市并与城市发生关联的一个动态的中介网络。由谷歌街景生成的图像结构连接了城市不同的现实。按照卢曼系统论的观点，谷歌城市以自己的系统逻辑实现了线上和线下两个世界的中介跨越，同时改变了这两个世界。这种结构背后是谷歌街景庞大的数据技术系统。我们通过由谷歌街景独特逻辑形成的操作性图像文档结构，来连接城市和体验城市。但如果不是以艺术的态度挖掘出技术系统更多的交往可能，则城市公共空间中陌生人之间的当面交往会随技术的发展减少。比如，问路作为一种与陌生人互动的演习机会，或许会因谷歌图像被广泛应用而消失不见。

2. 第二个案例　公共媒介艺术实践

作者提出了公共媒介艺术和参与式公共空间的关系，强调艺术作为探索地理媒介的一种实验，实现"成为公共"的非工具化可能性。通俗地讲，就是在日常生活当中，公共空间中的媒介艺术实践是帮助人们探索和演习在数字地理媒介新的交往条件下，如何"成为公共"，如何打破原有的工具性功能控制的默认规则。所以媒介艺术成了现代社会中技术的一个补充剂，因为艺术可以令人更为敏感，可以揭示技术被"植入"社会现有经济、政治、文化脉络中的多样化可能，而这种可能原本会被遮蔽掉。换言之，媒介艺术实践重新连接了那些原本未能在城市完成合一的诸多线索或者诸类语法结构。这种非工具性的"诗意"连接中迸发出大量关于公共生活的演习机会和探索交往的可能。它有可能揭露被掩盖起来的媒介技术公共性及其日常交往。城市公共空间通过日常生活的公共媒介艺术实验被"撕开"一定的开放性，它能使城市生活成为一种艺术创作，令城市人变成生活艺术创作的主体。城市规划和治理中则需允许多元异质的"植入"，允许即兴自然非工具性的城市艺术实践在"条纹"化的城市治理规划中出现。

此外，媒介艺术实践与传统意义上的"公共参与"有差异。公共参与作为一种意识形态，本身就构成了城市控制管理中的一个有机部分。事实上，公共参与提供的是符合城市巨型机器运行逻辑的动力系统。而麦夸尔强调，通过公共空间的艺术实践，每个人的数字属性如脉搏、心跳、情感、每个人的故事等都会被记录下来成为公共交往的一部分，并由此呈现出拒绝被数字平均化的独特个人。这些符号属性不仅改变了公共空间本身，城市的历史、个人的经历、集体记忆等城市实践也在公共空间中被重新拼装后呈现出来。麦夸尔以自己身处的墨尔本大学为例。该校所在地原属于当地的土著部落，土著部落如今虽已不在，但校园里的建筑、树木等实体上被安装的数字媒介装置依然告诉了我们这里曾经发生过关于少数种族的故事，并且再次记录了曾经属于该部落的人如今身处此地留下的新故事。通过媒介艺术实践，这些个体的故事和部落的集体记忆得以在大学校园的公共空间重新聚集。

3. 第三个案例　城市大屏幕

当大型电子屏幕被从卧室移到城市广场时，一方面，它为公众提供了一个艺术实验的巨大装置和空间，并与广场上其他地点一起形成了连接物与物、人与人之间关系的稳定且可持续的运营模式，重构了屏幕和人之间的关系。另一方面，地理媒介环境中的公共大屏幕，凭借实时分散式的运作，本身就构成了城市媒介事件的有机组成部分。如果说卡茨和戴扬的媒介事件概念主要描绘的是一个独立完成的单线叙事，或大家在同一时间共同经历的同一连续性事件的话，地理媒介实际上生成的是一个实时分散性事件。媒介事件被打成了很多碎片，并分散于数字化屏幕上。虽然我们看到的是同一时间的事件，但是事件本身分散在各个实体公共空间的大屏幕上和在场人群之中，分裂为多条动态线索，构成了这一事件的有机部分。所以麦夸尔认为，现在的数字化屏幕并非普通的电视屏幕，它是一个互动屏幕，包括了信息、身体和屏幕间的相互感应。事实上，互动不光是指人拿着手机和大屏幕的信息互动，大屏幕还可以对人所处的位置、屏幕上的形象符号输出等直接形成感应。所以信息身体和屏幕之间的关系是可能包含多重意义的交互。而互联屏幕更是使人实现了跨越城市、国家文化差异的交互。比如，韩国人和墨尔本人，借助互联屏幕形成的舞蹈姿态、音乐和集体情感的共同在场，形成一种新的公共交流。这种公共交流，将语言差异或文化差异通过大屏幕的技术手段暂时性地"短路"掉了。

屏幕还为陌生人之间共同玩乐并演习新的文化规则提供了契机。虽然我们彼此不同，但是大家还是会在某个时间点上出于非功利性、非工具性目的在一起做一件事情或者共同体验一个过程。基于地理媒介的共同玩乐会凝练形成新的文化规则，这种文化规则需要在反复的演习当中生成。所以，是否能够形成一种文明的社会文化规则，鼓励陌生人之间在日常发生松散的交往，成为影响城市集体未来的关键。那么远程见证与公共连接的体验如何改变跨个人化过程？地理媒介成为重要通路。目前，公共空间的大屏幕大多还只是依靠视觉感知与市民实现连接。例如，用眼睛观看舞蹈教学的图像，然后用身体运动模仿图像的过程，还没有太多涉及触觉等其他感官经验。随着地理媒介的发展，尤其通过感应器网络全面的触觉连接，新媒介手段的远程见证和公共连接成为可能，将进一步改变我们跨个人化的过程，催生出智能城市新形态的集体认同。

（三）结论与评价

本书的主要结论大体可总结如下。

第一，城市时空尺度和媒介感官的关系。作者认为城市在空间上的大小、位置，在时间上的节奏和速度乃至先后与媒介化感官的构成直接相关。而城市中的公共交往和日常生活都在媒介化时空尺度内发生，而社会性往往产生于媒介城市的"通感"中。这就是为什么作者在环境与主体关系发生重大转型的条件下，讨论地理媒介环境下如何"成为公共"的问题。

第二，技术物理和技术文化的动态平衡塑造了未来城市时间空间的组织形态。作者在书中提出，技术文化（包括技术相关的社会科学、文化、艺术和哲学思想）的发展常落后于技术物理本身的发展。两者动态平衡关系的恢复以及彼此共生的张力决定了技术的想象力，即未来时间和空间可能以怎样的形态呈现出来。

第三，由处于"黑匣子"位置的技术无意识造成的社会失衡，构成了城市日常生活中的社会关系。技术"黑匣子"的意象造成了个人在当下社会中陷入诸多无法解释的困境，减损了个人的技术效能感。而这种关系常会成为数字技术系统的"常备资源储备"。技术文化与技术物理的失衡关系若延续到城市日常生活中，就会造成城市技术化而非技术城市化的后果。现有日常生活中的社会关系将全面成为被数字技术系统"吞噬"的资源。进而，城市就可能沦为向技术驱力系统"喂养"各种资源养料的寄生体。与此相应，工业社会原本自上而下的支配权力通过多重线索、非线性循环往复的微观过程在地理媒介环境中像四散的"肉末汤"一般得到更为激进的应用。新的权力支配方式渗入城市日常感知、交往和生活的每个细节。

第四，人和物传统的身份认同被进一步抽空。在地理媒介网络化环境当中，人（国家、城市、地域等基础的文化认同）和物（工具价值）传统的身份认同被进一步抽空。抽空为技术商品的加速流动创造了条件，也制造出了作为现代城市特有病灶的意义匮乏和单调乏味。

第五，地理媒介技术的具体化与资本主义体制捆绑得越发紧密，商品逻辑的扩张和流动越来越快，不断反复。按齐泽克的讲法，力比多欲望的对象不断被驱力架空，加速转动，但生活会缺乏意义。书中提到，要通过基于数字媒介的艺术实践来抵御现代城市日常生活的乏味，并为之开出具体的药方。利用地理媒介形成的生活公共艺术实践帮助我们实现了抵御城市生活单调乏味的可能，使生活"生生不息"、充满趣味，打开了技术的另一个面向。这也是本书的主要观点。

基于本书的讨论，我们可就以下几点进行反思。

首先，生活的艺术化过程中需要克服重重阻力。在生活艺术化的过程当中，城市现有的商业体制和生活艺术化之间的摩擦时有发生。例如，麦夸尔在书中提出，墨尔本联邦广场大屏幕周边有可能建造苹果手机专卖店。当地居民和文化机构需要与商业力量进行协商博弈，才能够保留空间文化的公共性和多样性。在实际运作中，需克服这两者之间固有的摩擦。

其次，将生活艺术实践惯习化有较大难度。比如，本书作者的大多数媒介艺术实验是一次性的短期行为，从揭示媒介技术的潜能意义上说，具有启发效果。但城市中陌生人的松散社交也需要惯常化。如何才能将基于数字艺术的社会实践日常生活化，并为其提供反复演练的场景？

再次，如何以人的尺度来认识技术的具体化过程？在技术的具体化过程中，技术本身的专业设计通常是遵从理性和功能最大化原则的。大多数城市大屏幕的摆放高度和角度，与普通市民日常视觉感受的习惯尺度并不符合，而是追求最大化的可见度。因为屏幕和人之间不是平视关系，观看者必须抬头。谷歌街景则以人的视角设计数字化的图像。如何将公共参与元素吸纳进城市规划，将市民的主体体验考虑进技术具体的场景设计中？将市民的主体体验考虑进技术的具体场景设计中？

最后，抖音和快手等关联地理位置的数字技术为市民提供了更多契机，这项技术在数字与砖瓦结构之间开辟出更多"留白"，鼓励普通市民在城市中以多种"玩乐"姿态，自发展示和使用城市时间和空间。可以考虑在对中国城市的总体性规划和空间治理中适当"留白"，让地理媒介为市民提供更多在城市公共空间演习和学习公共生活技能的机会。

三、讨论环节

吴璟薇：在今天的语境中，本书的一大重要意义在于，地理媒介概念回应了很多经典研究议题，帮助我们思考技术对公共生活结构、社会关系的改变。本书提供了一个思考视角，也回应了第二讲中曾国华老师谈到的自主性技术话题。潘老师领读时也谈到巨机器的概念，地理媒介如何形成系统和巨机器这一话题值得继续探讨。

刚才您谈到公共性时，我深有同感。本书是在西方语境中谈论地理媒介，而在中国语境中我们对"公"有不一样的理解。比如在中国语境下，电子或数字屏幕等的公共参与也许不是书中的样态。也有学者以参与或互动的方式来理解屏幕，但屏幕的互动性较弱，更多是一个告示或单向传播模式。能否结合实例研究，展开谈论对中国地理媒介的参与性的理解？

刚才讲到的"成为公共"（becoming public）是一个重要概念。它在中国语境下如何实现？假如不是所谓电子告示牌的方式，而是换作抖音，如何从城市传播或城市沟通的角度理解与构建地理媒介？

潘霁：这其中有两件事。第一，地理媒介这种技术本身是什么？必须放在不同的城市现有的实践脉络和体验结构中，以及历史性的媒介生成时间线索上考虑。所以中国的大屏幕成为告示牌，从历史上来看是有它的原型基础的。

为什么中国大屏在公共参与或互动上的功能还有不少发展余地？公共参与涉及如何在公共空间中与别人分享。暂且把哈贝马斯对西方公共空间的定义放在一边。中国语境的"公"更多指可以分享的、不只属于个人的。如果遵循这个含义的指向，那么新技术，例如抖音平台，其实提供了一个与他人分享个人叙事、个人物品、个人形象的机会。倒过来讲，它是一个商业平台，谋利的机构，这毫无疑问。它会把所有数据变成商业资源。但与此同时，也需要意识到，如果把抖音作为实现城市公共沟通的基础设施 [前段时间布拉顿（Bratton）写了一系列文章讨论基础设施和平台的逻辑]，会发现它用一种新的连接方式，把实体空间生产和线上空间生产连接了起来，进行地方制造（place-making）。在这个连接过程中，不得不承认它给普通网民提供了一个大量共享情感、道德、感官启发的可能。

从"分享"的角度及个体行动主体（agency）在公共空间展现的角度看，虽然抖音确实将每个人制造的数字化日常"奇观"作为其基本的生产资料，将其和资本主义的运行逻辑、企业的运行逻辑联系在一起，每个网民浏览的同时都在为其生产数据。但不可否认，其也帮助人们在一定时空点上挪用城市公共空间。在这一意义上，我反对弃绝技术、砸碎机器——事实上也砸不了。《地理媒介》书中也讲，地理媒介和传统大众媒介最大的区别是：电视可以关，地理媒介是关不了的。

第二，我对技术永远持谨慎乐观的态度。原因在于，当技术作为一个新的实践程序（procedure）被植入城市既有实践网络或原有的商业政治文化结构时，技术本身会带来新的制约。技术上瘾、无处不在的实时监控或技术垄断等都可能是地理媒介带来的后果。但同时，技术也在其自身的语法结构中蕴含了解除自身"毒性"的可能。语法结构是把技术的运作程序和其他实践网络进行勾连串接的方式和规则系统。语法结构可能具备打破现有规制的力量：新的技术总是带来新的抵抗可能，或抵抗自己毒性的可能。抖音有毒，但也可能成为我们和城市发生更具创造性、更有趣味关系的重要中介。很多抖音用户并不以赚钱为目的，而是在公共领域用自己的话语和图像表现想展示的内容，其评论与模仿具有了网络化的或抖音化的公共性。这是抖音不容忽视的另一面。

四、问答环节

听众：人与城市的现代化，与人的现代性是否具有逻辑关系？如果有，那么城市不断向现代化推进，会推进人的现代性吗？

潘霁： 首先，城市是什么？城市和人是一个互构的关系架构和体验结构。城市是人的存在状态。当城市变成了现代化商业城市时，城市人的未来或城市人作为集体一员未来的生存状态，必然也是商业化的现代生存状态。所以别把城市和人对立起来，视为两个不同事物。你可能想讨论个人和社会结构的关系，但是地理媒介和数字媒介产生后，恰恰改变了大众媒介时代个人和社会结构之间的二元对立关系。麦夸尔没有针对这个问题展开更多论述，但书里明确说，城市的变化，城市公共空间的变化，城市公共权力、公共交往的变化会塑造、改变个人，而个人的数字实践也会重新编码城市本身。未来城市作为一种新的文明，会变成怎样的文明？这关系到城市人作为一个集体将面对怎样的命运。因此，人的发展和城市之间不是逻辑上的对立关系，而是同一事物的不同视角。

听众： 中国的广场大屏幕基本上属于广告牌，这个模式可能改变吗？大部分大屏幕的设置是出于商业目的。如果要改变，是否只能从源头上去改变，也就是要求运营方去改变？

潘霁： 我不知道怎么改变，我没像麦夸尔那样去实地测试如何做这件事。但是读了本书后，我们至少意识到一件事：大屏幕除了被商业的内容、符号、运作填满以外，它也可以成为一个日常公共交往的基础设施。大屏幕可以出于非工具性的目的产生聚集，形成共同的公共文化或艺术。在不同城市的公共空间甚至国家的城市公共空间中，通过网络连接异地的大屏幕，甚至可以支持跨文化的公共交往。具体怎样找运营方改变，这涉及所有权、运营权合同，官方规定等很多问题。屏幕有可能作为城市公共空间中陌生人交往的中介，这是麦夸尔通过其创造性艺术实践带给我们的提示。对于中国大屏幕，可能还需要关注它发展起来之前的原型、大屏幕在中国商业世界中的位置、它是如何发展到今天这一步的。

听众： 城市规划应该有更多留白吗？

潘霁： 留白不代表着留下完全的空白。若只是简单地留下无序的空白，就会发生混乱，会让交流空间变成厕所的墙。麦夸尔在书里明确提出，完全的留白其实体现的是对责任的逃避，城市管理人员、城市规划人员对自身担负的责任的逃避。怎样精心安排或设计留白？怎样和政府、商业机构、公共空间管理部门合作？这都是个艰难的协调过程。这个过程中有很多摩擦，牵涉无比艰难的协商过程。

听众： 现有研究把实体世界的位置概念嫁接到虚拟空间，这种研究未来的走向是什么？

潘霁： 什么叫实体世界的位置概念？如果说复旦大学是一个实体位置，在虚拟地图上会牵涉各种各样的图层。那么首先，实体世界和虚拟世界并不是两个对立点，"virtual"（虚拟）对应的是"actual"（现实），不是"real"（真实），"geo"（地理）恰恰是"virtual""actual"

混杂起来形成的现实性东西。人在实体空间中的交互、商业行为会受到虚拟地图的影响吗？比如下班回家，我首先会去看地铁时间表，看地图上哪条线是红的、哪条线是绿的，再决定从哪个方向走。实体和虚拟现在越来越多地混杂在一起，形成了新的"real"状态，和以前的现实有着质的不同。这也是本书结论部分讲的，它改变了直接和间接、连接和断裂、实和虚之间原有的清楚的界限划分。

听众：地理媒介在乡村的传播中如何缩小与城市的鸿沟？

潘霁：乡村和城市是两个地理位置上的概念吗？是文化的概念还是政治上按照户口的划分？这涉及两个概念范畴之间的关系。城乡的划分先要弄清楚，然后才能说鸿沟的出现和缩小。鸿沟是指什么？文化意义上的还是数码技术方面的鸿沟？

地理媒介在城市空间的发展已经全面延伸到了乡村，把乡村和城市混杂了起来。它重新界定了直接和间接，把乡村和城市用新的方式勾连了起来。

在地图上看到的中国大多数的乡村地区，数字网络是通畅的，数字基础设施是存在的，乡村和城市之间的关系因为地理媒介的发展而变得更紧密，而不是相反。比如网上有很多乡村土特产、文化符号、地理位置打卡，常常在城市最集中出现这些意象。如果你讲的鸿沟是指经济上的鸿沟，那么中国乡村太过多样化，没法笼统讲。如果你讲的是江浙乡村，鸿沟并没有扩大。数字媒介或地理媒介在以极快的速度激活乡村的经济活力，通过一系列运作把它和城市融合在一起。总体上，城市的经验结构和交往系统越来越多地延伸到乡村，乡村越来越多地渗入城市，边界在细微地改变，变得越发模糊。

听众：您对艺术这种形式的未来前景怎么看？

潘霁：如果艺术不是指"high culture"（高雅艺术），而是指在日常生活中探索另类可能尝试的生活化艺术，是在麦夸尔的意义上谈论生活的艺术实践，我觉得人类集体在数字时代的未来取决于技术和艺术之间能否发生有趣的重新组合。

反之，如果艺术萎缩，生活中只留下技术统治，我们可能会面临极度匮乏的境况。另外，共同体会越来越注重共同体制裁权力的宰制过程，把每个人变成受到技术权力控制的人。当把数字技术的发展和数字媒介生活的艺术化动态灵活地结合起来时，艺术才能更健康，一定程度上激活人们继续共同生活下去的勇气。否则，只有纯粹的技术理性、智慧城市的控制视角、自上而下的宰制，乏味的城市生活会慢慢让人无法以人的形式幸存下来。

听众：可以把地理媒介视为城市空间生产和再生产的一种驱动力吗？如果成立，在这个意义上，可不可以把麦夸尔的理论作为列斐伏尔的数字社会观点的一种延展？

潘霁：第一，麦夸尔讨论对城市的权利时，确实是在列斐伏尔观点的前提下展开讨论的，这是不是一种延展？麦夸尔在书里明确讲，他不试图对某理论做新的延展。

第二，生成和生产之间存在重要差异。生成是一个自下往上的"spontaneous"（自发）的过程。无数老百姓用脚踩出马路，这叫生成。无数网民在城市空间堆垒起来符号，数字地图上网民生产出一层又一层的城市地点图层，叫深层生成。生成总是自下往上地丰富一个艺术作品。而按照某个具体的技术标准，遵循既有流程形成一个统一的产品，这叫生产。如果在这个意义上使用"生产"这个词，麦夸尔说要突出地理媒介作为生成中介机制的可能性。一方面，地理媒介能推动空间的生产，另一方面，地理媒介技术是暧昧的。媒介技术通过艺术实践具有了推动生成的可能性。所以您的问题可能和本书的意向正好背道而驰。

听众：媒介和地理空间结合以后，自我赋权的力量与资本逻辑权力之间差距非常悬殊，如何去抵抗这种作为不可抗力的人的异化？

潘霁：您提出问题的前置定语已经决定了无法抵抗。自我赋权是什么意义上的自我赋权？是在什么前提下的自我赋权？权从何来？自我赋权并不是自己给自己权力。权力也并非凭空得来。赋权的可能性产生于人和技术用一种新的方式形成的互动关系。自我主体性生成和自我赋权的可能性恰产生于人以"游戏"姿态与既有技术文化系统"邂逅"，产生另类的连接形态，并经由这种连接生成更稳定的通感结构和社会关系的过程中。所以这种可能性仍然是存在的。当然，它和资本权力对整个社会的"penetration"来说，力量悬殊。所以，艺术实践处于城市生活边缘。在资本和权力的缝隙中大胆开展新媒体公共艺术实践，是麦夸尔想要做的事情。

如何抵抗这种貌似不可抗力的人的异化？要不断告诉自己，城市的技术化和技术的城市化是不同的路径，预示着不同的命运前景。要把技术城市化，而不能把城市中所有的关系和人的实践活动都变成技术系统的养料。要考虑如何通过地理媒介创造出的新条件增强异质系统碰撞的趣味性，增加多样化涌现共存的可能？齐林斯基讨论媒介考古学中的深层时间概念，想追溯媒介技术的生成时间。通过考古挖掘媒介技术在生存时间中，在非资本主义现代社会中呈现出来并实现过的多种可能，及其对于当下的启发。

听众：怎么看可穿戴设备在时空重构中起到的作用？

潘霁：这里牵涉两个方面。其一，可穿戴设备使个人在技术系统里越来越像一只大号鼠标。人所有的移动以及在移动城市空间中接口的位置都会被数据化。数据化结果既有可能为各类平台的数字地图提供数据养料，也可能通过数字实践包括运动重新定义地方并改变数字地图的编码规则。其二，可穿戴设备把个人生命和身体指标特征转变成可以操纵的数字操作性档案。这倒并不是说技术要直接控制心跳。数字技术把个人的心跳、脉搏、血压、皮肤电流之类的片段数据化以后，大量数据档案或一个人较为长期的数据档案累积可以相互关联起来，也可以对其进行分析来开展进一步的操作。

这样的发展带来两重可能的后果。第一，当可穿戴设备越来越多时，人越来越像在城市公共空间中反复移动的一个鼠标，日常穿梭在虚实之间。当人身上有系统能辨识的技术设备，有些公共空间对你是开放的。而公共空间中有些别的资源被设定了一些时空面向的开放条件，由于个人随身设备以及设备背后的数据流动（例如二维码），公共空间及相应资源可能对特定人群关闭起来。第二，人内部的生命过程越来越多地被转变成了数据，形成一个可操纵的数据档案系统。数据档案系统当然可以出于保持人健康或维持生命的目的进行预先干预式的操作，但也可能将个人身体转化成资本主义体系中的数字原料。

听众：隐私数据是否无法保护？

潘霁：首先得搞清楚数字媒介时代的隐私是什么意思。在大众媒介时代，砖石结构的媒介环境中，我们对隐私界定的边界常常是基于大众媒介以及一系列模拟的中介化实践形成的。城市空间和数字媒介的结合方式，乃至其产生的交往条件发生变化以后，如果不改变隐私的概念界定，传统的隐私数据确实无法保存，也无法保护。这个问题是个好问题，但是先得反思隐私本身。什么是隐私数据？如果一定要得到一个答案，当数字网络对人造成隐私侵犯时，对付的方法通常也只能采用网络式的方法。因为信息沟通的边界其实已经完全网络化、液态化。个人可以选择不用微信、淘宝，啥都不用，但不可能完全在这个社会之外。举个不恰当的例子，个人可以用网络的方式来反向保护自己的隐私。比如有人选择用多个微信号、多个电话号、多个 ID、多重身份来反抗商业力量对隐私的侵害。网络时代对隐私概念需要从根本上结合技术文化的具体语境重新界定。其次，隐私保护的手段是利用数字网络、地理媒介的条件来形成反制措施，而不再是原先更为传统的隐私保护方式。

第五讲
章戈浩领读《人类传播的惊奇现象》

ðə səˈpraɪzɪŋ
fɪˈnɒmɪnən
ɒv ˈhjuːmən
kəˌmjuːnɪˈkeɪʃən

THE SURPRISING PHENOMENON OF HUMAN COMMUNICATION

viˈlɛj flusˈɛr

VILÉM FLUSSER

图 5-1 《人类传播的惊奇
现象》的封面

领读书籍：《人类传播的惊奇现象》（*The Surprising Phenomenon of Human Communication*）[1]，作者：维兰·弗卢瑟（Vilém Flusser）

内容简介：本书是作者职业生涯中期的重要著作，是作者在法国发表的十二篇系列文章的合集，最初用英语和法语著成，主题涉及传播媒介、记忆、符号、意义、模型、艺术、控制论、圣经。虽然写于 1975 年，这一早期的现象学研究改变了美学、伦理、认识论模型，及当前人类的交流结构，能帮助我们更好地了解大数据、中央集权的媒体权力、大众传媒集团、政治美学等当今世界正在发生的事情。本书与同时期他所著的其他作品《自然》《后历史》《走向摄影哲学》等形成关联。

作者简介：维勒姆·弗卢瑟（1920—1991），著名哲学家、作家、记者。1920 年生于布拉格，1939 年为了躲避纳粹迫害移民巴西，20 世纪 70 年代早期回到意大利、法国等国家定居，1991 年因车祸逝世。在巴西，他为期刊撰稿，并曾在圣保罗大学、巴西哲学学院、技术与航空学院等机构任教。1984 年出版了影响深远的《摄影的哲学思考》一书后，在媒介哲学领域声名鹊起。1985 年出版《进入技术图像的宇宙》（*Inuniversum der Technischen Bilder*）和《书写》（*Die Schrift*）。其早期作品深受生存论、现象学的影响，对海德格尔讨论颇多；晚期关注传播哲学和艺术生产等议题。

领读者：章戈浩（澳门科技大学人文艺术学院助理教授）

主持人：曾国华（中国社会科学院新闻与传播研究所副研究员）

讲座时间：2020 年 11 月 22 日

文字稿整理与校对：毛万熙

---

[1] FLUSSER V. The surprising phenomenon of human communication[M]. London：Metaflux Publishing, 2016.

一、开场白

曾国华：本次读书会由澳门科技大学章戈浩老师领读弗卢瑟的书"*The Surprising Phenomenon of Human Communication*"。目前本书只有英文版。章老师是一位专注、淡泊、研究视野前沿的学者，他的讲座或授课深受师生喜爱。欢迎章老师领读本书。

二、领读环节

（一）作者简介

1.作者生平

今年正好是弗卢瑟100周年诞辰。5天之后，也就是11月27日，是他逝世29周年的祭日，世界各地都准备在这一天为他举行诞辰百年纪念活动。弗卢瑟提道："活着就是发现'我是谁'，并试着从此开始变得'更好'（或'更多'）。"因为一个人要说明自己是谁的时候，"改变的不仅仅是自己，也是世界"。"无论何时发问'我是谁'，它都成了一个崭新的问题，而决定从作答之刻重新开始是痛苦而激进的。故而，我要如同首次发文般再问一次'我是谁'，为了做出一个决定"。

弗卢瑟的生平大家可能不熟悉。他的身世非常复杂。他出生于捷克，母语是德语，因二战流亡到巴西，拥有巴西国籍，晚年返回欧洲，居住在意大利，也曾移居法德边境的法国小镇。其主要作品用德语、葡萄牙语、英语、法语创作，他经常翻译自己的作品，有些时候对同一个主题、同一部作品采用不同语言重新书写。这和他的语言哲学观点有关。他认为，不同语言有不同的表述方式。一个有趣的事实是，他的母语之一是捷克语，但从来不用捷克语写作。为此他有一个解释："我从来不用捷克语写作，但是在所有写作中我都在用捷克语。"（I do not write with Czech. I write in Czech.）他大学本科肄业，只读了一年级。这些都给他的研究带来了深刻影响。

弗卢瑟出生时，捷克斯洛伐克共和国刚诞生不久，他是国家最早的一批国民。当时捷克虽然是一个小国，却是当时世界上非常发达的国家，在世界工业国中排第六七位。这个地方同时受到了日耳曼德语文化、波希米亚文化、犹太文化的影响，这三者都对弗卢瑟产生了巨大影响。他生活在一个富有家庭，其父是数学教授，和爱因斯坦是同学，积极参与捷克早期的建国运动，也是捷克当时执政党的重要成员。由于德国入侵捷克，弗卢瑟被迫流亡。当时他在布拉格查理大学——世界上最古

图 5-2 维兰·弗卢瑟

老的大学之一 ——就读一年级，读哲学系。女友来自富商家庭，她的全家决定流亡。弗卢瑟在德军进入布拉格的前一天夜晚，坐火车和女友一家离开布拉格，前往伦敦，而自己的家人全部留在了布拉格。弗卢瑟在伦敦时就读于伦敦政治经济学院，但未满一年，由于签证等原因他被迫再次流亡，前往巴西。经过长时间的海上颠簸，抵达巴西后，他方知家族成员四十多人都在奥斯威辛集中营罹难，活下来的只有他和堂兄，堂兄后来成为耶路撒冷大学著名的神学家。这些对他的研究可能也带来了影响。抵达巴西后，弗卢瑟在岳父的进出口公司从事无线电配件进出口工作，白天上班，晚上自学哲学，这样度过了十多年。20 世纪 50 年代末，他陆续给巴西的葡萄牙语媒体投稿，崭露头角。20 世纪 60 年代初，他被邀请到圣保罗大学教授哲学课程。他提出了一套关于语言哲学的观念，居然和当时整个社会科学的语言学转向几乎是同步的。20 世纪 70 年代他曾数次到欧洲讲学，也曾试图在美国讲授巴西哲学，20 世纪 70 年代巴西政局发生变化，其教职被政府取消，他回到欧洲，最后住在法国。

弗卢瑟的一生主要与四个城市相关。对他影响最大的是他离开后再也没有回去的家乡布拉格，给他留下深刻印象的是伦敦。他在一篇作品中曾写："我在伦敦度过了一年，那是最自由的人生。"学术生涯早期，他大部分时间住在圣保罗；返回欧洲后，他住在法国小镇罗比隆。他写过一部自传，开头用的是葡萄牙语和德语，翻译成英文是"groundless"或"rootless"，就指无根的、漂移的，甚至连落脚的土地都没有，这个可能和犹太哲学、个人经历有密切关系。

德国学者基特勒十分热爱弗卢瑟的学术研究。弗卢瑟在 1991 年受基特勒邀请前往德国举办讲座，在一次演讲结束前往布拉格的学校访问时，不幸在德国和捷克的边境因车祸去世。他关于传播与死亡关系的讨论，也铭刻在他的墓碑上。墓碑上中间一行是捷克语，引用的是《圣经》中的一段话，意思是：当你具有智慧，你就能够知道。最下面一段是葡萄牙语，意思是：我们未曾死去，我们永远也不会死，你和我，孤独与死亡。

2. 作品序列

弗卢瑟的作品可以分为两个序列。第一个序列偏重语言哲学，主要作品以"象征语言作为现实的结构"为主题，作品主要用葡萄牙语创作。第一本书是《语言与现实》（1963）；第二本书是《当代存在主义思想的影响》（1964）；第三本书《摄影的哲学思考》（葡语版）（1965）享有盛誉；第四本书是《恶魔的历史》（1965），现在已经有了英文版。1965 年，他有两本未发表的作品——《存在主义》和《当代西方思想基础》，这是由他在圣保罗大学上课时的教案衍生出的作品；第七本是在哲学领域很有影响的一本书《论疑惑》；第八本书是《论宗教》。

20 世纪 70 年代后是第二个序列，他的研究重心有了一次调整，以"传播的结构是人类现实的基础设施"为主题，本书即属于这一主题序列。这一序列最开始基本是法语作品。

第一本书是《日常生活的力量》（1971/1973）；第二本是《编码的世界》（1974），受到胡塞尔的影响，他用现象学研究日常生活中的很多物品；第三本用葡萄牙语书写，相对应的英文是"*Natural：Mente*"（1974/75），这本书和《日常生活的力量》形成对照，主要用微观方式解读自然世界；第四本书是《姿态》（1978），有英文版；第五本是《人类关系的变异》（1978）；第六本是《后历史》（1979）；第七本是《摄影的哲学思考》（德文版）（1983）；第八本是《走向技术图像的宇宙》（1985），《摄影的哲学思考》由一家专门从事摄影领域图书出版的出版社出版，出版后成为关于摄影理论或摄影哲学的重要作品，到了第二本即《走向技术图像的宇宙》出版后，人们才开始意识到，这不是一个专门谈摄影的作品，而是借由摄影谈了关于人类传播行为的思考。这个系列还有第三部《书写还有未来吗？》。

另外，弗卢瑟有一本有趣的寓言式的书，标题是拉丁文，被译为《吸血章鱼》（1981），或是《幽灵蛸》。

弗卢瑟在学术界产生影响不仅仅因为他留下了很有影响力的作品。他生前大部分作品都没有出版。他的特点是，不管作品是否出版，都会不停地往下写，所以他的作品出现了两个序列：出版序列和未出版序列。目前，德国留存的弗卢瑟档案至少有 3,000 份，还有一部分未发表的作品留存在巴西圣保罗大学。每一批作品被发现后，学术界都对他又有新的认识。

3. 思想源头

弗卢瑟没有接受过正规的大学教育，其作品既好看，也难读。他的书有一个特点——作品充满了闪光的哲思，金句迭出，完全打破了学术论文的桎梏，无视学术写作的陈规陋习。作品中看不到 APA 格式，引用他人内容经常不加注。阅读过程中读者会充满快感，文字好看，但很难找到他的思想来源。有人说他的风格像本雅明，也有人说从他的整个人生状态和作品中可以看到他像一个民间科学家、民间哲学家，不在学院的规则中。

现在已经有了一些学术讨论，公认对弗卢瑟产生明显影响的学术资源有胡塞尔的现象学、马丁·布伯的犹太神学、香农的信息论；也有学者认为他受到了弗洛伊德、小说家伍尔夫的影响。弗卢瑟和阿伦特曾有直接联系，他曾让自己的学生将《自然》带给阿伦特，但阿伦特没有特别积极的反应。有学者认为，库恩、本雅明、维特根斯坦、雅斯贝尔斯、薛定谔、巴西哲学家古斯塔夫·考尔恰（Gustavo Corção）直接或间接对弗卢瑟的思想产生了影响。库恩关于范式的概念影响了弗卢瑟，弗卢瑟会把范式作为一个常用隐喻使用在作品中。本雅明所讨论的问题、对摄影的关注和弗卢瑟相近，写作风格也相近。麦克卢汉可能没有对弗卢瑟的思想产生影响，但弗卢瑟会把麦克卢汉当作讨论的一个对象。另外，弗卢瑟对基特勒产生了影响。

另一个不太为人注意的是来自捷克哲学学科文化的影响。捷克首任总统马萨里克和弗卢瑟的父亲有交往，他也是著名的捷克哲学家，有学者认为他对弗卢瑟产生了影响。另一个是弗卢瑟在理查大学时的哲学系老师帕托斯卡（胡塞尔的关门弟子），他也对弗卢瑟产生过影响。我隐约感到，弗卢瑟的和传播研究有关的作品的思想与卡夫卡的观点有联系。捷克著名剧作家和画家恰佩克兄弟创造了机器人（robot）这个词，而恰佩克关于机器人和人的关系的讨论弗卢瑟在其作品中是有所回应的。

德国作家茨威格和弗卢瑟几乎同一时间到达巴西。在弗卢瑟得知亲人全部死在集中营之后，他想过自杀。他在传记里写道，把他从死亡边缘挽救回来的，一个是东方的神秘主义，一个是巴西的神秘主义。同一时刻，茨威格在巴西结束了自己的生命。很多人对比茨威格和弗卢瑟，同样经历了二战、经历了对犹太人残酷打压的时期，他们作为犹太思想家如何看待旧欧洲文化以及他们与欧洲文化之间的联系。他们两个做出了似乎相近但并不完全相同的抉择。茨威格是不是也会对他产生影响？这需要进一步讨论。

另一个巧合是结构主义人类学家列维·斯特劳斯在1957年结束了在巴西的田野工作，写出了著名的《忧郁的热带》，那时弗卢瑟在巴西学术界崭露头角，他和结构主义的关系是什么？可能也需要注意。

弗卢瑟在作品中频繁提到中国。中国是怎样对他产生了影响的？我设想有两个路径，一是中国艺术家、雕塑家蔡文颖，弗卢瑟曾写过一篇关于蔡文颖的艺术评论。另一个是马丁·布伯，他对弗卢瑟产生过重要影响，他也是把道家哲学最早翻译成德语的翻译家，他把道家哲学介绍给海德格尔。弗卢瑟曾在传记中写道，他和女友的约会往往是在马丁·布伯的讲座上，马丁·布伯和弗卢瑟家族也有来往。

4. 其他工作

在学术之外，弗卢瑟还试图做一系列其他工作。比如他曾和著名语言学家、左翼学者乔姆斯基讨论创建学校"General Studies School"，从事科学、哲学、传播理论的教学。这个计划后来流产了。不过弗卢瑟关于传播的研究，并不是研究我们通常所理解的传播学，弗卢瑟自己造了一个词"Kommunikologie / Communiciology"。他在英文中有时会用传播理论来指称他所创立的一套关于未来学科的设想，也有学者特别是德国学者会用传播哲学或传播现象学来讨论弗卢瑟的作品。国内有人将其翻译成交流学或沟通学，但是中文语境下所说的交流学或沟通学和弗卢瑟谈的不完全一样，虽然有人试图把弗卢瑟放在这一序列里。弗卢瑟试图创建一个和当前流行的"传播学"不尽相同的学术体系。他自创的词"Kommunikologie"在德语中不是指一个具体的课程，而是指关于人类整体知识的讨论。今天要读的这本书提供了他这一设想的最早版本。它不如弗卢瑟后面出版的德语书完备，但仍有独特之处。

弗卢瑟还有一个有趣的创建。他使用了当时苹果电脑上的软件系统"Hyper-text"，曾试图创建一个以软件为基础的知识教育体系。后来这套体系没有得到成功推广。现在有学者把它作为一个媒介考古学项目，对其进行复原。

（二）章节介绍

本书的英文版封面上的书名采用的是国际音标。弗卢瑟谈到关于这本书的最初设想——他和一个朋友在通信里写了一句话：Like in so many different ways, I am full of doubts, and short of formed opinions。我试译为"类众异道，疑惑满怀，阙于定见"。

这本书是1975—1976年间他应邀去法国做一系列讲座的内容合集。原文既有英文版，也有法文版，从来没有正式出版过。在2010年后，弗卢瑟在西方世界变成热门人物，从他的档案中人们找到了这批作品。前十章为英文，后两章由法文版转译而来。讲稿偏口语化，读来让人心生愉悦。

1. 第一章　人类传播的惊奇现象

这一章的核心是从生存的意义、生存哲学的视角讨论传播的定义和传播的终极意义，与弗卢瑟的另一篇探讨传播终极意义的名篇《何为传播》形成互文。在迄今几十年的传播学讨论中，这一主题几乎无人论及，唯一有过类似讨论的是美国学者哈特（Hanno Hardt），他在20世纪80年代初写过一篇文章，可惜两人没有任何直接交流，错失了对话机会，他们可能都不知道对方讨论过这个问题。更有意思的是，弗卢瑟关于"熵"和"负熵"的概念与斯蒂格勒的观点亦有相似之处，但非常遗憾，斯蒂格勒并不知道弗卢瑟也在用这一套概念讨论类似话题。

本章提到几个有趣论断。第一，人类孤独至死，传播对此无能为力。人注定要死，动物也会死亡，但人和动物最大的不同在于，人知道自己一定要死。从这个意义上说，人是最孤独的人。尽管人是最社会化的动物（此处用了亚里士多德的人是政治动物的概念），但人最为孤独，因为人知道自己必定要死，死亡是不可避免的。传播本身无法传递任何具体的经验，人类之所以要传播，就是试图在传播过程中、在与他人的交往中，赋予生命以意义。他和海德格尔对死亡的论述接近，但最后给出的路径又和海德格尔的不完全一样。有学者认为，把传播或交往与死亡联系起来，把人的交往作为对抗死亡的利器，这可能和雅斯贝尔斯的观点也接近。

《何为传播》英文版的开篇说：人的传播是一个人工技艺（artificial techniques），"人类传播是一项艺术技巧，旨在让我们忘却死亡的生命之残酷虚空。就自然而言，人是一种孤独的动物，因为他知道他会死，而且他的周遭在他死亡的时分不受影响。每一个人必须孤独死去，而且，每一个小时都可能是死亡的钟点。当然，没有人能在知晓了这种本质的孤独和虚空后还能活下去。人类传播为我们符码化世界的形式绕上一层薄纱。这层纱由科学、艺术、哲学、宗教构成……让我们忘却孤独与死亡，包括我们所爱之人的死亡"。

读到这段话时我十分震惊。他写下文字时一定会想到二战期间全家在集中营罹难。他对传播现象做了一个现象学式的区分或定义，认为传播现象从本质上来说是反自然的，因为传播是文化创建出来的，在传播过程中，人们互相交流，从而导致信息的增长。所以传播这种行为是精神上的。他把信息界定为我们无法预测的结果。从这个意义上来说，传播是反熵的，因为传播创造新信息。

在 20 世纪 60—70 年代，系统论、信息论在西方学术界兴起，弗卢瑟敏锐地意识到并且使用了这些概念。有趣的是，使用信息熵的香农，尽管用了这个概念，但他关于传播的研究和弗卢瑟的传播现象研究截然不同。弗卢瑟认为，自然界总的趋势是熵，是有序性向无序性的转换，最终混乱状态达到静态平衡，成为"热寂"。而人类的传播现象与之相反，一般趋势是越来越复杂，不断出现新信息，人类的传播是反死亡的、反自然的。

弗卢瑟不是简单地挪移了热力学的关于熵的讨论，而是做了一个更偏人文视角的讨论。因为"信息的积累不再是统计上无确定性而有可能。相反，它被视为一种人类动机——不是偶然和必然的结果，而是出于自由"。人们要寻求自由主体，寻求能动性。人的自由意志使得他们可以接纳信息，能够交往与相互传播。从这个意义上来说，传播的终极目的、本质目的是对抗孤独乃至对抗死亡。当人留在世界上的一切实在之物都消失后，人所留存下来的只有信息，人在传播过程中增加信息量是为了对抗死亡。当人在这个世界上的一切痕迹都消失后，他的信息还能留存下来，留存在和他有过交往、有过各种传播，对他有所记忆的人的心中。这也是为什么他的墓碑会如前文那般撰写。他认为，人类的传播是一项艺术技巧，这些命题与人孤独至死是相悖的。

人类的传播和整个社会的、自然的、整体的熵的趋势是相对的。自然界趋向更多的确定性，趋向灰烬、死寂。弗卢瑟认为，这是我们对孤独与注定死亡的主观体验的客观推论。从存在的视角看，我们通过传播来克服死亡或存储信息。人的传播就是要违背自然。这种违背在外是违背自然，但遵从了人的本心。弗卢瑟是一个精通多国语言的人，所以他的文字里充满了各式文字游戏、一语双关：既违背了自然（nature），又遵从了人的内心（nature）。

2. 第二章 信息到决定

本章涉及的是一个关于生存论、系统论的辩论，界定了什么是信息。

开头举了一个有趣的例子。树被锯开后显露年轮，懂得植物学的人看到年轮后，可以知道树经历了什么。年轮是某种形式，在这种形式之中出现生存的信息。所以弗卢瑟玩了一个文字游戏："inform"是"in-form"（在形式中），信息依靠形式。

弗卢瑟认为"memory"一语双关：既指人的记忆，也指各种存储物体或系统。传播是两种记忆或存储系统之间的信息来往。记忆是游戏、博弈般的系统，既可能来自人，也可能是系统论意义上的记忆存储。记忆包括了信息、结构。信息以特定结构被存储下来。以下棋为例，每个人在规则之下有不同走法，在这背后有所谓的潜能，即既有记忆中、既有结构的、既有储备的总和。

游戏的记忆系统可分为两类：封闭游戏和开放游戏。封闭游戏之间没有共同点，无法进行交往或者传播。比如下棋和足球的规则完全不一样，两者无法交流。有一些是开放游戏，比如，各种语言存储了具有共识的可传播的东西，不同语言之间有可以相互叠加、相互交换、相互传播的地方，所以它们可以进行信息交换。两个系统共同点越多，越容易传播，但共同点越多，冗余也会越多；如果共同点越少，它们之间就越难传播，但传播之后，相互交换获得的不同信息会很多。所以弗卢瑟认为，传播的策略在于找到一个最佳状态，使冗余最低的情况下，获得的信息量最大。

在既有的结构和信息中，采取某种步骤或组合而不采取其他组合的可能性即决定（decision）。决定可分几种情况：一种是在相同情形下运用不同潜能的可能；另外一种是在不同系统之间进行选择的可能。弗卢瑟称决定为生存决定。传播就是在记忆中增加潜能的过程。

弗卢瑟追溯了记忆的两个西方传统。一个传统来自古希腊的传统，认为记忆是人的内核和本身。柏拉图和亚里士多德的哲学都有这种观念，认为人的记忆是和天堂相关的。人从天堂落入人间，记忆还和天堂相连，我们最后要实现最美好的东西。另外一个传统来自犹太的传统，认为记忆是死者的栖息之地，只要我们还有对死者的记忆，死者就还没死，所以对记忆的探索是考古学式的，它是一个反时间、反历史的过程。而传播是把我们从时间的洪流之中解放出来的过程，让我们在针对时间做出各种决定时有更多潜能。

3. 第三章 传播媒介

本章与弗卢瑟最具国际影响力的作品《摄影的哲学思考》存在强烈的互文关系。由于《摄影的哲学思考》出版较晚，有些说法被修正了，因此和本章的一些观点也有差异。这也是弗卢瑟作品的特点：在不同时代、使用不同语言对同一命题进行反复探讨，有时候其观点甚至自相矛盾，一方面是因为思想的演进，另一方面恰恰彰显了他所探讨的议题的复杂性。

本章始于探讨"物的辩证法"。我们处于充满物的世界，物介于人和期望的世界之间。物既是阻碍又是传播的媒介。这里用了一个有趣的比喻，监狱的墙。墙隔绝了内部的人和外部的人之间的交流，但是如果墙两边的人发明一种方法，根据声响的大小长短，敲打莫尔斯电码，双方又可以沟通了。所以墙既是阻碍，又能够成为传播的媒介。而作为传播媒介的物，也可能阻碍传播，比如电视，当我们看电视时，会忽略和我们在一起的人。当我们使用手机的时候，也是这样。这些命题在日常生活的传播现象中随处可见。本书做了很多抽象讨论，但是有很多具体命题。其魅力在于，它可以解释曾经的传播现象、现在的传播现象甚至将来的传播现象。

记忆之所以可以存储信息，是因为它具有结构。结构借助各种规则构成了系统中的元素。媒介就是记忆和记忆之间的通道，本身也是一种结构化的信息。基于前面"墙"的隐喻，弗卢瑟认为麦克卢汉意识到了结构对信息传播的影响，但忽略了结构对信息传播的阻碍。媒介即信息，但媒介也会破坏和阻碍信息。

更有趣的是，弗卢瑟发现，如果学者们把媒介定义成通过操控媒介的传播而更有效控制社会的事物，学者们就成了传播媒介的奴仆。此话充满了对当时甚至现在的传播学体系的讽刺和挖苦。很多传播学研究就是在研究如何通过媒介有效地控制人、控制社会，一旦把媒介定义为人可操控的对象，辩证地看，人反而也成为它的奴隶。

弗卢瑟特别喜欢用辩证法的视角看问题。早年他是一个马克思主义学者，此后他接触到现象学，但来自马克思主义的辩证法思考方式对他产生了明显影响。

弗卢瑟对媒介结构进行了现象学式的划分。第一种，线性媒介（字母书写），需要人的解读，是一个源自欧洲的媒介传统。第二种，平面媒介（二维媒介形式），需要人的想象，是源自亚洲的媒介传统，中国方块字的例子即是佐证，方块字由多个饱含意义的元素构成。第三种，三维媒介，需要人的参与，在非洲较为常见，比如人们会用舞蹈、身体进行交流。

这是按照欧洲、亚洲、非洲等空间的差别、文化传统的差别、人们编码世界方式的差别进行划分的，体现了弗卢瑟的观点超越了西方对传播研究的普世性假设。在他的划分方式中，欧洲是最低级的，西方社会对世界的编码方式或媒介结构处于这个层级的最下面。

这种关于媒介结构划分的观念与《摄影的哲学思考》以及《走向技术图像的宇宙》中的观念有相似之处，但侧重点不尽相同。如《摄影的哲学思考》中提出，在原始人的认知中，一切都来源于具体经验，人能够感知的是具体经验，这是四维的。当人们有了智力，进入智人时代，人通过手和工具去感受和改变周围环境时，就具备了人的意识，意识到自己是主体，周遭世界是客体，世界是三维的。当人类最早的艺术形式即岩画出现时，传统的"图像"出现了，人把周遭世界变成了二维的。传统图像是对真实世界的抽象。而把二维图像还原成真实世界，需要的能力是想象。所以有了图像后，人们有了第一种抽象能力——想象力。弗卢瑟又玩了一个文字游戏：从图像（image）到真实世界，所需要的能力是"imagination"（含"image"）。四五千年前，人类有了书写媒介，发明了字母。书写或文字是对图像的再一次抽象。换句话说，它是对"真实的抽象"的抽象。字母文字的书写一定是线性的，我们对时间有了线性的时间观念，于是有了历史。这也是史前时代和信史时期是以有无文字记录来划分的原因。字母文字及其线性思维长期主导了西方的社会和文化。工业革命时期，照相机被发明出来。照相机所生产的图像是一种技术图像，是通过特有的装置生产的，有一套程序在其中进行编码。这种技术图像是对书写出来的技术原理的再次抽象。通过装置生产出的技术图像是对真实世界的第三次抽象。它不再是三维的，也不是二维的，也不是一维的，而是一个点。当一切都变成技术图像，我们通过技术图像来认知世界时，我们就丧失了线性时代的媒介的历史。

这一套观念和本书中出现的关于媒介的三种结构划分观点有共同之处。一个是从不同的时代来考察，一个是从不同的空间或文化的区隔角度来考察。这些既是弗卢瑟思想中的矛盾之处，也是其复杂之处。可惜的是，他后面更多讨论的是欧洲的线性媒介，没有进一步展开对非西方的媒介结构的讨论。

4. 第四章　符号与意义

本章与弗卢瑟的另一部作品《编码的世界》形成互文，同时体现了符号学对弗卢瑟的强烈影响。本章中对于编码的定义承袭了本书前面关于"记忆"的定义。编码就是按照规则对元素进行组合的系统。元素代表其他物，规则代表物之间的关系。代表某物的元素是符号，被代表的是物的意义，这与索绪尔的"能指与所指"有相通之处。不同的符号体系、编码体系各自形成了不同的宇宙，于是出现符号的平行宇宙／平等宇宙。不同"宇宙"间的交流，比如语言之间的翻译，需要代表其他宇宙的编码的编码，即元编码。

元编码存在等级制。比如科学、物理学的逻辑推理符号，处于等级制度最高的地方。等级制是距离的问题，也是一种编码结构问题。借助符号学概念，可将符号分为两种宇宙：一种是符号与元素存在一一对应关系的外延宇宙，在这种"宇宙"中符号逻辑编码是清晰、简洁的，最典型的就是符号逻辑的编码方式；另一种是符号与元素存在模糊对应关系的内涵宇宙，比如人类梦境，这里弗卢瑟受到弗洛伊德《梦的解析》的影响。但是对于符号宇宙的划分也有特例，例如犹太神秘主义和煽动术。犹太神秘主义的符号简洁，但意义丰富。各种煽动术的符号清晰，但意义空洞。从其他论述可以看出，弗卢瑟使用"煽动术"一词，实际上体现了他对当代大众传媒的不满。

人类的重要特征即"善于编码"。人类通过编码，给予意义，不见物而见物代表的意义，这是人类的特征。用符号代表意义，是人类为世界赋予意义，也是人类的异化。因为符号传播只是呈现，是人为的、非真实的（物理学意义上的真实）。符号传播是给予人类存于世上的尊严的幻象。

5. 第五章　从科学话语到煽动术

本章与弗卢瑟的名作《后历史》形成互文。本章回应了弗卢瑟开头讨论的传播的本质。按照弗卢瑟的定义，传播是不同的记忆体系通过某渠道联系起来的过程。这种传播具有两种基本结构：一个是话语结构，一个是对话结构。话语是讲述者讲述，对方倾听，没有形成互动和反馈；对话是两者形成互动和反馈。但话语和对话不是二元对立的，而是相互嵌套的，话语是对话的一个方面，对话是话语的一个方面。比如一篇哲学论文明显是一套话语，讲述自己的观点，但放到整个人类哲学史中，这篇文章又构成了对话，构成了更大结构的一部分。在特定的时间、特定的空间，会有特定的结构进行主导。有的时代是话语结构主导，有的时代是对话结构主导。

话语的目的是散播信息，从而更好地保护它免受时间的熵，故此话语是保守的，但话语结构本身又很灵活，话语在过程中会吸纳新信息，所以又是进步的。比如拜德雅（paideia），是西方社会在学术分科之前的贵族培养方式，在代与代之间传递知识，既保留了已有知识、已有信息，又吸收新的信息。

话语结构又可以分为金字塔、树状、剧院和竞技场四种。一个信息发送者向多个接收者发送信息，接收者接收到信息后，向更多接收者继续发送，形成金字塔结构。最典型的是军队中的话语传播，实质上是一个封建等级制度。第二种是树状结构，信息发送者向多个接收者发送信息，每一个接收者接收到信息后，又从其他接收者那里收到新信息，相互交叉，像树枝一样往外延伸延展。最典型的是科学话语的发展，既往外传播，同时又在分支里吸收新内容。第三种是剧院结构，信息发送者同时向多个接收者发送信息，接收者们构成一个半环，在接收信息后，相互形成对话。最典型的就是教室中的话语传播。第四种是竞技场结构，以古罗马斗兽场为原型，信息发送者向环形边界发送信息，接收者众多，但彼此没有交流。典型案例是从古罗马的煽动术到现代大众传媒的煽动术。

当话语结构被传送出去，对接收者来说存在两种情况。一种是接收者向信息发送者开放，另一种是接收者不开放，但存在一种机制可以击垮接收者，使得信息得以渗入。弗卢瑟把接受不需要的信息（噪音）的开放程度叫作"零级信任"（zero-order belief）。它并非体现信仰，而是体现随时准备接收信息的状态。宗教信仰是绝对信仰，零级信任不是像宗教信仰那样的绝对信仰，而是体现接收者充分接收发送的信息的状态。所以基于零级信任的话语是威权话语。还有一种情况是专制话语，即使用一套执行装置（能伪装出零级信任），让接收者产生零级信任。

传播理论的工作是找出这种隐含的机制和装置，研究它们在传播中如何让接收者产生零级信任。零级是被制造出来的，让接收者随时接收信息。但凡以话语而非对话为主导的社会，都会生产出零级信任。弗卢瑟对话语式传播的警惕、对对话式传播的期望在很大程度上受到马丁·布伯的犹太神学的影响。

6.第六章　从家庭对话到电话

本章可以说是马丁·布伯的犹太神学的世俗版本，体现出布伯《我和你》一书的核心观念。弗卢瑟以电话作为传播基本模式的隐喻，说明信息的发送与接收如电话本身的结构是联系在一起的。电话装置一头是话筒，一头是听筒，信息的接收和发送是联系在一起的。对话和话语的不同之处在于，话语是信息从一端向另一端流动，有接收者，有发送者；而对话是信息在两个记忆体系中循环往复，没必要区分发送者、接收者。关于对话和话语的信息结构的差别，弗卢瑟吸收了香农关于传播的经典模型，却又超越了香农。

对话媒介本身允许回复、即时反馈。话语传播不允许回复，而且技术上演进得无比发达。对话可以引导出辩证法，产生新的信息、新的形式，但技术上远不如话语传播发达。这是由于权力拥有者拒绝让对话传播的技术可行，以便于操控话语的传播，防止新的信息产生。他使话语缺乏信息，从而成为煽动术，然后发送信息，而且还用一套方法伪装起来。一旦话语变得越来越贫乏，信息变得越来越空洞，话语成为一套煽动术的时候，只有一种可能可以带来对话——发生革命，推翻原有的话语结构。

这既是一个关于人类传播模式的讨论，也是一个关于社会结构、社会发展的讨论。

对话的目的不仅仅是获得信息，做出回复，而是在两者的交往中识别出特定的某个人。这里弗卢瑟深受马丁·布伯的影响，对话不是信息之间决斗，而是敞开接触对方，接纳他者。

在技术上可以建立非线性的对话。弗卢瑟晚年见到电脑，认为电脑从技术上可能，在结构上也可能进行网状传播。在此后的作品中，弗卢瑟设想了未来的远程信息社会（teleformic society），远程信息社会的结构是一个去中心化的网络结构。这个设想一定程度上被互联网实现了，然而互联网此后没有按照这个设想发展。弗卢瑟还举了一个有趣的例子——20世纪60年代中国的墙，当时墙上可以贴大字报，人们可以阅读，可以交换思想。这和当年传播政治经济学家达拉斯·斯迈斯到中国后对作为一种新传播形式的大字报的讨论有共通之处。

7. 第七章　学会理解

记忆包括结构和信息。前文讨论了结构，本章从结构转向信息，对信息进行语言哲学分析，并将信息分成以下三类：知识的信息，欲望的信息，感官/情感的信息。

从语言哲学角度来看，知识的信息通常采取语言的呈现形式，但语言不仅仅指口语或书面语，还包括录像等其他形式。知识的信息本质上是一种指示的形式，采用主谓的方式；欲望的信息是祈使句的形式；感官/情感的信息往往采用感叹的形式。知识的信息背后是认识论的信息，欲望的信息背后是关于伦理的或价值观的信息；感官/情感的信息是关于美学的信息。这三者中，知识的信息追求的是真理，欲望的信息追求的是良善，感官/情感的信息追求的是美。三者最典型的例子分别是科学、政治、艺术。

尽管所有信息在形式上都可以做以上三种分类，但弗卢瑟发现，大部分信息都是废话。而在这几种分类中，最容易接受的是知识的信息。但纯粹的知识的信息是没有用的，即知识的信息不能没有伦理或美学的信息。比如，计算机只具备存储知识的能力，是完美的存储器，可以很好地存储知识的信息，但是因为没有伦理和美学的信息，所以它永远只是一个存储的机器，而不能成为人。这可以作为讨论机器人和人工智能的理论起点。我们必须理解如何学习理解的重要性。

8. 第八章　时尚：从圣经到芭多特

本章主要讨论欲望的信息，以时尚为例，标题中的芭多特是当时著名的女星。

伦理信息的传播本应是祈使式，却表现为指示式。就是说，伦理信息往往要隐藏于祈使句式中，而表现为科学话语的指示式。传播理论的任务之一便是发现伦理信息如何以知识信息的方式传播，去意识形态化。把伦理信息包装成知识信息的方式是，让伦理信息变成一个操作手册，把人们的欲望变成一种操作方式，用操作方式来隐藏人们的行为方式。传播媒介从根本上来说，就是传播其所有者欲望的渠道，并在操作方式的面具下隐藏行为模式。操作方式本身也成了一种意识形态，矛盾的是，它是表面上与意识形态、价值无关的技术装置。

弗卢瑟以汽车时尚为例，说明时尚日益变化，但其背后在强化某些基本模式。这个例子在现在生活中更加普遍，比如每年手机会推出新的型号、样式，表面上发生了时尚的变化、信息形式的变化，但背后所隐含的基本消费模式在不断被强化。虽然弗卢瑟进行了很多拗口难懂的哲学形而上的讨论，但讨论完全契合了曾经、现在、未来的传播行为和模式。

9. 第九章　艺术，美与好

相较于前两类知识的信息、欲望的信息，弗卢瑟更多讨论了艺术的信息。本章与弗卢瑟在《艺术论坛》杂志发表的专栏文章形成互文。

弗卢瑟指出，人的具体经验是独特的，属于个体的，无法进行传播，很难有效与他人交流。但是传播本身就意味着推广，既要比较，又要公开，这两者之间存在矛盾。此处以"爱"作为具体分析对象。作为某种具体的经验，爱可以被感受，可以被体验，但是它处于不同的自然和社会文化条件中。古希腊时期，异性之爱是世俗的、实用的，是为了繁衍后代；而排除了世俗和实用功能的同性的爱才是纯粹的爱，即柏拉图之爱。到了中世纪，异性的爱有高低两种层次的区分，被高扬的是骑士和淑女之间的爱，受鄙夷的是女孩和诗人之间的爱，特别是女方是已婚状态时。中世纪文学关于异性爱的讨论里，不存在夫妻之间的爱。现代意义的浪漫之爱和著名的法国文学《玫瑰传奇》有关，从此之后才有了浪漫之爱。所以爱这种具体经验是处于特定条件中的。

爱的具体经验为何能够传播？是因为有了艺术。艺术成了构成我们传播具体经验的模式，通过艺术，我们可以感受到别人身上的具体经验。当我们感受万事万物的时候，艺术给我们展示了这种模式中的快感、痛苦、声、色、形、质、味。我们所有的爱恨情仇通过艺术的方式被编程。通过感受艺术，人获取了具体经验，这也是人和动物最大的区别。我们的具体世界是结构化的，人类不仅以基因的方式代代繁衍，被加以编程，人类本身还有一套美学的编程方式。在不同文化条件下，美学体验被以不同方式编码。这就是为什么现代人看到三寸金莲可能并不觉得美，而在特定年代人们可能有不同感受。

艺术为人类提供了认识"真实"的方法，艺术为人类生活的世界负责。没有它，我们只是生态系统中的动物。有了艺术，我们才能体验真实，获得理解具体体验的可能性。所以艺术是我们的真实的"程序员"。艺术品不是艺术家个人具体经验的展现，而是艺术家给我们其他人提供的一个体验世界的可能形式与结构。美学的传播应该在伦理传播与认识论的传播之上，因为通过美学的信息和结构，我们能判断我们所体验的。我们只能知道我们所判断和体验的，但是所有传播都同时是认识论、伦理、美学三个层面的，只不过现代文明将其分割成三种。人类的传播蕴含着美学的信息，总传递着具体经验的模式。在此意义上，只要此人会传播，一定就是艺术家，我们都是艺术家。

艺术是真正的革命性媒介。因为一旦关于什么是真实的体验发生了变化，一切都会跟着改变。弗卢瑟引述德国诗人里尔克的"美是恐怖之始"，我们之所以安然而立，完全仰仗于美还没有摧毁我们，还没有改变我们对于真实的体验。美的恐怖在于，它旨在改变我们对于真实的体验。美是人类传播的特征，名义上它在赋予意义，但实际上，它将自身结构置于人的存在之中。

10. 第十章　前卫与闭环传播

弗卢瑟在本章和下一章探讨了当代西方文化的问题。传播的革命开始从知识、行为、体验上改变西方文化体系的结构。当代西方文化体系是印刷术发明出来以后所导致的传播革命的后果。其本质的传播结构是一套话语，拒绝东方、非洲等含有对话结构的文化体系。东方和非洲的文化元素对西方文化体系也有一定程度的渗透，但西方文化体系本身属于一个话语机制。这个话语机制和西方帝国主义有关，这种机制本身是缺乏反馈和对话的，不与其他文化体系对话，所以才会导致帝国主义、殖民主义的内部对话，而不与其他体系对话。

但是大众媒介的出现摧毁了西方文化体系。西方文化是以字母、印刷、线性编码为特征的文化。大众媒介的出现让这些特征成为诸多传播的编码方式之一。在当代的西方文化体系中，文化的上层是对大众封闭的，形成了闭环，即使高等教育发展也无法使大众参与其中，故此，精英与大众无法对话。精英与精英也无法对话，比如文科与理科的专业人士，虽然都具备了特定知识，但知识之间各自有一套话语结构，无法对话。所以当代西方文化体系构成一个闭环传播。信息的散布已经成为一个在闭环中高度精致和准确编码的学科。能够解决这种闭环传播的唯一可能出路是前卫艺术。前卫艺术参与闭环传播，却成为文化体系的后卫，只有这种方式才能维持文化体系。

11. 第十一章　异化与刻板

在谈完西方文化体系的上层后，本章开始谈西方文化体系的下层，即大众文化。弗卢瑟在讨论西方文化体系的上层文化和下层文化时，似乎没有意识到这一时期英国文化研究已然兴起，如何看待大众文化有了一个新的视角，因而他的研究缺乏与文化研究的对话。文化研究没有将上下文化二元对立起来。弗卢瑟和法兰克福学派之间可能存在某些观念上的联系。

弗卢瑟指出了异化/刻板原型的来源。随着人口爆炸，人的价值、尊严被贬低，没有任何人不能被替代。更可怕的是，大众成为科学的操控和解释的原材料，人不再作为个体的人而存在，而成了贡献统计数据趋势、大数据的原材料。大多数贫困的人和一小撮以前所未有的奢侈方式生活的富人之间，存在政治、经济、社会差距不断增大的情况。尽管人类在这些方面的差异巨大，但他们参与了共同的文化，共享一种大众文化。但是大众传播媒介给大众施加影响的方式远离大众现实，大众媒介看到的不是日常现实。比如火星探险的科幻小说、明星生活对任何普通人来说都是脱离现实的。

12. 第十二章　结论

弗卢瑟再次回顾了关于人类传播的讨论。本书几乎每一句话都能成为金句，最为突出的是结论这一章。

弗卢瑟指出，人类的传播并非抽象的、单独的传播，而是反抗自然的幻象。按照自然的趋势，宇宙最后一定会迈向熵。而人类传播是反熵，让生活具有意义，让我们避免对未来和死亡产生恐惧。从这个意义上来说，人的传播是不朽的幻象，"是由不断增长的符号性信息构成的记忆"。我们知道，传播是为了使我们获得生存意义上的解脱，它只是一种幻象。但是，这种幻象既是我们的现实，也展现了我们作为人的本体的尊严。正是由于有了幻象，我们才真正成为人。我们感受身体、心里的苦楚，才得以知道自己是凡人。

从这个角度上看，传播的结构是人类现实的基础设施。现在传播的结构在发生着变化，人也在发生着变化，并非传播结构中的人在变化，而是人的变化来自传播结构的变化。人的工具倾向从人的意志中自主出现，并把人变成工具的工具。这是人与人造物之间的异化，是一个众所周知的危险。弗卢瑟关于摄影哲学的讨论里用的概念是"apparatus（装置）"与"functionality（功能）"。当我们有了一套装置后，这个装置有既定程序，进行编码，人具备了测试与制造装置的功能。这一段不仅在谈论过去的时代，而且在谈论即将到来的赛博格时代、人工智能时代、机器人时代。我们早就在进入这个过程，成为工具的工具，成为我们制造出来的装置的功能。

（三）结语

本书在这里终结，但议题并没有终结。本书谈到的是话语的结构、对话的结构。被弗卢瑟寄予希望的对话结构能否实现？弗卢瑟在后面的书《进入非物质文化》（*Into Imaterial Culture*）里设想了一个乌托邦式远程信息社会。当远程信息技术能把世界上所有的人联系在一起时，就实现了全球所有人同等进行讨论、对话的可能。

西方的话语结构是线性的，要想实现对话式的远程信息社会，应超越线性编码方式。所以弗卢瑟说了一句很有意思的话，当我们谈及远程信息社会的全球化时代时，它首先会是中文的，并不是说中文将成为主导或对话式信息时代的主要语言。他是指，中文这种表意文字是基于意义的文字，其语言特性不同于基于字母的文字，不是线性的思维方式，蕴含了对话的可能。

当然，这可能包含了弗卢瑟对遥远东方的乌托邦想象，也包含了他对远程信息的想象。远程信息社会在互联网出现以后在一定程度上实现了，但这种乌托邦的想象并没有实现。当代信息技术也走到了他所设想的对话结构的反面，成为他所批判的煽动术的一种。

或许还有实现的可能。我引用弗卢瑟在《进入非物质文化》里的最后一句话结束今天的领读："处在一个万物曾为真实却消散为虚空的世界，主体间性关系成为我们唯一可以依赖的具体现实，它有一个古老而媚俗的名字，那便是——爱。"

三、讨论环节

曾国华：感谢章老师的精彩讲解。弗卢瑟与实践论、观念论的哲学争论，以及与当时法国和德国战后及胡塞尔现象学以后的哲学都有对话。章老师把弗卢瑟放在整个体系里去理解，归纳重要思想，令人大有收获。弗卢瑟和德法主要理论开创者多有对话，可以对照阅读。比如弗卢瑟谈论死亡的内容和海德格尔关于死亡的讨论内容的相关性；弗卢瑟的观点和德勒兹、瓜达里的一系列作品里的内容都有关系，如死亡、信息流转、个体交流等领域。弗卢瑟的技术和人的关系、人对技术的控制如何导致机器对人的奴役等观点，可和西蒙东、许煜的观点进行比较。

弗卢瑟的讨论很简练，他调动很多资源进行理念建构但并不明确指出，如果对背景知识了解得少，可能有阅读困难。比如他谈到对话、单向发布的模式、死亡和记忆的关系、"eros"的双向性。"eros"可以指一种世俗的情欲的关系，常被翻译成爱欲，尤其是从弗洛伊德到拉康的系列文献中。但是在古希腊哲学、柏拉图与苏格拉底的系列文献中，"eros"是指更高一层的交流，指我们从神的精神世界里降下，再回到上面完整的交流过程。为了回到那里，"eros"的交流应是精神上的。如果知道这些哲学背景，阅读弗卢瑟会更为容易。

当下谈到物质性研究时，很多人把它归结到新物质主义或更加狭窄的关系中，比如思辨实在论的几种方式，尤其是"OOO"（Object-oriented Ontology）等以对象为导向的本体论，但它可能更加广泛，比如自然哲学、怀特海构建的有机哲学可能都会对物质性研究有影响。这个系列可能会在哈拉维那里体现得更加清楚。

传播的思想不一定是反抗自然，也可能是贴近自然。如果不再有主客体的二元对立，和自然的沟通会有一种新路径。人对抗自然也成了人和自然的沟通模式的一种，还有更加关系本体论的导向，比如本体论导向的宇宙论。对抗只是其中的一种关系。本书在最后提到爱的主体间性，有没有可能是许煜谈到的基于"客体间性"的爱？有没有可能会实现"主客体间性"意义上的爱？这些都是可以探讨的地方。

章戈浩：本书是弗卢瑟后来一系列理论的原型，是他最开始的基本构想，后来的作品阐述了本书的很多内容。如果从他探讨的时间 20 世纪 70 年代来看，加之他从事语言哲学研究，他的理论不可避免地在多处受到当时结构主义的影响，后来可能受到后结构主义的影响。所以在整体理论框架中，内部会出现不协调的地方。我阅读的感受是，很多论点可以延伸，但同一本书、不同的书、不同时期的观点又有冲突，这也恰恰体现了他思想的丰富性。

很多哲学学者都没有谈到传播，弗卢瑟从传播切入来谈论。但是他谈论的传播又和通常所说的传播学不一样。这是他特别有意思的地方，他赋予了传播学一个可能。如果整个理论构想能够实现，那么他赋予了传播学很高的地位。他的教材提到关于传播行为和现象的研究，认为传播是现代社会科学研究的基础。刚才提到他和乔姆斯基的设想，认为未来的整体研究应该是三块，科学、哲学、传播，传播联系起了科学和哲学。

如果站在所谓新物质主义或后人类主义的视角来看弗卢瑟，也会发现一些有意思的点。有学者质疑弗卢瑟是技术决定论者。有学者认为，弗卢瑟是一个温和的技术决定论者，远远不如基特勒、麦克卢汉激进。《幽灵蛸》不像哲学论文，更像寓言，但是它饱含后人类主义的讨论，从人的本性、爱等处出发。

弗卢瑟提供的思想资源非常丰富。现在还有两三千份弗卢瑟手稿没被整理出来，可能还会给人们带来新的惊喜。他更有意思的地方是，他的核心研究是建立关于翻译的整体理论，不光是语言之间的翻译，更多是观念哲学之间的翻译。可以从这一点切进去，发现他和其他人的联系和可能的对话。他特别大的价值是挑战了欧洲中心主义、西方中心主义的思想。他本人虽然深受欧洲古典哲学的影响，包括现象学的影响，但是他对西方充满了反思和批判，他试图引入包括东方、非洲的资源，和欧洲古典思想进行对话。

曾国华：弗卢瑟开创了很多可能性。我也期待看到更多对弗卢瑟的研究。弗卢瑟的写作总体上和那个时代的哲学家相似，尤其是现象学系列和语言哲学系列。他和语言哲学、现象学都有强烈关联。他的写作手法是当时常见的启发式写法，需要二次或三次创作，对理论里精微或可以发挥的地方进一步对话和回应。期待这类研究能够贡献打破现有定见的洞见。

四、问答环节

听众：现在互联网时代去中心化的技术还没有完全实现，请谈一下这个问题。

章戈浩：互联网出现的时候就有观点认为互联网是去中心化的，但是互联网后来没有成为一种去中心化的技术。最开始个人电脑出现时，人们也认为它会成为去中心化的技术。弗卢瑟说的不一定都是对的，也不一定在任何时候都可以验证，我们恰恰可以将他放到关于日常生活经验的对话中。

听众：章老师是伯明翰学派的嫡系吗？

曾国华：章老师的确是奔着伯明翰大学文化研究中心去的，但在他去之前一年，中心关门了。于是他转投英国政治经济学派，拜重要学者格雷汉姆·默多克（Graham Murdock）为师。当然，两派有非常强的关联，但是英语语境中政治经济学派和文化研究学派究竟有没有学理上的关系，一直有一些争议。不管怎样，章老师的确是师出名门，学养深厚。

听众：技术的发展使具身实现了赛博格，赛博空间中身体的苦楚会不会消失？先锋艺术能不能解决这个问题？

章戈浩：弗卢瑟提出的身体的苦楚，并不一定指肉身。精神上的苦楚也是身体的苦楚，即使未来人类可能肉身消失，变成了所谓的想象中那种赛博格，可能身体上的苦楚会更大，心灵上的、关于人的生存意义方面的苦楚会更大。

所以弗卢瑟是站在前夜探讨这种可能性。他的讨论有几个条件，当代西方文化体系摧毁了其他非西方文化体系，但它自己面临危机，所以弗卢瑟提出，西方上层文化进入一个闭环，试图用先锋艺术打破闭环。这和他的个人经历和观念有关。他在巴西时，表面上看是圣保罗大学老师，细看简历，是圣保罗大学理工院系的哲学老师，同时他积极投身于当时的各种艺术活动，参加了圣保罗艺术双年展，也写了大量关于艺术的作品，所以他是不是试图以科学、哲学、艺术的方式探索人类未来的途径？当时他可能在探索，从哲学、科学领域走不通是否可以从艺术领域走通。

曾国华：这是一个可以延展的问题。麦克卢汉讲，媒介和技术是人的身体的延伸，这种延伸是什么？德勒兹和瓜塔里认为，身体和欲望相关联，如果要建立反俄狄浦斯式的控制，让身体变成无器官的身体，还是要回到一个很重要的传统假设上。古希腊或基督教哲学、佛教的主要思想，都强调精神世界是在天上的，更加完满。在柏拉图的意义上，我们要回归神的国。在基督教传统里，谈论的是进入天国的可能性。但是这种状况是不一定的。比如道家思想中，纯粹精神体的自由不见得是一种好的自由。道家会讲究肉身的修炼，哪怕是为了修炼出飞升的可能性，还是需要重新修炼躯体。无身体的假说中，如纯粹精神体的存在、精神世界的存在更多是哲学上的假设，具体还有非常多的探讨空间。尤其是结合现在的赛博格、人工智能、黑客帝国的数码物的奴役状况，不见得身体一定是低于精神体的存在。

章戈浩：弗卢瑟在另外一个地方讨论过这个问题。他的技术图像理论后来由齐林斯基进行了延伸。近年发现，恩斯特·卡普（Ernst Kapp）提出的"技术是器官的投射"，这是技术哲学领域以前被忽略的一个概念，他采取了和麦克卢汉不一样的看法。基特勒认为，他是"19世纪的麦克卢汉"，但是齐林斯基认为不是。器官的投射是说，人在研制技术的过程中增长了对器官的认识，投射并不相当于延伸。投射理论影响到了弗洛伊德。器官的投射如果用在视觉上，就是弗卢瑟所说的技术图像。那么其他感官呢？于是弗卢瑟玩了文字游戏，把技术图像写成了技术想象，"imagination"，技术想象可以把身体、器官、感官投射出去。从这个意义上说，未来技术是身体的投射的一部分，肉身的苦楚投射到技术上可能也是这种情况。这是齐林斯基对卡普和弗卢瑟的观点的延伸。如果引入这一点，关于技术和器官、身体之间的关系可能有更多探讨空间。

曾国华：齐林斯基在《媒体考古学》里开启了对想象媒介的研究，成为媒介考古学的一个小支系，有大批学者在其中耕耘。从卡普延续到齐林斯基，中间有弗卢瑟的调节和发挥的过程，还有很多问题没有得到解决，讨论空间还很大。

听众：请谈一下基特勒的《话语网络》与弗卢瑟的"话语"的关系。

章戈浩：该书书名从英文翻译成中文为"话语网络"（Discourse Network），但如果从德语翻译成中文应为"Notation System"（铭刻体系，德语为 Aufschreibesysfeme）。基特勒延续了福柯对"话语"（discourse）的用法。弗卢瑟对"话语"的使用在语义上和基特勒相像，但不完全等同于福柯用的"discourse"，弗卢瑟的使用更简单纯粹，"话语"仅指主动讲述的话语方式，没有像福柯重新阐释了话语后的意义。弗卢瑟是用"话语"和"对话"来构建自己的概念。

听众：请谈一下大众传媒、市场媒介的煽动术。

章戈浩：弗卢瑟对所谓的"human communication"，没有做出人际传播、组织传播这种层面的划分，而是在探讨传播的本质问题。他生活的年代还没有社交媒体，但是他针对当时大众媒体说的话，同样可以用来解释社交媒体，包括煽动术，煽动术指通过装置的方式进行包装，把话语方式演变成一种让人更容易接受的方式的方法。他还有一篇文章谈什么是传播理论，强烈批判一直延续下来的主流传播学，认为主流传播学研究传播渠道和效果时，丧失了一个学者应该有的批判力度，传播学不应做这件事情，应去发现传播结构中的问题，政治家如何利用这种方式煽动群众。所以他对煽动术的批判，既可从传播媒体角度去阐释，也可从社交媒体角度进行阐释，还可放在未来可能出现的各种传播形式或媒介形式中。

听众：人和物的混合主体性的关系，即主客体间性有没有可能存在？

章戈浩：弗卢瑟没有讨论这个问题。他讨论的是主体间性。如果把问题进行转换，换成弗卢瑟说的主体包括什么，很可能他说的主体也包含了现在许煜讲的客体间性，也可能如西蒙东所说的，是主客体混合在一起的情况。在论述媒介演变过程中，弗卢瑟提出，最开始是四维，然后进入三维，原始人用手触摸世界，用眼睛观察世界，中间出现一个落差，人有了主客体的观念；当技术图像出现后，变成了无维，不断放大，或用许煜的话来说，是不断递归的。可以尝试从弗卢瑟的观念和从西蒙东到许煜的序列之间找到一个连接点。

曾国华：在这里可以进行二次阐述。

听众：弗卢瑟与存在主义是否有关联？

章戈浩：在弗卢瑟的作品里，现象学对他的影响很明显，主体间性来自现象学。但至少在英文学术界，存在主义或生存哲学的传统对弗卢瑟的影响的讨论还不足，因为大家都在等着他早年论述存在主义的书的出版。1967 年，他在圣保罗大学专门开了一门课，讲存在主义。另外，我看到过他在一篇文章里讨论巴西的存在主义，他认为在巴西、南美的哲学传统里，有些关于人的存在、人的生存的讨论被西方世界忽略了。

弗卢瑟对传播和死亡的关系的讨论，既有来自现象学的视角，也在探讨生存论，包括从存在主义的角度。估计要等到他的关于存在主义的书出版以后，我们对他和存在主义之间关系的看法才会丰富起来。

听众：刚才提到，科学、物理学的逻辑推理符号处于编码等级制度最高的地方，是不是说物理学和哲学方式造就的语言更高级？

章戈浩：不应逐字逐句理解弗卢瑟的意思。弗卢瑟只是把希腊语作为一个例子，认为是真善美的语言，拿它对照人类语言和科学语言、科学的讲述方式、数学或哲学的讲述方式，但并不是在单独评价希腊语。德语学者写文章讨论过，研究弗卢瑟时应懂多门语言，因为弗卢瑟自己精通多门语言，写作用德语、葡萄牙语、英语、法语和拉丁语。他自己做语言哲学研究，他不对某种语言做什么具体判断，而是基于这种语言做规律性或抽象性的讨论。

听众：请谈一下爱和姿态的关系。

章戈浩：弗卢瑟在《姿态》里提到过姿态和爱的关系，他提到过的另一个重要概念是自由，今天的讨论也涉及传播。人类把传播作为抵抗死亡的路径，认为传播使人不断积累信息，背后体现了人的自由意志。在他看来，自由和爱是两个非常重要的概念。

从这个角度说，传播不是一个对具体问题的解决方式，而是回到关于人的本质的讨论，通过传播的本质来反思人的本质。就个体来说，他强调个体自由意志对人际关系或人和周遭事物之间的关系以及人和人的主体间性的讨论、关于爱的讨论。

弗卢瑟谈论的爱和马丁·布伯的《我和你》里的内容是有关系的。布伯谈到，我不是把你作为我的客体，而是把你作为我们来对待，这是我和你、我和他的差别。弗卢瑟认为，最理想的状态是爱，只有爱才能解决由于技术图像出现而引发的问题。人通过技术图像认知世界，而技术图像本身是基于装置、基于程序生成的，它背后是虚空的，只有主体之间的交流、主体间性的体现是真实的，这其中最深刻的事物就是爱。

弗卢瑟在另一本书中提到，人类最基本的传播行为从来没被研究过。人类最基本的传播行为有两种：一种是母亲哺育孩子，有人甚至把它当作生理本能，但这其实是人最基本的传播行为之一；另一种是人和人之间纯粹的肉体关系，也是传播行为，是个人行为，而且是基于爱的。而这两者在传播学里基本上没有被考虑过。所以弗卢瑟会谈到爱这个问题。这是他提供的很有意思的切入点。

关于是技术乐观主义还是技术悲观主义，弗卢瑟非常矛盾。他有时非常悲观，有时充满乐观，所以波斯克认为弗卢瑟是一个温和的技术决定论者，人道主义的技术乐观主义者。他更像是一个理智上的悲观主义者，一个情感上的乐观主义者。

曾国华：前几次读书会视频和录音都被整理成文字纪要公开发布。将来也可能出版成文集，像弗卢瑟的解读都可以扩充成单行本。学术基础性工作在学界还很不够。

章戈浩：整理成论文或文字形式的说法恰恰很不"弗卢瑟"。因为在弗卢瑟看来，文字形式、线性形式未必高于通过视频、口头讲述的。这就是为什么弗卢瑟的很多作品并没有出版，他认为书写就变成一种话语方式，他更倾向现场交流。当然，这是两种不同的方式，正好解释了他为什么说话语和对话还是互嵌的。把说话内容记录下来，变成了话语；把它放在更大的讨论里，又变成了对话的一部分。有些时候，他不屑于现代的学术生产，他把整个生命投入学术生产，他的很多成果并没有出版，而是以各种实践方式呈现。文字方式、话语方式、具身方式，都是学术生产的方式，都是生存意义的方式，这也是他对我的启发。

曾国华：那个时代很多既有现象学又有存在主义气质的学者认为，我用身体和体验的方式，把学术做到世界里。但是想象的对话未必是基于同一种介质的。视频、弹幕、文字、印刷成书，技术方式不同，而可能因此增加了一些互动，丰富了对话的机会。

袁程领读《传媒、信使和传递：媒介形而上学小引》

领读书籍：《传媒、信使和传递：媒介形而上学小引》（*Medium, Bote, Übertragung: Kleine Metaphysik der Medialität*）[1]，作者：西比尔·克莱默尔（Sybille Krämer）

内容简介：本书在现代媒介社会的语境下，通过追溯赫尔墨斯、天使、犹太法庭上的见证者等前媒介技术时代的古典形象，发展出"信使"模型，来讨论媒介性概念，探讨人类文化传递、信息和知识传播的基本模式和发生条件等意义深远的议题。本书迥异于麦克卢汉风格和伯明翰学派对媒介的理解形式，在强调媒介技术面向的基特勒和侧重交流之对话的哈贝马斯这些德国学者之外开辟了新的原创空间。

图6-1 《传媒、信使和传递：媒介形而上学小引》封面

作者简介：西比尔·克莱默尔，德国媒介学者，1980年于德国马尔堡大学获博士学位，1984年加入人与技术研究小组和德国工程协会人工智能委员会。1989年起任柏林自由大学哲学系理论哲学教授。1991年出版教授资格论文《计算理性：十七世纪的运算与理性主义》，开始关注媒介的中介功能。1998年出版《传媒、计算机、实在性：真实性表象和新传媒》，开创了与德国传统媒介研究不同的视角。她从哲学角度分析媒介技术，发展出一套理论体系研究计算机作为媒介的功能。

领读者：袁程（首都师范大学哲学系副教授）

主持人：赵千帆（同济大学哲学系副教授）

讲座时间：2020年12月6日

文字稿整理与校对：毛万熙

---

[1] KRÄMER S. Medium, bote, übertragung: kleine metaphysik der medialität [M]. Frankfurt: Suhrkamp Verlag, 2008. 英文译本 *Medium, Messenger, Transmission: An Approach to Media Phitosophy* 2015 年由阿姆斯特丹大学出版社出版。

一、领读环节

《传媒、信使和传递：媒介形而上学小引》一书出版后，受到西方媒介研究学者的广泛关注，被学界认为"提供了一个迥异于麦克卢汉风格和伯明翰学派对媒介的新的理解形式"。同为德国哲学家的作者，在强调媒介技术面向的基特勒和侧重交流之对话的哈贝马斯之外，开辟了新的原创空间。这种原创性可能是克莱默尔媒介思想逐渐受到国内关注的一个原因。

在正式开始之前，首先提出几个问题：

第一，现代媒介技术与媒介社会的语境下，为何追溯"信使"这个古典、传统的形象作为模型？

第二，为何与问题一相关联的是一个稀松平常、平淡无奇的"传递"现象？

第三，把"天使传语""货币流通""病毒传播""见证和社会知识的传递"等一般不在媒介论题下讨论的话题纳入书中，意义和目的何在？

第四，书中做出的某些论断和关于传播和媒介的一般观念相抵牾，如媒介的成功恰恰在于自身隐匿，应如何理解？

（一）题解：信使和媒介性

1. 信使

图 6-2　赫尔墨斯 / 墨丘利青铜雕塑
来源：托马索·劳雷蒂（Tommaso Laureti，1530—1602），《基督教对异教的胜利》，梵蒂冈博物馆

信使（Bote，英文 messenger）是本书的关键词之一，我们首先从这一概念出发，下面提供进入这一概念的两个切入点。

首先，信使是一个人物形象，一个传统的意象主题。比如赫尔墨斯 / 墨丘利（也作为图书封面形象）作为宙斯和众神的使者，传达诸神的旨意，往来人神两界进行信息传递，同时也是旅人之神，是边界穿行者的保护者。（如图 6-2）除此之外，克莱默尔也会在论述中谈论其他形象，比如马拉松中牺牲的报信人，在西方思想中具有深远历史的天使形象，见证场景下的见证人等。

其次，可以从标题 *Der Bote als Topos/ The Messenger as a Topos* 中的 Topos 一词出发来理解信使，从而理解信使在克莱默尔整个的传递现象考察中的原发性位置。众所周知，Topos 是一个数学几何概念，具有浓厚的空间、地理色彩，同时也可以扩展出时间、历史因素。因此信使对于货币的、语言的、技术的、病理学的媒介现象而言，就像一个坐标系的原点，沿着这个原点出发，可以展开对宗教、经济、语言等不同领域中的传递中介现象的考察（如图6-3）。同样，作为原点和生发点的信使，也可以作为一个反向的回溯点来看待，即在传播史浩浩荡荡发展的当代，我们去回望在没有现代通信技术的时候，媒介性是如何体现的。

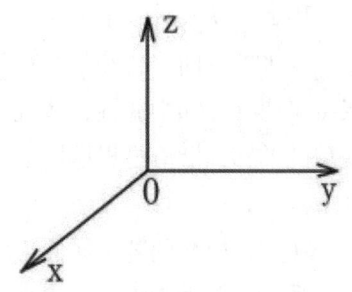

图6-3 克莱默尔把信使型的构建
比喻成坐标系中的原点

2. 媒介性

一般所说的媒介考古学大都在研究现代新技术的前史，比如西洋镜、留声机、家用电器、老式电视机、活动电影放映机等。但是克莱默尔谈论的都是前媒介技术时代的形象，比如赫尔墨斯、天使、犹太法庭上的见证者等，这比经典意义上的媒介考古还要"古"。不严肃地说，这或许毋宁说是克莱默尔的一种媒介溯古——她的视域是整个远到现代媒介技术还没出现的时代，即前媒介时代。而为什么要将视域前移呢？要达到视域的深化和扩展，深化和扩展的关键是对媒介性概念进行发掘。正如作者在其他文章中所说的："我们的信使型打开了一种视角，通过这一视角，各种传播现象之丰富得以分析阐发，甚至包括那些一般不被视作媒介的事物。我们在这里关于媒介所做的种种思考，与其说是媒介理论（Medientheorie），不如说是媒介性理论（Medialitätstheorie）。"

什么是媒介性？一方面，媒介性可以从中介性、间接性、非直接性等方面来理解。强调媒介性，就是体会一个"通过"的结构，比如 a "通过 x" 达到 b 这样一个结构，注重的是作为中介的这个过程，或作为中间的"x"的这个位置。

另一方面，媒介性对媒介的关系就是：不是媒介体现了媒介性，恰恰相反，是媒介性使媒介物得以成立，由此一切媒介现象得以展开。正如克莱默尔所言："不是媒介工具表现了媒介性，而是媒介本性保证了一切媒介活动的展开。"因此，关心媒介性，就是关心是什么使得媒介物得以产生，什么使得媒介关系得以建立，以及什么使得某些不是媒介物的东西得以被媒介性地看待等。

为何克莱默尔对前媒介时代多有阐发？的确，我们生活在媒介技术时代，现代的媒介研究也多是围绕着计算机、卫星、网络、数字化通讯这些现代媒介技术展开，然而，我们果真在意媒介性吗？可能恰恰相反，我们在意的其实是"直接性"——各种各样的即时通信也好，消弭空间距离的现场直播也罢，无不表达着我们对直接性以及直接性中的效率、速度等的极度渴望。而与之相比，前媒介时代中反倒有关于媒介性的特殊体会，甚至可以说有着一种格外尊重，比如中国传统中的"媒"和"媒人"，男女双方、两个家族，要建立联系，没有一个"媒"是不可想象的。这种对"中介化"生存的特殊体会也表现在和亲公主、班固、张骞、鸠摩罗什、玄奘这样的远足使者的形象上，从而演化出种种规范和仪式。

因此，从某种程度上来说，正是在新媒介技术无比发达的现代，"媒介性"可能被遗忘了，人的"间接化和中介化"生存可能被遮蔽了。相反，前现代社会缺乏媒介技术，但保持了媒介性和中介性，体现了我们间接化的生存本质。因此，克莱默尔这种有意无意的视域的前移，恰恰是想挖掘出一个更具深度的媒介性概念来。

（二）媒介的若干属性

尽管克莱默尔是隶属于媒介转向思潮的一位标志性人物，但她对所谓媒介转向保持着独特的思考。她警惕媒介建构主义、媒介技术决定论的倾向，警惕那种将媒介物视作塑造社会、创造历史的技术力量之化身的看法，同时也拒绝赋予媒介某种哲学上的"先天"的身份，将媒介拔擢为奠基我们经验、交流和思考的最后之权威。这种种倾向，被她称作"媒介基要主义"。同时，她还揭示了这些理论背后的哲学理念，那种创世姿态、造物者的自许，一心只想着如何生产创造、如何改天换地的妄念。总之，从强调媒介的主体性、主动性、建构性，克莱默尔多少走向了强调媒介的被动性、他律性、否定性之路，从强调显性媒介走向强调隐性、透明性媒介。围绕着媒介和媒介性，她做了一系列别开生面的揭示。

1. 他律性

他律性和主体性相对，强调信使的非自主的一面。信使就是信差、邮差、送信人、报信人等（刘海龙老师在个别地方将 messenger 译为"邮差"。信使也好，邮差也好，本质上并不创造什么，其存在只是为了传递，或者说只需要原原本本、老老实实地把信息或物从此处带到他处。总之，"信使并不自我表达，只是代人发声，信使并不独立而为，而是遵从远方的任务召唤"。信使的所作所为都不是出自他自身。当然，信使也有一定自主性，但所谓的自主性总是他律之下的自主性。总之，信使并不创造什么全新的事物，只是传递和连接已经在那里的事物。

2. 隐匿性 / 透明性

真正成功的媒介往往不彰显自身，而是隐匿自己。媒介物本身的自抑无为却暗中体现了自己的布展有为。"在日常生活中，我们听到的不是声音的震动，而是钟声的鸣响。我们阅读的不是字母而是一段历史，我们在对话中与人交流的不是音节，而是意见和信仰。在电影观赏中，我们一般都会忘记投影平面。传媒的作用就像玻璃窗，它越透明，越在我们的注意视线之下不引人注目，就越好地完成了任务。"

正是在这一点上，媒介和符号区别开来。传统上总是倾向于通过符号来理解媒介，但克莱默尔认为，正好相反，符号分能指 / 所指，物质可感 / 符号的意义。对符号来说，要通过能指来获得所指，通过声音和视觉上的符号的物质可感，来理解符号所包含的意义。在这组关系中，意义隐藏于可感物质背后，要透过可感物发现背后的那个意义。而如果真正从媒介的角度来看，我们直接接收到的是讯息、内容和意义，而传递这些讯息、内容和意义的，那些具物质可感性的东西，恰恰隐藏、消失在它所传递的内容和讯息之中。可感事物对于我们是隐匿的，它是一种中介的、间接的东西，却以直接到透明的方式来呈现。

媒介的隐匿性还表现在，媒介的踪迹是通过捕捉的方式获得的，这被克莱默尔称为踪迹识别（Spurenlesen）。就像在弗洛伊德的精神分析中，潜意识如何起作用人们是无法了解的，但是可以通过分析精神病人的混乱语言来捕捉潜意识。然而这种捕捉是延迟的、不对称的，也就是说，当捕捉到某个讯息时，传递讯息的中介已经沉潜消失了。这似乎在启示我们，媒介的运行规律总是在我们的认知之外。我们当然能够认识媒介，认出媒介，但是，或许只是认识到了媒介的这一面或那一面，不能保证认识到了媒介本身，那个正在暗中起作用的媒介，总是在当下的捕捉中滑走。

除此以外，媒介的自我隐匿，还有奉献牺牲的意味。譬如从词源学的角度来说，medium来自三段论中结论推导中的术语——medius（中项）。中项在大前提和小前提中存在，却在连接二者之后消失在结论中，可以说成就了结论，隐匿了自我。克莱默尔经常提及马拉松"牺牲的报信人"，筋疲力尽的报信人把胜利的消息告诉雅典人后就遽然倒地了。这突出体现了媒介的信使功能：为了交付，让自己结束甚至牺牲。

图 6-4　十字架前，传递讯息的赫尔墨斯的雕像破碎不堪
来源：托马索·劳雷蒂（Tommaso　Laureti, 1530—1602），《基督教对异教的胜利》，天花板壁画，
梵蒂冈博物馆

3. 异质性

信使居于两个具有异质性的领域之间。但两个领域上的异质不是体现在一般的距离上的远近，更重要的是在性质上有不同。最典型的例子就是天使。天使传达上帝的讯息，处于两界之间，然而，一边是永恒、不朽，另外一边是可朽。克莱默尔甚至借用托马斯·曼

（Thomas Mann）"陌异的深渊"来表达这种根本上的不同。从这端到那端是有某种危险性的，跨越意味着纵身一跃，弄不好就会粉身碎骨。当然，我们可以架一座桥梁，然而，如果没有桥呢？底下就是万丈深渊或是湍急河流。强调这一对绝对异质似乎在提示，在媒介时代，媒介技术使我们产生一种连接无处不在、随时可达的幻觉，却忘记了实际上的异质不均以及背后的千沟万壑。

在异质之间进行传递勾连的信使身上还具有某种悖论性。一方面，媒介在于弥合区别和界限，譬如媒体搭起新闻事件和大众之间的沟通桥梁，货币搭起不同实物交换的桥梁，翻译搭起两种语言之间的桥梁。但是悖谬也在这里，当一切裂隙被弥合，当一切差别被完美覆盖，信使/媒介本身就消失了。因此，媒介总是在区别中贯彻沟通，同时也在沟通中巧妙地维持着区别——甚至，它也在时时刻刻制造着差别，甚至在两者之间挑拨离间，制造嫌隙。

信使身上具有这样的悖论性在于他占据了一个第三方的位置属性。在我们关于社会构造的叙述中，以及我们的概念思维中，充满了单一化的二元的表述，比如说者和听者，寄送者和接收者，自我和先前的自我，主和奴，我和你，等等，在这种架构下，第三者被视为一种寄生性的存在。但是克莱默尔认为，社会性的生成和构成，其实恰恰依赖的是居于其间的第三者或第三方，第三性（Drittheit）才是孕育社会属性的原初胚胎。克莱默尔特别喜欢用"张力"（Spannung）一词，无论是"张力关系"（Spannungsverhältnis）还是"张力领域"（Spannungsfeld）都提示了，两端固然重要，但使两者之间产生对撞和引力的恰恰是处于中间的这个地带或者中介。

（三）媒介性的案例考察

在介绍了媒介性以及围绕着媒介的一些概念之后，我们简要结合宗教领域中的天使传语、生物学领域中的病毒传播、社会领域中的法庭作证，演示这样的媒介性考察能够带来哪些收获。

1. 天使

天使是克莱默尔对在异质间传递信息的中介的典型表述。没有哪两个天使像天堂和人间、神和人之间这样有这么大的分野或强烈的异质性。同时，天使是神圣差使，它不创造任何东西，其能力和使命都是上帝赋予的，上帝对天使有着至高权威；天使奔波于天上地下，完成任务便消失不见，体现了隐匿性。在克莱默尔围绕天使媒介的诸多讨论中，我们探讨下天使独特的具身性。一方面，天使必须要转为人形，发人声，具有某种具身形态。但另一方面，天使作为上帝神圣性的代表，又有强烈的灵魂和精神属性。因此，天使的具身是一种特殊的具身，不是纯粹的肉身，虽有人形，却是轻盈、闪烁、移动、不稳定、没有重量的形。天使的具身是为了传递消息不得已而进行的具身化，这种具身性是暧昧的具身，而非极端的具身。

2. 病毒传播

病毒本身没有生命，它的使命就在于攫取宿主，渗透到陌异机体细胞中，疯狂复制，它几乎是一台精于传播、具有极高传播策略的分子机器。因此，我们称计算机植入程序的自我复制也是一种病毒，完全不是一种比喻，不是由于某种外在的相似性，而是在于内在机制的一致。病毒传播具有两面性：首先，病毒的生存方式是寄生，它是个外来入侵者，但是病毒的传播策略是给予、剥夺之间的平衡游戏。在平衡后的喘息间隙，我们获得了免疫。因此从微观角度来说，它具有破坏性，但是从宏观、生态的角度看，寄生是进化的重要因素，因为只有它能够跨越物种，在这个意义上，没有寄生就没有进化，寄生和共生同时存在。

除此之外，克莱默尔对病毒传播中体现出的具身性也有洞察。和天使轻盈的具身性不同，病毒传播所表现出来的具身性，是一种彻底的极端的肉身性具身。病毒传播，天然要求发生机体的器质性改变，没有物质交换，不和这个物质性肉体发生关联，传播过程无法实现。而正是这样一个实质性的机体上的肉身化，将克莱默尔对病毒传播的探讨引入艺术领域，从而使生物生理中的传播和美学经验中的传播获得连接。我们在现场观看音乐戏剧表演等，都会用到"感染"一词，感染、感动到极致，会出现手舞足蹈、如痴如醉、陶醉忘我甚至浑身战栗的状态。因此，从这个意义上或者就某一维度来说，艺术传播根本不是创作者思想与观念的传播，艺术传播和美学体验天然要求一种肉体感染的直接性，这种直接性在某种程度上是排除任何智力过程的，拒绝将观看和感受化约为某种认知判断，也就是说，只有观看和感受，不要思考。

3. 法庭作证

在法庭审判中，判罪量刑需要证据，证据里有物证有人证，对一个已经发生并且大多数人不在场的事件，需要目击证人的证言证词。然而，法庭作证到底传递了什么，与我们对媒介性的思考有什么联系？实际上，法庭作证就是一个传递过程，证人要把自己作为目击者看到的场景"传递"到法庭上来，要把法官和陪审完全无法触及的情景呈现出来，而这其中又包括时间（过去发生到当下呈现）、语言（现场感知到形之语言）的多重转化，因此，其中的传递过程其实是异常复杂脆弱的。然而，其中最为关键的是见证人即传递者的"诚实不欺"。由于对于法官和陪审人来说，当时的事发情景是完全未知的，在证人和听众之间有一个根本的认知上的非对称性，要想获得一个公平合理的判决，只有依靠证人这个中介的"如实"相告，这就预设了一个根本上的伦理前提——见证人没有刻意隐瞒，他是诚实可信的。

然而，做出这样一番颇费周折的考察，作者的目的并不是仅仅停留在对一个狭义领域中的传递现象给出定义，克莱默尔真正想刻画的是整个人类群体文化传递、信息和知识传播的基本模式和发生条件。通过这样的一个极为集中、极为浓缩的作证场景的分析描绘，作者想要告诉我们的是关于社会认知、关于我们知道什么的一个基本条件，即我们所知道的、所了解的总是"通过"他人（告诉我们的）而知道和了解。无论是我们自己确切地生在何年何月，还是历史上是否有嬴政统一六国，以及我们在学校习得的大多数知识，在媒体上了解的大多数讯息，我们并不"直接"知道，也无法"亲知"，我们有赖于他人的传递而"知道"，我们的大部分知识都是第二、第三、第四、第五手的传递性知识，这是社会认知中的一个基本事实。而这样的知识传递得以基本上完成，社会文化传播大体上能顺利进行，完全有赖于"他人并不欺骗我们"的基本信任，有赖于一个从根本上维系共同体的基础伦理存在。新闻伦理、如实报道等可从这个认知—伦理的整体背景下来看待。

4. 制图学：认知的可感转化

图形图像的研究是克莱默尔的一个研究重点，因此，制图学被她拿来展开媒介转化维度的阐述。她举的经典例子有柏拉图的《美诺篇》，一个从未学过数学的奴隶男孩，通过几何绘图和实际操作而获得了某种数学知识，这种数学知识的获得完全不是想出来的，而是"画"出来的。再比如德国数学家高斯的传奇故事，老师让小高斯和同学们计算 1 到 100 的数字总和。他在几分钟内就得出了正确答案，靠的就是序列置换这样一种空间操作，通过这样的操作原先未知的东西被展现了出来。这种认知转化，使复杂的理论性事物得以呈现，遍布于我们的文化创造过程或文化创造物中，从谱曲、乐章、舞蹈编排、剧本创作、虚拟地图、导航，一直到正在使用的 PPT。总之，通过眼、手、纸之间的互动，心灵得以呈现，不可见的变得可见，不可感的变得可感、可操作，这也是"媒介"的另外一层含义。

（四）结语：媒介和哲学

最后，我通过介绍媒介和哲学之间的双向关系在我们这个时代的独特体现，为此次讲座做总结。

一方面，哲学对媒介的可能补充。追溯传播学的历史会发现，像任何一个现代学科一样，在学科未建的时候，往往饱含充沛的思想活力和广阔视野，思想家的思考充满哲学性："交通、货币流通、病毒传染、水电传送、快递等都可以视为广义的传播。"但真正学科化之后，同时随着实证化的兴起，研究对象越来越窄化。和这种窄化形成对照的是，如今的媒介研究分散出千面万象，从传媒管理、广告文案到新闻伦理、网络道德，从大众心理、文化批评到信息理论、网络技术，从传播思想的理论背景到心理分析、符号学、技术哲学、交往理论、后现代理论，不一而足。给人的感觉是，其共同点只是研究对象都是传播或媒介，但背后所遵循的知识话语和理论脉络完全不同（因此有人称传播学是一种横断面研究）。这是学科活力的体现，但背后可能需要一些底层概念的锚定、深层义理上的疏通，来使整个知识体系有更实质的内聚。

另一方面，媒介对哲学的必然启发。在后体系化时代，哲学学科的整体解释使命已经拱手让给科学，哲学学者现在该干什么？哈贝马斯说：哲学可作为各学科的关联媒介，以及不同文化价值和生活世界之间沟通的媒介。陈嘉映说："如果各种特殊经验、特殊知识领域之间还能就一般道理展开对话，就是哲学交流。"如果以上说法成立，我们的确可以把哲学工作视作公共伦理平台的维修工，而当代哲学就是实实在在的媒介性哲学。

从这个角度出发，克莱默尔的研究以及其他基于哲学背景所进行的媒介研究工作，或许在这种双重意义上就是一种媒介性的哲学研究。而克莱默尔本人，或许也可被视为在哲学和媒介之间传递有益讯息的"信使"。

二、问答环节

听众：屏幕作为媒介，可否被视为连接主体的具身性与离身性的天使？

赵千帆：或许可以把这个问题的范围收拢一下。要回答这个问题，离不开语境。克莱默尔的书名可以译为"媒介形而上学小引"。形而上学照其本义，是立一个大框架来统摄所有的知识系统。小的、微型的形而上学就带有反讽的意味。这种形而上学是一种姿态，是一条暂时性的、测试性的、比拟性的进路。也就是说，克莱默尔在展开这种形而上学时，是在试探性地对"媒介性"给出一些基本的、具有普遍意义的规定，这些规定试图把所有媒介、传播现象都包含进来，同时描述它们的特征。她说过，媒介性成为特征，以至于媒介的特性无法被刻画，或一旦被刻画就会导致学科的窄化或者专门化，在学科有了明确对象的同时也失去了很多。要解决这个问题，就要构造一种媒介性的形而上学，但它应该是一个"小"的形而上学，即做一个模型，把各种传播现象放在小的模型当中来观察，让一些问题暴露出来。

回到本问题。提问者问的是屏幕是否才能作为中介。那么，首先应该沿着克莱默尔讲的线索去理解：屏幕作为媒介时如何发生效应？克莱默尔不是在一般意义上把认知或文化现象所借助的媒介状况作为这些认识或文化的根据、条件、前提，似乎把这些根据、条件、前提研究清楚了就可以把握媒介传递给我们的知识与文化。这个思路是其他建构主义者的思路，不是克莱默尔的思路。克莱默尔的思路是，当我们想去看媒介背后的事物时，已经带有一种形而上学姿态。任何人面对媒介都难免有这种形而上学姿态：看到媒介就去找真相、知识，通过媒介得到真相、推进知识才是最重要的。但在克莱默尔这里是反过来的，她把所有知识显示出来的过程称为媒介性，然后问：这个知识是怎么显示出来的？这个显现过程比知识本身更为重要。她发现一个关键性的机制：这个显现就是媒介完成"信使"的过程，而这个过程的关键一步就是，媒介要隐身。屏幕也包括背后整套计算机、端口、可触摸可滑动的屏幕等，当问屏幕可否作为媒介时，按照上面描述的思路，那么要考虑的是，这个媒介什么时候完成其功能后又消失了？这时什么透过屏幕显示出来？在这个意义上，电脑屏幕不是"天使"。因为电脑屏幕本身是一直在场的，并没有消失，而"天使"应该是一个不可传达的东西的具身化。电脑屏幕更像是书写的平面、界面，它并没有消失（或许还可以问手机是不是天使）。当我们考虑一个事物是否为媒介时，要问它在消失时显现出来的过程是什么样的。这是克莱默尔工作的意义，她打开了一个视角，但没有给出最终的结论，我们可以在具体的媒介现象上按照这种操作方式去看媒介性如何运作，显现过程是怎样的，尤其是和一些极端案例结合在一起时。比如谈论屏幕时，可探讨通过屏幕跟亲人见面与当面见、听电话有什么区别。通过这样才能看媒介性支配下的显现过程。和其他不同的媒介与情境进行比较，比直接问某媒介是否"天使"要更加有效。

听众：中国书画艺术向西方传播时，应依赖怎样的媒介？

赵千帆：可以用克莱默尔的两个传播模式细化这个问题，一个是技术的传达模式；另一个是人文的商谈／交往模式。前者克服的是时空距离，需要技术，需要展览机制、解说员或翻译者；后者则涉及交流或讨论的双方，参与商谈和交往的个体是处于个人情境与社会生活语境中的有文化背景的接收者、言说者、倾听者。中国书画在西方的传播同样可以从这两个层面来看。一方面，中国传统艺术克服时空距离、语言障碍进入西方展览机制，那么这就需要一系列的技术及相关的社会、政治条件。但另一方面，书画的海外传播也是文化上的交往，涉及理论的转译与视野的融合。这里又可以分为两个面向，一个是哈贝马斯所说的交往理性方向，即通过一种规范性模式建立对等的商谈，获得稳定的、最大程度接近真理的共识；二是跨文化商谈时双方视角的差异化与重建身份认同的方向。用克莱默尔的理论来看，西方的展览机制（美术馆、博物馆）也属于"信使"，但这个"信使"是该从技术还是从人文的角度来理解呢？如果所有"信使"，按克莱默尔说的，在完成功能时都要隐身，那么艺术馆与展览机制何时隐身呢？或者，如果是以图书画册为媒介来传播，那这时媒介的隐身方式与展览媒介的隐身方式不一样，因为画册更加图像化、平面化，各个文化的作品很容易获得一种貌似平等的展示形态。实际上在文化交往时，媒介可能恰恰不但很难隐身，而且有必要主动暴露出自己，以使"交往"（communication 的另一个含义）更充分地发生。所有这些讨论都需要先细化。克莱默尔给我们的是小形而上学，给了我们索引、地图去看待具体的媒介现象，把原来习惯性的参照系破坏掉，给出新视角，这是她的意义。

袁程：首先，如果对隐性媒介有所领悟的话，那就应该意识到，对于我们的文化输出和艺术传播而言，并非办的各种展览越高调，平台越高级，我们交流（输出）的目的就越容易达到，我们艺术传播的媒介性就越能体现出来。其次，我们什么时候可以不通过大张旗鼓地办展览这种媒介彰显的方式去传播交流，而我们的艺术文化因素又在对方那里隐隐约约到处出现，那时就真正说明我们的艺术和价值传播给了对方——正像现在西方的某些东西正在我们身上显现那样。赵千帆老师对此也予以认同，何时我们可以在西方绘画中辨认出中国人熟悉的东西，又没有任何对第三者的指引时，这个信使就不存在了。

听众：虚拟现实技术作为一种媒介，是如何具体改变人和现实世界的关系的？可否讲解一下虚拟现实技术的"入侵性"？如果媒介具有信使的第三位性，可否谈谈在赛博空间和赛博格的背景下对去人格化和人格化之间关系的理解？

赵千帆： 我不认为可以把虚拟现实想当然地直接拿来与病毒类比。事实上 VR 作为一种技术，更多是整合到电影或游戏这个大的媒介中使用的。它也可以作为一种全息影像，用来保存亲人的影像。在这些媒介中，虚拟技术的意义是不同的。提问者讲的"入侵"，似乎是指边界被突破了，但在电影、游戏或全息影像中，我更倾向于说是边界得到了拓展。不管是 VR 的所谓主体性被突破，还是赛博格的去人格化，都可以联系到克莱默尔的理论，即从"第三性"和媒介在完成功能时"消失"的角度来看。但这里还要澄清一些技术前提。比如，现在很难把赛博空间独立出来，和现实的其他空间严格区分开来，因为媒介已经实现了融合，主要是由于互联网的出现。如果媒介都实现融合了，哪里有入侵呢？现在的情形可能是，如果没有接入广义上的网络虚拟空间、赛博空间，那么线下的相处反而可能变得"虚拟"了，因为没有见证了，也就是说，"媒介"反而在你需要它的时候会变得不可或缺——这时媒介不是隐退，而是被召唤。那么，病毒性就不是关键，关键是具身性问题，即有血有肉的在场性见证是如何通过第三者的消失而达成的。与虚拟现实类似，"赛博空间"也适合放在见证的意义上来谈。如果我们把"消失的第三性"与拉康学派所说的"大彼者"（或译为"大他者"）相联系，那就延伸到了精神分析层面，但这是另一个话题了。

袁程： 病毒本身就可以形容社会病，我们可以联想到很多社会性的、类病毒的传播，但是当我们谈论社会病时，会失去生物学原型的病毒元素。任何一个形象都不是随意提出来的，我们要更好地理解克莱默尔在病毒概念下阐发的对媒介的理解和认识。病毒传播有一个核心概念——无意义的爆量复制，没有情境性的整体认知。而虚拟现实则建立在整体模拟的条件下，虚拟现实具有整体认知环境。

听众： 讲座谈到的媒介性在前媒介时代彰显，但在当下媒介时代媒介性反而被隐匿，是不是这个意思？

袁程： 基本上是这个意思，但是这样的论断还需要下得更为小心谨慎，如果换一个更为周全的表达的话，可以这么表述：并非说媒介时代没有媒介性，或者说这种媒介性被遮蔽，而是说，不要因为我们处于一个媒介异常发达、技术手段无所不在的现代媒介时代，就自然而然地以为这个时代充满了媒介性。

听众： 能否多介绍几种媒介与哲学的关系的进路？

赵千帆： 建议详细阅读本书。本书提到 5 位对克莱默尔有引领性影响的哲学家：瓦尔特·本雅明（Walter Benjamin）、让 - 吕克·南希（Jean-Luc Nancy）、米歇尔·塞尔（Michel Serres）、德布雷（Regis Debray）、约翰·杜海姆·彼得斯（John Durham Peters）。另外还有弗卢瑟、卢曼等人。

第七讲
刘海龙领读《奇云：媒介即存有》

图7-1 《奇云：媒介即存有》封面

领读书籍：《奇云：媒介即存有》[1]（文中简称为《奇云》，*The Marvelous Clouds: Toward a Philosophy of Elemental Media*[2]），作者：约翰·杜海姆·彼得斯（John Durham Peters）

内容简介：通常人们将媒介视为环境，本书将真实的环境视为媒介，意在改变我们对媒介的看法，为我们认为理所当然的地球日常生活基础提供新的认识。从媒介哲学中隐含的理念出发，本书认为媒介不仅仅是信息的载体，还是结合自然和文化的基础设施，使人类生活得以繁荣。本书中从海洋到天空的一系列百科全书式案例，从航海到农业，从气象学到谷歌，揭示了所谓新媒介的漫长史前史。数字媒介是文明早期实践的延伸，新媒体并没有把我们带入未知的领域，而是让我们面对自然和社会的最深刻和最古老的问题：如何管理人与自己、他人、自然世界的关系。通过将媒介定义为构成人类世界的元素，本书展示了媒介如何成为人们与周围世界互动的核心。

作者简介：约翰·杜海姆·彼得斯，耶鲁大学英语、电影、媒介研究教授，教授媒介史和理论课程。美国当代媒介史家、传播理论家和传播哲学家，国际传播学会（ICA）会士。1958年出生于美国犹他州，1986年获斯坦福大学博士学位。1986年至2016年在艾奥瓦大学任教。专著有《对空言说：传播理念的历史》（*Speaking into the Air: A History of the Idea of Communication*，1999）、《取悦深渊：自由言说与自由传统》（*Courting the Abyss: Free Speech and the Liberal Tradition*，2005）、《奇云：媒介即存有》（*The*

---

[1] 彼得斯. 奇云：媒介即存有 [M]. 邓建国，译. 上海：复旦大学出版社，2020.

[2] PETERS J D. The Marvelous Clouds: Toward a Philosophy of Elemental Media [M]. Chicago: University of Chicago Press, 2015.

Marvelous Clouds: Toward a Philosophy of Elemental Media，2015）、《撒播知识：历史中的信息、图像和真理》（*Promiscuous Knowledge: Information, Image, and Other Truth Games in History*，2020）。

　　领读者： 刘海龙（中国人民大学新闻学院教授）

　　主持人： 吴璟薇（清华大学新闻与传播学院副教授）

　　讲座时间： 2021 年 3 月 14 日

　　文字稿整理与校对： 毛万熙

一、开场白

　　吴璟薇：媒介是什么？也许不仅仅是人们日常理解的媒介组织、大众媒介、记者、新闻，还包括像《奇云》中所说的媒介或媒介元素，正应了这样的说法：媒介即存有，媒介无所不在。当身边无数元素成为媒介的时候，如何理解媒介、中介、技术？彼得斯是一个奇特的"传播学领域的稀有动物"，本书也重新定义了媒介和技术，呼应了本学期读书会的主题，所以我们将《奇云》一书作为本季读书会的开场书。有请刘海龙老师分享对本书的独到解读。

二、领读环节

　　本书对媒介做出了有想象力的讨论，颇有芒福德百科全书式的脑洞思维，嫁接了德国媒介理论和美国媒介环境学，阐释了媒介的丰富性。我用"媒介诗学"概念来形容它。本书第一句话称，要建立媒介哲学，但它与传统意义上的哲学或严肃讨论还有一定距离。本书一方面有理论的讨论和创新，另一方面在前言和后记都一再强调，本书不是仅仅写给专业研究者的，而是写给普通读者和专业研究者两个群体的。所以书里可以看到非常多的细节、例子、奇思妙想，可读性强。不一定要从头读这本书，可以从中间任一小节开始，都会给人很多启发。这是关于清单的一本书，把媒介做成了一个长长的清单。艾柯有一本书叫《无限的清单》，在人类历史上，这也是一种认识世界、理解世界的方法，未必是逻辑严密的理论思考。所以，我把它看作媒介诗学。

　　今天导读的第一部分是对这本书的逻辑做出梳理，讨论本书的理论逻辑和方法。有几篇英文书评并没有深入理解，或没有关注到书中的反常规论述。本书的重要阅读方法就是先倒空瓶中水，再接受新水倒入。过于有成见的人会一下子接受不了，会带着挑剔的眼光看待一切，很难进入语境。先倒空自己的水，假设本书是对的，暂时接受，再看它背后的合理性是什么，而不要着急否定，这样能从书里得到更多乐趣。

第二部分是讲解本书的整体逻辑。虽然很多中国学者较难接受，但彼得斯有自己的内在理路，先拎出逻辑，不着急判断。

第三部分是重点讲几个话题。本书像百科全书，你翻开任何一页，都可以往下接着看。它讲的是个媒介清单，读者可以从清单里的任何一项进入。这里面有一些点是我个人感兴趣的，读的时候有一些感想或重新连接清单的不同部分。读者可以利用英文版的索引。很遗憾中文版索引没有翻译出来。"身体""时间"的概念在书里的提及率很高，"空间"反而提得不多。媒介研究对"时间"关注不够。另外，"中国"这个词条的内容也很多。本书讨论的主要是欧洲，在此基础上作者尽可能纳入世界各地的文化元素，比如东方文化、中国、伊斯兰、犹太文明等，延续了《对空言说》的风格。这几年彼得斯对中国的关注比在《对空言说：传播理念的历史》里关注的更多。他谈到了一个有趣的观点，他对媒介的理解是"在中间"，中国本身是"中间之国"，所以把中国理解为"媒介之国"。书中还有他在故宫拍的日晷的照片。如何把彼得斯这种思路或理论的想象力用到关于中国的媒介研究中，值得思考。

最后，涉及后人类主义的媒介观，讨论的是传统的媒介观和彼得斯采用的媒介观的不同之处。

（一）全书概览

1. 作者简介

约翰·杜海姆·彼得斯从 2016 年起担任耶鲁大学教授。他所在的院系是一个更偏人文艺术、媒介考古的综合院系。彼得斯的研究也展现出这种跨学科风格，《奇云》代表了他的最新研究成果。

图 7-2　约翰·杜海姆·彼得斯

2.《奇云》的核心观点

本书的核心观点是"自然环境就是媒介"，这为我们理解媒介提供了一个新角度。过去对"媒介"的界定集中在大众媒介或传递信息的媒介、追求意义的媒介。但彼得斯提出了一个颠覆性看法：媒介未必是表意的，未必以人类理解的意义和符号传递为中心，媒介也可以没有意义，没有意义意味着更大的意义，由此他提出"自然环境就是媒介"这个观点。书中讲到海洋、火、天空、身体、人类的媒介、以太。不同类型的媒介被混合在了一起，有自然的，也有人工的。

本书试图打破自然／人工的二元论。结语一章叫"意义的安息日"，即让意义休息一下，我们去看看其他的。围绕意义来理解媒介的研究已经汗牛充栋，比如传统的效果研究、文化研究、政治经济批判，都在谈意义、意识形态。当人把注意力放到意义上时，会忽略媒介本身。和麦克卢汉的观点相似，如同肉把狗引开，内容把研究者从最值得关注的问题上引开。本书其实在做和麦克卢汉相似的事情，不过麦克卢汉的影响在书里是复杂的。

"自然环境即媒介"，读者对这句话感到眼熟。"媒介即环境"是读者很熟悉的媒介环境学。现在彼得斯把媒介环境学的名言颠倒过来。从逻辑学的角度来讲，a 是 b，并不意味着 b 是 a。彼得斯的意图在于打开思路。既然媒介像环境，能不能反过来思考：环境也可能是媒介？倒过来后，整个句子的意思发生了巨大变化，产生了两个差别。差别一：媒介的定义。媒介环境学里对媒介的定义还是人造技术，不管是硬件技术还是软件技艺，都是在谈人造，很少讨论自然环境。差别二：媒介本体论。媒介到底是什么？媒介环境学还是从环境的角度来看生态和人的关系。彼得斯谈的是"自然环境即媒介"，更偏重生存论，是从海德格尔存在主义的意义上讲，人的生存不是简单的环境问题。他也提出了很多语言学证据："medium"在 19 世纪还指自然元素，包括生命科学现在所说的"medium"还是指培养基的胶质物。也就是说，在 19 世纪之前，人类都把环境看作媒介。所以人们可以重拾最古老的观点。

本书还有个重要观点：今天的数字媒介让我们重新看到了媒介的本来面目，我们所熟悉的大众媒介是媒介发展中的例外，是短期偏离正常轨道的产物。在彼得斯看来，今天算是重新回归正轨，所以提出"自然环境即媒介"，使我们回到媒介的最初定义上。媒介是什么？如果从哲学的角度来讲，媒介就是使他物成为可能的中间之物。一些批评者说本书只提出了概念，但这就是它的核心。从这个意义上来讲，要从"中介"的角度来理解媒介，这上升到了哲学的高度，应用到现实中，就是"环境即媒介"。

绪论 居中状态（In Media Res）与第一章 理解基础设施型媒介

绪论和第一章提出诸多概念，是全书理论性最强的两个部分。第一章叫"*Understanding Infrastructure*"，使用了双关。"understanding"一方面指"理解"，另一方面可拆分成"under"与"standing"，站在下面，就是彼得斯所讲的，媒介是隐藏在日常生活下面的基础设施。他从基础设施的角度来理解媒介。这里提到了三个核心概念：元素型媒介、基础设施型媒介、后勤型媒介。

彼得斯提出了媒介的杠杆原理，即媒介是人们管理时间和空间、管理权力的重要杠杆，花费很小的成本可以产生很大的效果，就像阿基米德讲的，"给我一个支点，我能撬动地球"。在关于媒介的理论里，被反复用的概念叫针眼、窄门，或小小的门。所有事物都要通过媒介才能够为我们所用。媒介就是杠杆，可以用小力产生大效果。

第二章 论鲸类和船舶；或，我们的存在港湾

从第二章起，彼得斯开始"上天入地"，进入丰富的媒介世界。

第二章讨论鲸鱼和船，即海洋媒介。海洋媒介是所有媒介的媒介，因为大陆都是浮在海上的，人生活在陆地上，陆地像船，谈海洋媒介就回到了人类最基本的生活状态，所以海洋是所有媒介的媒介。从生命起源的角度来讲也是这样，所有的生命都起源于海洋。

彼得斯以鲸鱼为例做了一个思想实验。媒介是人所使用的技术，研究媒介时如果只考虑人，会分不清楚哪些是技术带来的、哪些不是。研究者可以借助其他生物反思，当物种没有基础设施、没有技术、没有媒介时，它会怎么生活？和人的生活方式有什么不一样？如此可以看到媒介对于人能发挥多大作用。比如鲸鱼生活在海洋里，唯一可使用的就是身体的技艺。本书没有对技术和技艺进行了显著区分。

彼得斯谈到身体，他提到弗卢瑟谈过的乌贼（幽灵蛸）。乌贼和人完全是不一样的动物。人的内脏都在头的下面，乌贼的身体是反过来的，并且乌贼是倒着走的。乌贼没有骨头。乌贼遇到敌情、遇到危险时可以喷墨，喷完墨后，会用触手把墨变成像乌贼的样子，引开敌人的注意，所以乌贼是雕塑家，像人们画画一样。而它画画不是为了表达而是实用，是用来逃命、保命的。

从其他物种反观人类，人的特征是什么？动物的身体是装置或界面，所以是媒介。后面还会谈到为什么身体会成为媒介。身体也是自然存在物。它首先是动物的一部分，是自然存在的，同时又具有人为的特征。本书提到鲸鱼和人的不同之处，比如人的衣服穿在外面，鲸鱼靠脂肪，所以衣服是穿在皮肤下面的；声音在水里的传播速度比在空气中快4倍，在大气里声音最多传10公里，但在水下可以传数千公里，鲸鱼听到的声音可能是跨越半个地球传过来的声音，听到的东西和人听到的不一样。声音这么远，但它不需要互联网，用声音通过身体就可以交换信息，鲸鱼本身就会结成巨大的网络。人只能听到近处的声音，而且声音的传递有时间差，需要借助互联网这一媒介和几千公里之外的人交换信息。

鲸鱼的眼睛是长在两边的，可以同时看到两个领域；人只能看到一个领域。鲸鱼不能够自主呼吸，人可以自主呼吸，但鲸鱼的呼吸一定要用意识来控制。鲸鱼用鼻子来发声，用颚收声；人是用嘴巴和耳朵。鲸鱼没有脸，眼睛是看两边的，所以两头鲸鱼正面相遇时看不到对方；而脸对人来讲是特别重要的媒介，是表意的媒介、交流的媒介、存在的媒介。

鲸鱼虽然看不到对方的脸，但可以用超声波看透对方肚子里吃了什么、有没有生病，所以鲸鱼见面是不需要打招呼的。如海德格尔所讲，人和人的交流也是共在的，在说话之前我们就了解彼此。而鲸鱼因为有这样大的网络，所以不需要书本，也不需要图书馆、互联网，它们只是分布式的。人到了互联网时代，知识是分布式的，有什么问题可以随时直接问其他人。水里没有上下左右，就像外太空一样，鲸鱼是完全自由的。鲸鱼没有手，只有鳍，所以没有算术。人的算术起源于人的手，数字"digital"的意思就是按手来算。海德格尔说人和物的关系中谈到上手性，但鲸鱼连手都没有，遑论上手性。

另外，坟墓是特别重要的媒介。彼得斯写了很多关于坟墓的内容，德布雷也专门写过坟墓。坟墓是人最早的符号。人不像其他动物，死后尸体直接被扔弃，而是被埋葬，于是有了文明。人死后，很多信息要保留下来。鲸鱼没有埋葬尸体，没有符号，所以没法产生人的文化。

鲸鱼没有外化的记忆，没有书，它的记忆只停留在身体里。此处可以看到斯蒂格勒的影响，就是人的记忆被书写下来，用技术固定下来，坟墓就是这样的事物，固定下来后就有外化的记忆。同时因为人的出现，鲸鱼的生活习性都在发生改变。鲸鱼知道人类是打鱼的生物之后，就和人类合作，从而可以得到鱼吃，它把人变成了自己获取食物的工具。鲸鱼通过人来打鱼，所以人变成了鲸鱼外化的记忆。

交流作为人和人之间的对话形式，一定要有"现在"的感觉，同步才有交谈感。人类喜欢共时交流。比如直播给人共时交流的机会，让人有存在感。《奇云》中也举了类似例子——打电话。两人打电话是为了寻找存在感，而不是为了传递信息，约好写信、约好打电话是为了确定大家活着、确定大家在同一时间能够交流。打电话的案例是用来论证，为什么媒介是为了存有而非简单的信息媒介。

鲸鱼和人不一样，没有共时交流的存有性。鲸鱼的交流是非共时交流，鲸鱼听到的声音可能是从远方传来的，它没有标准时间。鲸鱼的扫描范围是几千公里，有很多噪音，它如何从噪音里挑出有用的信息？海洋就像今天人类的互联网，那么多网站、信息来源、信息，鲸鱼没法像人类一样保存，只能依赖另外的鲸鱼和自身的交流。人类今天编码了海量信息，在图书馆可以进行图书分类索引，在网络上可以通过搜索引擎搜索。鲸鱼没有这些东西。如果人类把自己想象成一头鲸鱼，会发现人类所有的技术全用不上，必须重新发明一套新东西。

通过鲸鱼，我们可以反观技术对人意味着什么。没有技术就没有人。之所以今天人比鲸鱼厉害，就是因为人有技术，这些技术在塑造我们。如果这些技术突然有一天都离人而去，人会怎样？看看鲸鱼就知道了。之所以讲鲸鱼，就是想用这样的思想实验来理解人。

彼得斯在讲了鲸鱼之后又讲到了船。没有船人类无法进入大海，海洋成为媒介，就是海德格尔讲的技术本身的去蔽作用。海德格尔对技术还是有正面的评价的，技术帮助我们认识世界。在海德格尔看来，科学本身是技术的产物。先有了市场的需求、人类的需求，从技术上倒推回去，人类才去做基础科研。就像今天，人们看到华为出事，才想到加强基础研发。技术帮助我们认识世界。船也是如此。如果没有船，大海对我们来讲就是不毛之地或危险之地。媒介本身就有揭示的功能。自然本身一定是人工的，不可能是纯粹自然的。

彼得斯讨论了船和文明的关系。船代表了人类的文明。船上有各种技术，包括航海术、罗盘、风向、后勤技术、管理，就像国家一样，典型例子就是美国人的五月花号。人们在船上订立公约，形成法律体系，使它们成为美国这个国家的隐喻和基础。彼得斯说，船和岸之间有距离，在这里人们发明了灯塔等信息交流的方式，以及海盗税、海关等制度。所以，船本身和文明息息相关。

第三章 一场关于火的布道

火是一套技术和艺术（此处艺术指古希腊艺术），艺术本身和技术都是人造物，所以火是工具。火可以改变形状，把坚硬的东西变得柔软。火是元媒介，因为火可以帮助人在土地上做很多事情，包括去物质化，也是火的天赋，即"无"。这回到了中国老庄哲学的"无"。"无"本身是能产生一切的，海德格尔讲物的时候也说到这一点。"无"本身是可能，有了"无"才能虚空，才能邀请大家聚集在这个地方，所以火具有非常强的存在论的意义。火的利用又不是纯自然的过程，它也是个历史过程，火的社会特征优于自然特征。如何利用火，使火对人产生了意义。

人类的火与自然的火有很大不同。人类的火是火种，要照顾它，让它一直亮着，所以要发明点火的技术。古希腊有灶神维斯塔，维斯塔之火不像森林大火那样是自然的，而是人类有意保存下来的。火有可能造成灾难，所以要把火装起来放在安全的地方，为人所用，于是出现了制造容器的技术，最典型的是今天的暖气、壁炉、炉子和汽车。芒福德在《技术与文明》里提到这个概念。今天的火全部都藏起来了，汽车就是一种容器。内燃机内部火的燃烧让空气膨胀产生动力，但是人在外面是看不到的。

火具有文化意义。比如火和认知，有火才有光明。火本身建立和维系着社会关系，大家都围着火堆跳舞，围着火堆生活，火把人和人之间连接在一起。中国人祭祖先、祭神，都是通过火。香火把两个世界连接在一起。火把东西烧掉，转化成可以接受的东西。另外，火还能产生燃烧的声音，给人安全感。火还有芳香，中国的香含有一种时间概念，大部分香料，是由木头转化成的，火重新释放出它的味道。作为基础设施的媒介的火，有管理空间、时间的功能。再者，火还有助于人类控制植物和动物。书里讲到植物和动物如何转化太阳，太阳也是火，是能量。

第四章 苍穹中的灯光：天空媒介（时间）与第五章 时代和季节：天空媒介（时机）

第四、五章谈论天空媒介。这两个章节分别涉及两种时间概念。第一种时间概念是周期性的时间（chronos，同时是古希腊神王宙斯的父亲克洛诺斯的名字，他阉父、食子，后被自己的儿子宙斯推翻囚禁）。天空媒介的周期性时间涉及恒星、行星和卫星周期性的运行，会产生历法，历法本身组织着生活，让人获得终极意义。中国的"节气"就是周期性的时间。过去，人们的时间按照节气与历法来运行，根据这个过节。中国人过去讲岁时，从南北朝《荆楚岁时记》起到清朝一直有不同的岁时记问世，记录不同时间应该做的事情。中国人隔一段时间就要过节，每个节都讲究仪式，让日常生活充满意义，所以中国人容易理解历法。周朝之前，获取了政权的统治者都要改历法，历法混乱，正月所在的月份随时在改变——这是权力的象征。

人的生物体本身也有它的节律与生物钟。这里涉及技术对人的影响，比如电灯对睡眠的影响。没有电灯的时代，人们跟着太阳活动，现在电灯把黑夜照亮，人们也可以在黑夜活动了，很多失眠的人就是受此影响。过去最早都是贵族才有钱点蜡烛照明，比如吸血鬼最早讲的是"公爵"，首先他得是个贵族，才有钱在晚上出来活动，没钱的穷人晚上是没法出来活动的，只能在家睡觉。另外，彼得斯谈到天空提供给我们的定位功能。过去人们通过星星定位，现在我们也通过天空定位，即通过人造卫星的定位技术。

第二种时间概念是具有变动性的时机（Kairos，同时是时机之神或幸运之神的名字，宙斯最年幼的儿子）。典型的例子有钟表计时工具，比如金属钟、表、沙漏、香。为什么钟表一圈只有 12 个小时而非 24 个小时？钟表就是在模仿日晷，因为白天只有 12 个小时能看到天光，所以日晷只标出 12 个小时，把天空变化变成我们可以识别的平面。钟表的表盘沿用了这一做法。

本书还提及标准时间体系作为基础设施媒介或后勤媒介的重要性。平时可能感觉不到这一点，在地球上，统一是非常重要的事情。有了标准时间，人类的有些行动才能够成为可能。比如，计算机要靠标准时间来调整，通过计算会话发出时间请求、发出时间和返回时间等。而在宇宙层面进行交流时，标准时间也非常重要。

塔楼也是天空媒介。塔楼既包括钟楼，也包括现在的电视信号塔。福柯说的"全景监狱"，中间的建筑也是塔楼结构。塔楼最早也用于传播声音，比如伊斯兰教会每天五次在高塔上呼唤信众祷告。塔本身是杠杆，只要增高一米，就能看得更远，所以塔本身有监视功能，投入很小，能获得很大的监视范围，但是反过来，塔楼也容易被反监视。

彼得斯还提到了天气。他专门在耶鲁大学开课讲授天气。因为不断变化，人类当然要管理天气。马克·吐温说，人人都在谈论天气，但是没有一个人能对它有所作为。彼得斯讲到天气的诞生和人类的活动技术有关系。没有人类的技术，就不可能有天气这回事。因为天气不能只在一个地方被测量，测量肯定要联网，首先要有人类的信息网络，才会诞生天气，天气是近代才诞生的。彼得斯有一段提及海德格尔与天气的关系。海德格尔在一战时当了短时间的气象兵，天天看天气，观察变化，这种短暂的、充满变化的时间观念对海德格尔的哲学观念、时间观念有影响。

第六章 "脸"与"书"（铭刻型媒介）

第六章的主题是铭刻型媒介。彼得斯讲到两个事物。

一是人的身体。彼得斯举了"Facebook"的例子。"Face"和"Book"都是两个特别重要的媒介。人的身体变化不是自然发展的过程，而是技术发展的过程，没有技术就没有人。这个观点由勒鲁瓦—古尔汉提出，斯蒂格勒在《技术与时间》里大量引用。卢梭"开始使用技术，人就堕落了"的观点是错误的。并不存在没有技术的纯真年代，没有技术就没有人。人的身体亦如此，比如原始人面庞突出，牙占了很大空间，当人们使用火加工食物，牙就不用那么尖利，可以变短一点，脸就可以往平面发展，头脑后面的容积就大了，大脑就发育起来，人变得更聪明。再比如手，直立行走解放了手，手就可以用来使用工具。再比如嘴，用手加工食物，嘴就没有那么大的负担。他还提到身体的共在，以及现在的肉身和新媒体的关系。人和人之间的共情建立在人和人之间模仿的基础上。模仿本身就有道德关怀。人能够模仿他人、想象他人，这本身是有道德性的，身体的学习即身体的共振。这就是孟子"人皆有恻隐之心"观点背后的原理，道德关怀是基于一个身体对另一个身体的感知和想象。

二是书写和国家权力的关系。书写是依赖物质的，既依赖工具，同时也依赖身体，人的身体影响着书写。他谈到克莱默尔的操作性书写，是一次性的、目的性很强的暂时性过程（比如账本、货物清单、在草稿纸上的运算、选举时画的"正"字）。书写和视觉、听觉存在关系。不管人的书写怎样被记录，我们都不能记录时间。记录性媒介和传输性媒介，前者偏时间，后者偏空间，但当这两种媒介落在宇宙层面时，就合二为一了。彼得斯谈到了野兔原则和刺猬原则。刺猬和野兔比赛，野兔当然跑得很快，但是野兔比不过刺猬，因为它发现刺猬的狡猾——刺猬是对双胞胎，一只在起点、一只在终点，所以野兔怎么跑都跑不过刺猬。所以，人们通过两个原则——一是通过速度、传输获得同步，二是通过远距离感应，包括时间轴和空间轴的操作（刺猬代表空间轴的操作，我们同时在做一件事情）。所以他说，这是两种非常重要的媒介。

第七章 上帝和谷歌

第七章和前文的鲸鱼一样，也是思想实验。上帝和人有什么不一样？上帝是否使用媒介？这一章是用上帝的特征来对比人。

本章谈到宇宙之书或生命之书。从古到今，人们都有一个强烈的愿望：期待有一本书可以把人类的所有信息全部记录下来，人们想要什么都能够获得。博尔赫斯在小说《巴别图书馆》（1944年）里想象"天堂就是图书馆的样子"。不光是小清新、小资们把图书馆修得很漂亮，现在全球各地都修建了漂亮的图书馆建筑。但是它不实用，只是图书摆放方式好看而已。彼得斯讲的不是审美，而是说图书馆无所不包，信息无限丰富。这是人类的梦想。今天，谷歌帮助人们实现梦想，所以谷歌本身扮演了上帝全知全能的角色。但是作为上帝，如何管理这些知识？

人们想象中的上帝有两种。一种是无所不包，上帝全知全能。世界上任何人说的任何一句话、心里想的任何事，上帝都知道。另一种是谷歌式的，当人有需求时上帝再解决，上帝不需要知道每件事情，只需要知道重要事情就行了。今天谷歌就是这样。谷歌未必知道网络上所有的事情，它是在模仿学术界。

学术界有两种人，一种人每天把所有杂志出版的文章都列出来。还有一种人不着急，如果一篇文章重要，总会有人告诉你，总有一些人发挥着谷歌的作用、爬虫的功能。他对信息特别敏感，会把好东西过滤给你。学术界就是谁有名、谁的东西好，大家就引用谁的内容。谷歌的逻辑也是这样，它并不关心所有东西，而是模仿了学界的引用规则，将其数据化、算法化，通过链接来判断网页的重要性。标签本身很重要，一个人被标签才存在，没被标签就不存在，谁也不知道这个人在干什么。所以，很重要的是网络连接，谷歌复兴了生命之树的古老美梦和噩梦。

书中还认为，数学本身跟神学有关系。因为数学展示了完美又可怕的世界，这个世界一定是有规律、有联系的。规律和联系只有上帝才能知道，人看到的都是杂乱无章的表象，但在上帝看来，一切都是必然的，有背后的规律。所以彼得斯要把谷歌和上帝联系在一起。

彼得斯继续谈到了更复杂的问题。19世纪的神人、超前于时代的计算机发明者巴贝奇谈到，人的言语和行为都会在地球上留下永久痕迹。人说话的声音引起空气的振动，会不断传播，声音只会衰减，但不会消失。光打在身上，反射出去，也会被无限传播，但不会消失。任何人说的任何一句话、干的任何事情，都像照片一样留下来，被传得很远。当某一天我们能追上光速，就能看到过去。所以，在宇宙层面，各种知识就变得非常复杂。

在宇宙层面，恒星数量是无限的。如果每颗恒星都发出光，我们看到的晚上就不应是黑的，应该和白天一样，一片光明。这就是奥尔博斯的悖论。但夜晚是黑的，证明有些恒星的光还没到地球，宇宙还很年轻。大爆炸时发出的光还没到地球，所以很多空隙里是黑暗的。在宇宙层面，时间和空间是不断合一的，媒介和讯息是合一的。相对论本身也是传播理论，是关于宇宙和自身交流困难的理论，其中的核心就是时间。

本章最后讲到，神学也是媒介理论，我们通过神来思考人，看到人的局限。通过比人低级的鲸鱼和比人高级的神这两个对象，我们可以看到人是什么、技术和人的关系是什么。

（二）全书理论逻辑

本部分谈论全书的思维方式。

1. 一个后学科理论的提出

本书重新定义了媒介理论。彼得斯称其为"后学科"或"超学科"。所谓后学科，指学科不再像传统学科那样有固定研究对象、固定方法、固定范围，它变成了看待世界的视角，不局限在某一类研究对象上。从这个视角，可以看任何东西。媒介理论就是这样的，通过媒介理论可以看到所有事物都是媒介。所以读者会看到本书中一切都是媒介、一切理论都是媒介理论。

如此就能理解，为什么彼得斯的媒介理论和传统的社会学、心理学、政治学等学科理解的媒介研究和传播研究不同。本书几乎没有提到这些学科的学者，传播学者只提到了卡茨等人。彼得斯定位《奇云》是媒介哲学的序曲，称是时候提出媒介哲学了。同时，他在结论里称，媒介理论的目标是成为哲学、人类学。和媒介理论相关的学科是人类学、动物学、哲学、神学、博物学。他说到所谓的六重宇宙（神祇、凡人、动物、天空、地球、海洋）是媒介学要讨论的对象，希望凸显这个学科的重要性。

从动物、神和技术的关系来反观人，彼得斯仍将人放在核心位置。彼得斯提及人文学科对意义的长期垄断，这种学科需要纳入科学技术、工程和数学等 STEM 学科，这样媒介研究的理论资源会极度丰富，涵盖范围扩大。当然，普通人不一定能够驾驭，彼得斯个人试图挑战。本书所展示出的视野和关注范围令人惊叹，能否后继有人，值得关注。

2. 反思媒介观

彼得斯呼吁回归媒介最初的含义与功能，比如定位、导航、记录、数据管理、监控、连接、规则维护等功能，而非关注信息意义的传递。这是本书的最大贡献，让人们能够重新反思媒介观。

本书受到媒介考古的影响。彼得斯反对线性媒介观。人们由于身处大众媒介时代，总认为传播就是大众媒介的事，总使用大众媒介的方式来思考媒介。彼得斯认为这是狭隘的错误观点，大众媒介只是个例外。今天新媒介让人们回到了媒介最古老的传统上。

人们还总使用语言思考非语言传播，这也是错的，因为非语言传播比语言早得多、根本得多。沃尔特·翁谈论口语文化、语言文化时提及，今天用语言来思考语言发明以前的原生的非口语文化，就像用汽车思考马车一样，如果一个人没有见过马车只见过汽车，从汽车是想象不出马车的。今天人们讨论媒介问题也是这样，脑中有刻板印象。本书的价值在于打破刻板印象，解放想象力。

彼得斯的重要观点是，媒介不仅仅是关于这个世界的，它就是这个世界本身的一部分。他从海德格尔、从存在的意义上来理解这个世界，提出媒介即存有，并提到三个概念：元素媒介、基础设施媒介、后勤媒介。彼得斯一直反对媒介的意义传播功能。人们打电话不是为了说话，只是为了确认对方的存在。今天人们使用社交媒介随时在线、分享，在某种意义上来讲不一定是在传递信息，而是刷存在感，即在展示"存有"。

元素媒介指海洋、天空、火等。自然环境是有意义的，但是这个意义不是原来讲的人类的符号意义。所以李白讲"天不言而四时行，地不语而百物生"，自然的意义不是人所谈的以人为中心，而有其自身的逻辑。另一种逻辑是存有，存有本身可能比以人为中心的意义更重要。

基础设施媒介是具有力量放大功能的大型系统，能够跨越巨大的时间和空间，将人和机构联系起来。基础设施结构庞大，人和它打交道的界面很小，比如互联网终端很小，背后却有庞大的基础设施。基础设施有软硬之分：硬基础设施就是水、电、光、光缆等，软基础设施包括软件、协议、规则、语言等。软基础设施可能比硬基础设施的存在时间更长，房子、建筑不如思想和文化留存的时间长。基础设施的特征是其叠加累积的混合物，后一代人不是将前一代人全部否定，而是不断累积，其最重要的特点就是枯燥、无趣、低调，所以人们会忽略基础设施，把它变成背景，往往忽略了日常生活中最平淡无奇的事物也是媒介。本书就是将自然媒介、基础设施从后台推到前台。

基础设施媒介在某种意义上也是后勤型媒介，即它对各种基本条件和单元进行排序，有组织、校对、连接、协调、整合、勾连等作用。后勤是个战争术语，后勤型媒介也容易被忽略，因为人们关注的都是战场上的厮杀，容易忽略最重要的后勤。真正的军事家能意识到谁更重要。汉高祖论功行赏时，功劳最大的是做后勤和基础设施的萧何、张良，他们具有组织和连接的功能，故功劳大于韩信。二战诺曼底登陆对今天的影响大，还是对在后方研究数学与计算机问题的图灵和维纳等人的影响大？如何射炮弹、解密码看上去都不如打仗本身重要，但是对人类影响更大的是负责后勤的人，他们改变了今天的世界。虽然战争导致的伤亡人数巨大，导致在当时看来战争的影响似乎很大，但随着时间越来越久远，它对历史的影响反而越来越小。

彼得斯的研究方法叫基础设施倒置：突然撤除基础设施或基础设施出现问题，观察这时会出现什么状况。海德格尔也谈论上手，当技术出现障碍，才会意识到它的重要性。

3. 海德格尔的影响

本书里，对海德格尔的提及率仅次于基特勒，但其影响还没有被直接提及，彼得斯的思维方法都深受海德格尔的影响。彼得斯特别推崇海德格尔，但他提海德格尔时，态度很微妙。一方面对他的政治立场进行否定（海德格尔曾与纳粹合作），另一方面彼得斯也不掩饰对海德格尔的喜爱。

海德格尔对媒介研究的影响是微妙的。就哲学上讲，海德格尔对媒介理论的影响不是直接性的。他对通常定义的传播本身或媒介基本不予讨论，没有对中介性给予特别关注，理论的神秘主义色彩较浓，许多概念直接避开中介过程，比如上手性。梅洛－庞蒂说，手即身体，身体要作为媒介。海德格尔"直接上手"，打通物和人之间的关系。在海德格尔看来，重要的是人和人之间的共在关系，讲话没有太大意义，因为说话之前就已存在的事物比直接传播更重要。日常的大部分交流都是无用的闲言，让人更加沉沦，远离本真性。

但海德格尔在晚期讨论了和媒介相关的诸多事物，包括语言、艺术、技术，但没有明确使用媒介这一概念，未将它们作为媒介来讨论。不过，海德格尔讨论这些事物时蕴含了今日媒介理论的内容，比如语言如何连接、艺术如何连接大地、技术如何把社会变成存有，这些已经包括了媒介。

另外，海德格尔的《存在与时间》开始对"什么是存在"重新进行界定，并关注生存论，这对本书也产生了较大影响。所以译者邓建国把副标题改了：本书英文副标题叫"朝向元素媒介"（*Toward a Philosophy of Elemental Media*），他改成了"媒介即存有"。本书时时刻刻显示出海德格尔的影响。

4. 欧美理论的桥梁

本书包含大量欧洲理论。彼得斯几次提到自己受基特勒的影响，有次访谈中彼得斯称自己是欧洲理论和美国理论之间的桥梁。媒介环境学的理论（包括麦克卢汉的观点）较为简单，更多是实用主义的案例解释。本书是两种特点结合在一起，结合了德国理论和美国清单式的学术风格。本书提及大量欧洲学者，像海德格尔、基特勒、勒鲁瓦－古尔汉、斯蒂格勒、埃利亚斯、阿伦特、拉图尔、克莱默尔等，引用率很高。北美学者里芒福德、英尼斯、麦克卢汉、凯瑞等被引用较多。书中虽然也多次引用麦克卢汉，但引用的是经过德国学者重新阐释之后的麦克卢汉观点。

彼得斯说，关于"德国媒介理论"，德国、媒介、理论三个词都是错的。第一，不是只有德国学者创造或只适用于德国。第二，它不是关于媒介的，它讨论文化技艺或其他东西。第三，它不是个理论，像媒介考古，说它是艺术也好，历史也好，反正不是传统意义上的理论。本书也贯彻了这样的宗旨。

5. 自然媒介抑或人造媒介?

有书评批评，本书声称谈论的是自然媒介，但一大半是人造媒介，和自然媒介没关系。确实是这样，本书大部分的内容还是讲人类文化，更像文化史。但书评作者没读透本书。本书明确反对的事情就是把自然和文化截然分开，认为媒介是自然和文化的拼接，身体是身体和技术的组合。这里有受德国文化技艺影响的痕迹，也有受海德格尔理论影响的痕迹，所以本书一直说，不存在纯粹的自然媒介，纯粹的自然媒介是存在于人类之外的。身体是最典型的例子，没有技术就没有人。人的境况是自然和文化递归循环的产物，所以我们面对的是境况的境况、条件的条件，所以人造物就是自然，《奇云》把整个关系反过来，人已经成为生活环境中的一部分，和自然环境是完全一样的。另外，我们只有通过人造物才能知晓和操纵自然，只有一种媒介才能揭示另外一种媒介。麦克卢汉也讲过，一种媒介是另一种媒介的内容。所以，人类的工具性才能揭示其自然性，天气是个自然现象，我们对天气关注是因为我们有信息网络、有天气预报的网络，尤其是计算机技术，否则没有天气这个概念，也不会有天气预报。这是自然媒介。所以，本书里自然媒介不限于自然环境，这里有的是人造物、有的是自然，两者之间是杂糅的，不能完全把两者分开，比如历法。人类学以人为中心，但显然本书在这个问题上的观点是暧昧的，对人工物和自然物划分不清晰。到底是不是以人为中心? 有时是以人为中心，有时不是。每个人看到的答案不同。

6. 本书的研究方法

媒介哲学和传统意义上的哲学或德国哲学不是一回事，我称之为媒介诗学。本书中英尼斯、本雅明、芒福德的影响无处不在。彼得斯特别喜欢清单; 本书就是清单式书写。清单就不是传统哲学的写法，尤其是从第二章开始到后面的细节，能看到彼得斯受福柯、基特勒的影响，历史和哲学勾连在一起了，细节本身就是有意义的。有中国学者认为，本书内容浅显，不够深刻，不是传统的哲学路数。但是哲学也有不同写法。"浅"可能产生另一种"深"，这种"深"和原来体系化的"深"不是一回事。思想实验本身是有理论的想象力的，比如本雅明的《拱廊街计划》（*The Arcades Projects*）、帕慕克的《纯真博物馆》。一堆貌似不相关的事物放在一起的时候，会产生新事物，会重新激发人的想象力，从启发性的角度讲，比传统体系化的清晰定义、提出具体概念可能更有力、更有意义。比如可以重新思考身体、时间的媒介、时间的关系。彼得斯的角度未必是一些学者所批评的"浅"。好处是，它变成了可写的文本，有很多细节，后继者可以重新组合，重组本身会产生新意。这和德勒兹后来讲的根茎的连接、自由的扩散有相似之处。

（三）概念分述

1. 身体

本书和《对空言说》所说的身体是不一样的。《对空言说》中主要讨论存在如何突破交流的障碍，身体在场可以帮助我们突破交流的障碍。身体本身不可复制，人们通过手拉手、通过身体的连接获得交流的意义，实现柏拉图讲的爱的境界。《奇云》中，身体变成了基础设施，有后人类主义或拉图尔的意味，身体和物、人和非人没有太大区别。彼得斯关注身体的物质性，而不是纯粹的感觉。反过来讲，心灵具有彻底的具身性，比如用人和鲸鱼的对比能看到。这是一种后人类主义的身体观。彼得斯不属于激进后人类主义者。

动物的身体是不是没有技术？在一些纪录片里，鲸鱼、海豚在适应人的行为，经常和人配合抓鱼，在这个意义上，动物身体未必没有被技术化、未必没有基础设施。还有人的身体和天空媒介的关系，就是世界态的身体节律的问题。

2. 媒介化时空

时间有不同定义，有时指传统的时间。媒介对时间的管理包括标准时间、共时感。"现在"（now）是一个现代概念。人的会话就依赖"现在"。彼得斯还谈到了中国的时间、历法的时间。

现在学者们都在谈加速社会。哈特穆特·罗萨（Hartmut Rosa）提出"加速社会"，媒介传播、信息传播速度和交通运输的加快，使得整个社会在加速。韩炳哲在《时间的味道》中提出，加快不是纯粹的节奏、频率的加快，而是方向感的丧失。韩炳哲提到中国人用香，把时间理解为芳香、有意义的世界。中国人对香的追求，比如印香，就是把固体的香做成不同形状。这是一套很复杂的技术，点香，在盘里烧，烧完留下文字、漂亮的花纹，焚香是带有意义的，是一种不同的时间节律。顺便说一句，中国关于香有许多记录，宋朝人写《香谱》《陈氏香谱》，明朝周嘉胄写《香乘》，今人扬之水也写《香识》。这是中国人创造出来的很独特的事物。

3. 媒介性别

媒介技术本身有性别，本书谈到男性媒介的统治。博尔兰德提出质疑，男性为什么喜欢研究奇怪的东西？为什么不去研究猫？男性喜欢怪异的东西，不喜欢像猫这样普通的东西。在某种意义上，自然更像是芒福德说的容器型媒介，如同女性，容器一般地孕育人类，自然不容易被发现，因为藏起来的容器型媒介本身就是偏女性化的，这一媒介往往被忽略。

我想到中国的《易经》中讲君子，坤卦称"地势坤，君子以厚德载物"，"载物"就是容器的功能，中国的容器型媒介是两性的。彼得斯讲到塔楼，说塔楼具有男性气质和女性气质的融合，即观看和被凝视。塔楼本身代表着性别观念。以谷歌的广告作为由头，彼得斯称谷歌代表男性掌握知识的传统，但是谷歌又要追求女性的自我生产，即像孕育胎儿那样孕育概念，实现永久性保存（妒忌歌德所说的"永恒的女性"）。

4. 中间之国

《奇云》这本书有不少地方提到中国。比如它提出，中国的"中"就是媒介，因为媒介就是"居中"（medium）。有学者说这是误读，中国不是"中间之国"，中国讲的是"中庸"。

此处举几个书中比较有意思的中国案例。西方是大海的传统，而中国是水利的传统——这其实是汉学家魏特夫 20 世纪初提出的观点。《奇云》里还讲到秦始皇，秦始皇是中国最重要的基础设施专家，度量衡、驰道、制度等就是软基础设施。

书中还谈到中国的阴历、香、中国画。中国人画云时和西方不一样。西方的云是在山上、天上的白云，中国的云不是在山顶，而在山腰，在山和海之间，能实现很好的融合。

书里讲到基础设施，基础设施型媒介是不可见的。但是中国对"中间"是敏感的。比如我认为中国书法特别重视对中介的研究。中国文人对笔墨技术的讨论，对书法本身的线条和形象的欣赏，都超出了其他文化（伊斯兰文化也比较注重书法，但理由不同）。书法其实记录的是身体的姿态与动作，是静态的视频录像。

和中国人不同，西方人最近才开始注意"空"。中国对"空"的事物很早就注意到了，"空"本身就是基础设施。中国的媒介观和西方的媒介观是不一样的。

彼得斯在书中没有提到，但是我们还可以看到，中国的修辞和感知结构与中介紧密相连。中国人谈论事物时，不是直接去谈论的，一定要通过中介。《诗经》中，人看到了关雎，然后才会想淑女。一切事物都不可能是独立的，要通过中介，包括人们熟悉的"顶针修辞"。《大学》说正心、诚意、齐家、治国、平天下，前者是后者的媒介、中介、条件。中国的修辞背后就是感知结构。我们强调中介，尤其是基础设施，身体观也没有进行主客二分，而是"子非鱼安之鱼之乐"。

在今天的中国，尤其是政治文化里，基础设施并不是隐藏的，而是凸显的，这对彼得斯的理论也构成了挑战。人类学家布莱恩·拉金（Brain Lakin）谈到基础设施的"殖民崇高"，说基础设施本身扮演着权力的崇高感。中国的技术成为我们引为自豪的事。国人出境就要观察国外有没有手机支付、快递、网购。我们对技术的崇拜感觉里，技术扮演着社会制度或权力的崇高角色。在中国的今天，我们对基础设施非常注重，有意把基础设施修得特别庞大，彼得斯也讲到，它是权力的炫耀。现在谈5G、手机速度快，这成为社会制度优越或文化民族主义的象征。在中国有很多基础设施如彼得斯所说，被隐藏起来不可见，但也有些基础设施的存在非常显眼。

5. 后人类主义媒介观

一方面，从表面上来看，《奇云》是非常后人类主义的。它没有以人为中心，至少在努力去除人的中心地位，认为在没有人时云仍然有意义。我们希望去定义云，但是云并不需要我们的定义，人类没有了，它们还在，它们有自己的意义。彼得斯把人的身体和鲸鱼的身体放在一起，作为平等的对象来进行比较，所以他并不是把人作为不可撼动的唯一，包括技术本身会产生人性，所以人本身就是人造物。

另一方面，彼得斯还是人文主义者，所以他关注人和技术的关系。他依然受海德格尔的影响，对此在的存有充满关怀，一直在关心人类，最后还是回到人。

6. 回到书名

本书的主书名为什么叫"奇云"？和媒介有什么关系？这是每个人看本书时都有的疑问。

"奇云"出自波德莱尔的一首诗，《巴黎的忧郁》中的第一首诗《陌生人》。

——我既没有父亲、母亲，也没有姐妹、兄弟。

——你的朋友们？

——您用的这个字眼至今我仍不知其意思。

——你的祖国？

——我不知她在何方。

——美？

——我非常愿意喜欢，如果它像一个永恒的女神。

——黄金？

——我厌恶它如同你厌恶神。

——啊，那你到底喜欢什么呢，奇特的陌生人？

——我喜欢云……飘过的浮云……那边……远方……那些令人赞叹的云！

这首诗前面提到的都是对人有意义的事物。但《奇云》中认为，云是没有意义的。没有意义的东西反而蕴含着更大的意义。

没有纯粹的自然，主要在于人如何赋予它意义。海德格尔的一句话挺有意思，人造物

115

和自然如何融合？如果画家没有把云画得那么好，我可能不会如此喜欢自然的云。彼得斯提到透视。近代的透视法不知如何画云，因为云没有固定形状。波德莱尔说，云是蒸汽的雕塑，没法找到它的形状。但中国人能很好地把握云，因为中国人的禅意、虚无缥缈、模糊性，很容易容纳云。彼得斯提到，特纳、莫奈画火车站那种水蒸气和铁路烟雾混合在一起的云，很难说它是人造物还是自然的。

在本书中，读者会看到，人赋予了云如此多的意义：云是人类家园的标志，我们有大气层，才有可能让我们生活的地球；判断天气要观察云，要看卫星云图，超人类视角的云；全球数据交换才有了天气的观念；人类当然也在改变着云，我们在污染环境，使雾霾产生；还有云存储、云计算；云也是神圣的，腾云驾雾的神生活在云端；云也是危险的，地球变暖会影响它。

云本身包含着丰富的含义，尽管我们希望了解它、把握它，但云就是云，云存在的意义不需要主体。没有人类，云仍有其存在的意义。媒介也是如此，媒介就是媒介，人也很难把握媒介，我们只能想象，像云一样放飞想象，像彼得斯一样放飞想象。

三、讨论与问答环节

吴璟薇：从上一季读书会到今天，我们一直都在探讨经典话题：媒介学是什么？它的边界是什么？刘老师所分享的对《奇云》的思考带来启发性的讨论话题。媒介学让原来相对枯燥的研究变得更加有意义、有意思，让当年被认为"不学无术"的兴趣爱好变成了今天重要的研究对象，比如香和时间测量、地理测量、定位导航、网页研究和中国的绘画、书法、艺术、古琴等相关话题。期待读者们进一步拓展媒介学的研究领域。

张磊：彼得斯的每个观点都有无穷启发性。彼得斯谈到基础设施，但可能忽略了基础设施中的人类学研究，可以沿着这一方向做更多延展。再比如他谈到动物的研究，可以和哈拉维的思想相勾连。彼得斯谈到的媒介与时间、技术、时间工具，和海德格尔的时间性研究有很多勾连。这些关联值得展开探究。

吴璟薇：请北京大学吴靖老师介绍对彼得斯及其作品的理解。

吴靖：彼得斯是我读博士时的老师。他基本是"谷歌式的存在"，各种知识信手拈来，人赠外号"百科全书"。当代存储技术无所不包，人们根本无法将这个社会与时代的知识都吸收消化，需要基础设施式媒介或元素性媒介，来做索引、关键词、编码、算法、推送。总之还是要组织时空，组织回音壁、教育体系、传输渠道。

彼得斯的媒介理论到底是什么？他是偏批判性的媒介理论家，但思想来源驳杂。本书的文献来源除上述介绍的之外，还包括两种。一是法兰克福学派。彼得斯引用的人包括克拉考尔、海德格尔、阿伦特等，都是和法兰克福学派联系在一起之后形成体系的。二是美国实用主义哲学。这也能解释他和芒福德的相似性。美国实用主义哲学既不是欧陆批判理论，也带有人文主义，又是一套科学哲学、历史哲学、文化哲学。

但是彼得斯反对19世纪以来占主导的现代性、实证主义和科学主义，延伸到社会层面的高度是现代主义霸权、帝国主义、殖民主义制度、资本主义制度的一整套体系。彼得斯是融合两个系统的实用主义者，实用主义哲学和马克思主义看似无关，但它们是结合在一起的，尤其是法兰克福学派的马克思主义属于处于边缘的德国，虽然思想发达，但是德国在现代体系中属于后发国家，受此影响，德国产生了丰富的哲学思辨、反现代主义的思想，其文化史、媒介史、技术物质主义都是从批判主流的角度展开的。

彼得斯是主流美国人，出身于书香门第，祖父和父母都是自然科学家。他不是接受马克思主义理论等激进思想的学者，他的批判性到底来自哪儿？个人观点是来自摩门教。它处于基督教领域的边缘，在哲学传统、宗教信仰上、学术传统上有多重边缘性，可能构成了他的学术领域。如果从这样的角度理解本书，思路就清晰很多。

《奇云》讲到"technique"（技术）、动物、西方殖民所控制的土地与土著、火、鲸鱼等，充满了对现代科学体系和现代主义工具理性的批判。他说人类用鲸鱼的脂肪做燃料，在石油被发现之前已经这么做了。冷战时期的军事研发、当代军事科研都是仿生学的，又因为鲸鱼的智商接近人类，所以人类对它们进行了残酷的实验。雷达仿生学利用了动物，如飞机的形状是模仿鸟的，潜水艇是模仿鱼做出来的，同时人类又把动物贬低为没有科学、活该作为人类科学的实验品，被人类科学和制度所利用。顺着这样的思路，可以再谈及原始民族、印第安等。他用这些内容对现代科学技术背后的权力关系做了历史化、覆盖人类文明的强烈批判。

彼得斯乐于用中国案例体现多元文化。前些年他来中国参观的成果充分体现在本书上。《对空言说》体现了他构建的基本的学术和知识体系，在西方文明的框架下写作，对中国文明一知半解，但他巧妙地用自己的理解在西方现代性的框架下，借用了与西方现代性不一致的另类思考方式，在《对空言说》里，他把孔夫子、柏拉图、耶稣并列在一起，认为这三个人都是反现代性的，在现代占主导地位、霸权地位的西方理性里被边缘化。孔夫子述而不著，柏拉图强调对话，反对印刷和文字。《对空言说》的中心思想就是强调撒播，不屑于"效果"。现代传播学追求的、最关注的是效果和工具。

《奇云》也是彼得斯上述思想的持续体现，比如提到"science"（科学）系统化、高度理性化、高度组织化的各种控制和结构。他推崇的是本地知识，是外来者根本就理解不了的知识。鲸鱼有自己的传播方式，海豚有自己的情感世界，有自己的公共领域，人类根本无法理解它们。再比如，普通女性劳动者所拥有的、能把某件事情办好的技能可能远远超越奴隶主、白人男性科学家。后者具有的是一套看似完美的知识体系以及观念，但真正让世界运作的不是这种知识体系，而是动物、普通人，包括女性、少数民族等元素性媒介。

吴璟薇： 章戈浩老师正在阅读和《奇云》有关联的《吸血乌贼幽灵峭》[1]。请章老师分享思考。

章戈浩： 《对空言说》极少提弗卢瑟，但《奇云》一开始就提到弗卢瑟，我感兴趣的也是这一块。弗卢瑟的《吸血乌贼》一书很有意思，也影响了彼得斯，使他发现了一些过去没有发现的重要理论，和一些独特的、值得深入的视角。

很多学者受到彼得斯的启发，继续拓展媒介。过去谈媒介更多谈到媒介传递信息，受到彼得斯的影响后，有德国学者提出除了传递信息之外，媒介是否可以传递物质的东西，过去媒介理论较少讨论传递物质的载体或交通，而一些事物在物质转变过程中也参与其中，从某种意义上物质会涵盖某些象征或意义。再比如，彼得斯受斯蒂格勒的影响，用元素媒介的视角看空气，云是空气形成的，有学者重新用这个概念看空气。刚才谈到彼得斯很喜欢列清单。今年年初媒介考古学丛书推出了一本《清单文化》，我们都可以放在一起思考。刘海龙老师将彼得斯的学说称作"媒介诗学"，我想称之为"媒介玄学"。

吴璟薇： 《奇云》引用了很多德国媒介学者的思想，包括基特勒、克莱默尔，但体现出来的思想和德国媒介哲学还是有一些区别的。请熟悉德国媒介哲学理论的袁程老师分享观点。

袁程： 《奇云》不是典型的传播学著作，也不是正儿八经的哲学写作，更接近于赫拉利的《人类简史》或《枪炮、病菌、钢铁》那种思想家的大历史写作，带着超级概念的宏大写作，一方面跨学科展开宏大叙事，另一方面难免动用一些哲学资源，无论概念还是解释方式。

媒介研究的边界在哪里？最近有一种倾向，从传统的实证传播学或经验科学解放出来后，传播学有扩大化倾向，甚至有点"媒介帝国主义"，现在的媒介转向类似语言哲学兴起之后的语言转向。媒介确实很重要，"媒介即环境"是很好的观点，但是我不敢肯定是否应该进入本体存在论。难道要把一切东西都称为媒介？万物皆媒？克莱默尔也有这一问题，她研究了天使、病毒，但还比较谦虚，只是挑了一些特殊领域，没有彼得斯那种男性哲学家的雄心勃勃，从古至今、上天入地将所有纳入媒介范畴。过去认为某物不是媒介，现在认为它是媒介，这样的做法比较有意思，但当说一切都是媒介的时候，反而没那么有意思。对于媒介基要主义，基特勒有一种还原的思路，什么都还原到媒介甚至媒介技术上。彼得斯、克莱默尔是一种扩展性的思路。

刘海龙： 之前大家受实证主义影响，以及以人类意义为中心来做研究，批判学派同样如此。彼得斯在结论说"意义的安息日"，说的就是这个意思。大家过去谈论媒介的焦点

---

[1] FLUSSER V., BECL.Vampyroteuthis Infernalis: A Treatise, with a Report[M]. Minneapolis: University of Uinnesota Press, 1988.

在意义上，媒介就是传递意义的载体。彼得斯的观点是，除了载体功能以外，媒介还有其他功能。本书带有探索性质，希望引入哲学，尤其是海德格尔这套存在主义哲学来理解媒介。原来的传统太强大了，要跳出循环。彼得斯有些矫枉过正。他使用的文献资源几乎是另起炉灶。吴靖老师说彼得斯是百科全书式的人物，难以后继有人。后人不再是印刷媒介时代的产物，不可能像彼得斯那样像杂食动物一样读书，广泛涉猎，有些听上去像玄学，甚至民科。

另外，"从媒介角度去思考问题"和"把问题认为是媒介的领地"是两回事。彼得斯用了"后学科"，即不是圈起来的学科，这就是我所说的"平台型学科"，万物皆媒，哪个学科都可以通过媒介的视角去看待自己关注的问题。基德勒的媒介本体论可能也是翻译的问题，如彼得斯所说，它是关于哲学的而不是关于媒介的讨论。克莱默尔也强调这一点。彼得斯借用德国媒介理论时也意识到这个问题，称德国、媒介、理论三个词都是误解。他要换一种眼光来看世界，传播学可以思考的问题更广泛，但并不是把一切事物都定义为媒介。在这个问题上，包括黄旦老师的导读、推荐序里也谈到，彼得斯给出了启发性概念，环境即媒介，但是另一方面这个无所不包的概念能解释什么呢？它确实很难作为具体的理论来解释什么，但提供了更大的想象空间。当然，当哲学的观念和具体的历史语境结合时，会有一些需要修正的地方。彼得斯谈到的基础设施是庞大的概念。他讲到很多基础设施的特点。在一些国家的语境中，基础设施作为制度或建设的光辉成果、作为崇高的权力，本身变成了凸显的事物。

很多媒介学者不接受本书。我一开始给读者们打了预防针，先不要着急否定它，先看看作者讲了什么有意思的内容，这些内容是帮助研究者们打开想象力的。

听众： 货币是否也可以作为媒介进行研究？

刘海龙： 彼得斯在谈基础设施、后勤媒介时都提到了货币。只不过学界已经对货币有过较多谈论，不是新鲜话题。彼得斯会挑更有挑战性的话题，很多话题是大家过去难以涉及的，尤其是自然科学。但货币也值得研究，需要金融学知识。读者可以从基础设施或后勤媒介的角度理解。

听众： 邓建国老师不建议初学者读《奇云》，您怎么看？

刘海龙： 初学者看彼得斯会有一些难度。对低年级同学来说，可能理解起来有点难，因为他的书始终是作为对现有体制的反思，你必须先了解他批判的那个强大的学术传统是什么，才能更深地理解他的价值。他的观点一直是边缘的，在美国也不是主流。他的批判性也没有吴靖理解得那么强。他可能是有意不像左翼学者那样把背上的"刺"都立起来进行批判，我们在前面提到，他是非常实用主义的，反对从抽象概念入手，更倾向于搜集清单，搜集具体的经验，发现更多"冷知识"。他的批判是普通知识分子的批评，骨子里还是解释性的。所以他和芒福德、英尼斯更相似。比如他批评谷歌时，批评了几句后就说批评谷歌不是我的任务。他更希望从哲学层面批评，政治经济批评不是他的兴趣。他希望做更底层的批评，间接一些，但可能力度更大一些。

对入门读者来讲，得先知道他批判的是什么，否则直接阅读本书有点莫名其妙。不过从读得懂的地方读，有兴趣能读下去就可以。重点不在于它确立了什么，而是告诉了我们，另类的东西是存在的，这条路未必一定要像原来那样路径依赖，不走那条路一样是走得通的。传统的传播学一定是有价值的，在美国也好，中国也好，肯定是主流。但本书使研究者不再停留在嘴上讨论传播学如何反思和发展。彼得斯提供了鲜活案例，就是另起炉灶也一样可以精彩地思考媒介和传播。

听众：如何理解媒介和媒介物？

刘海龙：这个是一与多的问题。海德格尔说，存在物不等于存在。所以我理解有的学者为何提出"媒介不等于媒介物"，但这样把媒介说得很"玄"。传播学未必需要像媒介哲学那么"玄"。没有媒介物的话，媒介是什么？人们总要通过媒介来反思媒介物，通过媒介物来反思媒介。本书就是梳理媒介物的历史，像当年本雅明做"拱廊街计划"一样。当把清单无限扩大时，媒介物是什么自然就涌现出来了。研究者要记载时代的文化、记载一种氛围，何处可寻？当把档案全部纳入时，自然就感觉到了。帕慕克的《纯真博物馆》也是一样，放置4,000多个烟头在那里。刻意寻找情感或文化、历史是找不到的，但是将它们并置，要寻找的对象就涌现出来了。所以不要寻找纯粹的媒介。海德格尔也是这样，纯粹的存在是需要中介的，需要通过中介再去找，不能把它神秘化。没有媒介物，哪来的媒介？把媒介物放在一起的时候，共同的点就会慢慢浮现出来。这需要转换思维方式。清单式的思维本身是有价值的。

本书确实是暧昧模糊的，但期待一本书讲清楚什么是媒介，解决所有问题，改变人类并不现实。读毕本书能够引用它评价麦克卢汉的看法，获得很多灵感和启发，打开想象即可。每个作者都会有自己的偏好，这和每个人的个性、倾向有关系。彼得斯喜欢清单。他在访谈里定位自己是狐狸而非刺猬。狐狸涉猎广泛，能勾连起各种事物；刺猬则是看准一点就坚持打洞。评价学者要看到优点，不要随便否定。彼得斯是一家之言，没必要对他要求过于苛刻。读者们自己尝试进行类似研究，就会知道达到《奇云》的研究极为不易。

领读书籍：《递归与偶然》[1]（*Recursivity and Contingency*）[2]，作者：许煜（Yuk Hui）

　　内容简介：本书以递归和偶然为两个基本概念，以李约瑟为媒介，融合了现代和当代欧洲哲学以及中国思想，涉及控制论、数学、人工智能和非人主义，探讨自然与技术、机器与有机体、系统与自由的关系。从康德阐述的有机思维条件、自然哲学，到20世纪的有机主义和有机学，本书重建了一个思想轨道，并诘问算法偶然性、生态和算法灾难时代的哲学新条件（海德格尔称之为哲学的终结）。本书把递归的概念定位为从笛卡尔机械论到系统理论的过渡之核心，阐述了在这种自然终结、系统出现的认识论断裂中偶然性的必然性。它质疑绝对偶然性的概念，并提出一种宇宙技术多元主义。

图 8-1 《递归与偶然》封面

　　作者简介：许煜，在香港大学和伦敦金匠学院学习计算机工程和哲学，在法国著名哲学家贝尔纳·斯蒂格勒的指导下完成哲学博士论文；其后在德国吕讷堡大学取得哲学教授资格。曾任巴黎蓬皮杜中心创新研究所博士后研究员，柏林德国电信实验室客座科学家，并先后任教于金匠学院、吕讷堡大学、包豪斯大学、中国美术学院和香港城市大学等。他也是博古睿哲学与文化奖评委，哲学和技术研究网络发起人。所写的专著包括《论数码物的存在》《论中国的技术问题－宇宙技术初论》《递归与偶然》《艺术与宇宙技术》等，并已被翻译为十多种语言。

　　领读者：许煜（香港城市大学副教授）

　　主持人：张磊（中国传媒大学国家传播创新研究中心研究员）

---

[1] 许煜. 递归与偶然 [M]. 苏子滢，译. 上海：华东师范大学出版社，2020.

[2] YUK H. Recursivity and Contingency [M]. New York: Rowman & Littlefield International, 2019.

讲座时间：2021 年 3 月 28 日
文字稿整理与校对：高山

一、开场白

张磊：第一季读书会我们一起学习了许煜老师的《论数码物的存在》，很多听众反映该书内容艰深。今天很荣幸请到许煜老师亲自解读新书——由华东师范大学出版社出版的《递归与偶然》，这有助于我们深刻理解许煜老师的思想。下面把时间交给许煜老师。

二、领读环节

《递归与偶然》的出版过程：本书英文版写作于 2018 年，出版于 2019 年，简体中文版出版于 2020 年。此书的写作目的：重新梳理西方哲学史与技术的关系，为哲学思考定向。

（一）章节内容提要

下面简要介绍《递归与偶然》各章的内容。第一章、第二章讨论谢林的自然哲学和黑格尔的辩证法，特别是这两者和控制论之间的关系。第三章、第四章重新梳理柏格森、康吉莱姆（Georges Canguilhem）、西蒙东和斯蒂格勒（Bernard Stiegler）思想中的器官学（organology）概念。如康吉莱姆认为柏格森已经奠定了"一般器官学"（general organology）的基础，这一概念后来在西蒙东和斯蒂格勒思想中进一步演变。第五章则回到对哲学思考新条件的反思。

《递归与偶然》一书有多种解读路径。首先是重新思考西方哲学史，重新描述一种哲学思考的条件，这也是我们面对且不得不处理的条件。其次，本书意在重新呈现机器在今日的面貌和地位，特别是我们对机器有很多误解，如果这种误解还只停留在海德格尔的座架上，还局限于机械论和二元对立中，是很不充分的甚至是危险的理解。最后，本书试图打开有助于理解当前问题的窗口。我的所有著作里面，我从来都不假装会去提供一种答案，因为其实可能是没有答案的。本书是提出问题，而不是提供答案，后者也并非哲学家的使命，更重要的是打开思考的可能性和多样性。

下面讲述本书涉及的各条思想脉络。

（二）西方哲学的现代传统

先从西方哲学的现代传统讲起。从笛卡尔到斯宾诺莎再到莱布尼茨，一直到 20 世纪的哲学发展，这段历史可以被视为机械论（mechanism）和有机论（organicism）之间的辩论。

笛卡尔是典型的机械论主义者，其在认识论问题上，主张用机械原理来认识一切存在，包括植物与动物。其早期著作《第一哲学的沉思》（*Meditations on First Philosophy*）中的第二个沉思关乎自我的怀疑。笛卡尔举例说，我向窗外看去，看到穿过广场的人穿着大衣戴着帽子，我如何断定他们是人，而非一些戴着帽子穿着大衣的机器人呢？笛卡尔的怀疑间接地反映了一种将机械论和存在物相对等的认识论。笛卡尔时代的机械论假设了一种线性因果论。如17世纪的机械钟表，看似表针在不断循环，但实际上是线性的运动——一个环节、一个齿轮出问题就会影响整个机械。

笛卡尔之后，莱布尼茨、斯宾诺莎的思想中都蕴含了对机械论的批判。这一批判虽然早在17世纪剑桥的柏拉图主义学派中已经出现，然而对机械论的反思，最重要的而且最系统性的思想家是康德，其第三批判（《判断力批判》）奠定了哲学思考的有机化的条件。哲学思考的条件为哲学延续存在所依托的条件，或者可以说，17世纪哲学思考的条件是机械论，18世纪末开始哲学思考的条件是有机论。

康德在发展批判哲学之前（即在1781年出版的《纯粹理性批判》之前）便发问：动物身体究竟是如何可能的？显然它不能被简化为机械物或用机械论认知。康德第三批判则分为两部分——审美的批判和目的论的批判。审美的批判关注"什么是美""什么是崇高"；目的论的批判则讨论自然的目的、生物的目的。美与崇高何以得以和生物与自然并置？二者来自同一基础，即对机械论的反思。康德将生物和机械对立，就需要发展一种新的哲学方法，来思考生物/有机物的问题。美学批判和目的论批判的基础则建立在反思性判断（reflective judgment）之上。

反思性判断和康德第一批判的规定性判断（determinative judgment）大相径庭。规定性判断预设了一种普遍性，将普遍性加在特殊者之上；反之，反思性判断没有预设，而是以特殊者为出发点寻找普遍性——从特殊开始通过不断反思回到自身、寻求普遍的法则。规定性判断内在于机械论，而反思性判断自第二批判开始，在第三批判得以详细显现，故此第三批判是第一和第二批判的桥梁。反思性判断可以视为一种操作模态、一种逻辑，《递归与偶然》就是在处理反思的逻辑。康德的第三批判打开了哲学思考的有机条件。康德之后，费希特、谢林、黑格尔都涉猎了"有机"这一概念，并各自展开了论述，但关于有机讨论的出发点仍然是康德的第三批判——反思判断。

（三）20世纪中期的控制论思潮

20世纪初，生机论（Vitalism）、整体论（Holism）、有机论（Organicism）等反击机械论的观点开始盛行。如科技史专家李约瑟，早期是机械论主义者，后受到怀特海等人影响转向有机论。而纵观生机论、整体论、有机论三者的发展，都离不开社会、政治、经济情景，如19世纪工业化引发了多种社会问题，如环境污染、异化，西蒙东（Gilbert Simondon）认为，这种科技进步观导致了技术成为"强暴自然母亲的暴徒"这一形象。直到 20 世纪 40 年代，维纳出版《控制论》（Cybernetic）一书，控制论的出现才打开康德之后的哲学思考的新条件。

《递归与偶然》的第一句已说明，这本书是关于控制论的。控制论不是哲学各种思想或学派的其中一种，而是迫使哲学必须思考自身存在与行动的条件。只有清晰地思考控制论的哲学意义，才能理解我们今天面对的人工智能、机器学习等境况。对当下技术的批判不能仍局限于笛卡尔时代的机械论。

《控制论》第一章的标题是"牛顿时间和柏格森时间"。牛顿时间是可逆转的时间，是机械性、重复性的时间；柏格森时间是不可逆转的时间，是生物的、创造性的时间。维纳认为，可以发展出一种新的科学与技术理论，这种理论能打破机械论和生机论的对立。控制论机器仍是机械的，但可以模拟生物时间与行为。控制论机器不再应用一种线性的因果关系，而是非线性的因果——在康德的反思判断中，一种回到自身，不断地诘问自身的递归性。

维纳提出控制论的两个重要概念：反馈和信息。信息不是物质，也不是能量，有其本体的意义。这在不自觉中挑战了康德打开的哲学思考的有机条件。西蒙东在《控制论与认识论》一文中提出，只有到了《判断力批判》那里，康德才能处理控制论的问题。康德的第三批判预见了控制论的出现，但有机物和机械物仍是对立关系；到了维纳的控制论中，两者已不再对立。借此，我们才可以理解西蒙东在《论技术物的存在模式》（On the Mode of Existence of Technical Objects）中描述的今天见到的"机器正在成为有机的机器"的景象。

控制论打开了哲学思考的新条件，同时呼应海德格尔所言的"控制论标志着哲学的终结"。许多研究者谈及座架（gestell）时，将其简化为机械论或简单的计算，这其实误读了海德格尔。实际上海德格尔不仅已经注意到有机论的发展，而且仔细地研读了控制论。控制论在某种程度上满足了康德的哲学思考的有机条件，从而逼使哲学寻求自身发展的新的可能性。书的首页也引用了海德格尔的话："或许人们还需要相当长的时间才能认识到，有机体和有机的就体现为现代性对于生长的领域，即'自然'的机械-技术性（胜利）"。

据此，今天出现各种有机概念并非回到"自然"，而是体现了对自然的征服。像人工智能、机器学习，生物技术等，其哲学源头都是控制论。因此，我们需要重提作为哲学思考新条件的控制论。这样的新条件，不能建立在二元论的基础上，好比人与机器的分别、机械与有机的分别，最终则需要新的哲学思考来探究人与机器的问题。

三、问答环节

听众：基特勒说计算机发展的现实方向不是 cyborg，而是 software，有机是怎样一种有机？

许煜：基特勒的思想来自他钟爱的图灵机，但图灵机不能被简单地认为是一个计算工具。应该将图灵机视为一个递归机器。计算机语言角度下的递归可表示为 $f(x) = f(x-1)$

+a 这样的函数，也就是说每一次操作都回到自身，孵化自身。《递归与偶然》的第二章论述了哥德尔（Kurt Gödel）的一般递归函数，等价于图灵（Alan Turing）的通用机及邱奇（Alonzo Church）的 λ 演算 / λ 可定义函数。哥德尔创造性地用数学递归的方法解释所有的逻辑推理——将所有逻辑命题数字化并用递归的算法检验命题是否成立。

20 世纪 30 年代以来，贝塔郎菲（Karl Ludwig von Bertalanffy）提出了系统论，维纳提出控制论，哥德尔、图灵等在计算机领域提出递归性。我将这三者称为"机械有机论"，并以此来把握图灵机的意义，而这种看法和基特勒并不相同。基特勒生活的时期人们仍旧在硬件的浪漫主义之中。

听众：控制论有去身体的趋势，人的身体在未来还有价值吗？

许煜：身体自然是有价值的，但是如何思考身体所处的位置是更需要考虑的问题。利奥塔（Jean-Francois Lyotard）《非人》（*The Inhuman*）的第一章的标题就是"思想是否可以摆脱身体"。其中以一则寓言指出，科技想要处理的所有问题就是太阳爆炸，太阳爆炸会泯灭所有有机物，我们的身体也将无法存在。因此，科学技术发展的趋势是去身体化，将身体储存在非有机的硬件之中。

要回到人类身体与技术之间的关系思考，而非机器技术是否能够代替人类身体。法国学者安德烈·勒鲁瓦 - 古汉将工具、机器定义为"被组织的无机"。这说明在现代技术之前，人类将工具变成身体的一部分。但今天的技术机器已超越"被组织的无机"模态，进入了《递归与偶然》描述的"组织性的无机"，如各种技术系统、基础设施等。

听众：怎样看待人与技术的相处？

许煜：人的进化过程，即人化，也是技术的发明和使用过程。古猿需要用力敲打两块燧石产生火星，而这一使用的动作和姿势需要长时间的身体进化。这一姿势具有身体的记忆，即"身体的技术"。以此来看，人化的过程是人类身体姿势和技术协同进化的过程，身体与技术密不可分。

过去的两千年里，人的身体具有将工具转化为有机身体部分的能力，如工作室中的工匠利用身体调配不同的工具以完成工作。这也呼应了"被组织的无机"概念：人本身有自动化的过程，特别是对技术工具的使用。法国哲学家狄德罗（Denis Diderot）在所著的《演员的矛盾》（*Paradox of the Actor*）中谈到，好演员需要不断练习彩排，将自己的身体自动化，才能做出即兴的演出。这个例子有助于我们理解身体的容量、可能性及其与自动化的关系。

在狄德罗看来，身体必须自动化，但从 19 世纪开始，身体与自动化产生了断裂。这在一定程度上解释了马克思异化的观点，即技术不再能够纳进身体的有机性之中。西蒙东认为，工业时代技术物本身的自动化已经无法被身体有效地吸收或整合，人与机器之间新的关系被发明，引向了以控制论为基础的器官学——人和机器如何能再次成为一个有机体。在其浪漫的描述中，人与机器的关系应该像是管弦乐团中的指挥和乐手的关系，充满了双向反馈和信息流动。

听众：人与机器如何相处？

许煜：需关注如下概念：一是器官学，它抛弃了代替性的逻辑，机器不是代替而是我们新的器官。我们该思考如何让这些新器官服务而不是摧毁我们？二是书中提出的宇宙技术，可以开启不同的认识论，来理解人与机器的关系。

面对当下巨型互联网和平台资本主义，需要重思人和技术的关系，因为这样的关系超越了古人类学中工具与人之间的关系，也超越了马克思描述的机器与人之间的异化关系。

听众：控制论是否理解后人类的一种可能？

许煜：沿袭之前对于控制论机器兼顾机械性和有机物行为模仿的讨论，我们进入了凯瑟琳·海勒（Katherine Hayles）所说的后人类（post-human）时代。但是，我们需要思考后人类是否是一个用来形容当前时代的合适辞藻，因为人类中心主义也变得越来越强。

听众：介绍一下您的其他著作？

许煜：比如《论中国的技术问题》，需要发展一种新的方法论来处理中国的技术问题。对于技术现代化的理解，已经到了需要反思与逆转的时候，需要哲学新的思考的可能性。即讨论这些不同的技术思想，如何指引单一的技术发展新的方向与可能性。今天的技术加速仍旧聚合在技术奇点（singularity）上，暗含太阳爆炸这样末日论的色彩。但新的可能性将帮助我们不再聚合在一个点上，而是试图创造差异与分别。

我即将出版《艺术与宇宙技术》（*Art and Cosmotechnics*）一书。这本书探讨了看似无关的三个部分：古希腊悲剧、山水画、控制论。希望日后有机会可以继续讨论中国技术、宇宙技术的相关话题。

袁艳领读《媒介与传播地理学》

领读书籍:《媒介与传播地理学》[1]（*Geographies of Media and Communication*）[2]，作者: 保罗·亚当斯(Paul Adams)

内容简介: 本书从地理学的角度介绍媒体与传播学，系统地分析了地理与传播之间的关系。本书引导学生通过熟悉的传播学主题，深入探讨诸如"失聪地理学""传播的时空""地图作为不变的移动"等议题，发展了媒体与传播地理学的著名四象限图，将研究主题分为四部分: 空间中的媒介、媒介中的空间、地方中的媒介、媒介中的地方，展示了地理方法如何打开"传播"为人熟悉或不熟悉的方面进行研究。本书是第一次全面总结媒介与传播地理学的主要研究思想的著作，首次提出地理学的"传播转向"。

图9-1 《媒介与传播地理学》封面

作者简介: 保罗·亚当斯，美国得克萨斯大学奥斯汀分校地理与环境系教授和城市研究项目主任。2005 年创立美国地理学家协会的媒介与地理专业小组，现名"媒介与传播"（Media and Communication）。师从人文主义地理学创始人段义孚（Yi-Fu Tuan），于1990 年、1993 年获得威斯康星大学麦迪逊分校地理学硕士和博士学位。其著作包括《地方的纹理: 探索人文主义地理》（*Textures of Place: Exploring Humanist Geographies*，合编，2001)、《无限的自我: 物理和虚拟空间中的交流》（*The Boundless Self*: *Communication in Physical and Virtual Spaces*，2005) 和《大西洋回响: 美国总统选举的法国代表》（*Atlantic Reverberations: French Representations of an American Presidential Election*，2007)、《媒介与传播地理学》（*Geographies of Media and Communication*，2009)、《媒介地理学》(*The Ashgate Research Companion to Media Geography*，2014)、《传

---

[1] 亚当斯 . 媒介与传播地理学 [M]. 袁艳，译 . 北京: 中国传媒大学出版社，2020.

[2] ADAMS P. Geographies of Media and Communication [M]. New Jersey: Wiley−Blackwell, 2009.

播 / 媒介 / 地理》（Communication/Media/Geography，2017）。

领读者：袁艳（华中科技大学新闻与信息传播学院教授）

主持人：王金礼（福建师范大学传播学院教授）

讲座时间：2021 年 4 月 11 日

文字稿整理与校对：毛万熙

一、领读环节

（一）媒介地理学研究背景简介

亚当斯书籍的出版和被翻译的意义应放在时代背景下来理解。受益于大量学者的投入和与地理、位置相关的媒介进入日常生活，媒介地理学从不为人知到渐受关注，于近年形成研究热潮。从学术到日常生活层面，地理意识都在增强和复苏，这些现象与社会科学的"空间转向"、地理复兴形成耐人寻味的景观。

亚当斯的书于 2009 年已出版英文版，并非新书，也没有深奥理论。其最大贡献是穿针引线，用一个精妙的结构，对零散、碎片化的地理学各领域的与传播媒介相关的研究进行整合、分类、串联，进行集大成的工作。

由于亚当斯的理论来源是地理学，没有从传播学角度写作；加之其书是英文专著，大量表达无法用中文精确传达，穿针引线的工作未必能通过译者来完全实现。着眼于两个缝隙的存在，今天的领读目标有二：弥合地理学和传播学的理解空隙；弥合英语学界与中文表达之间的文化缝隙。

（二）保罗·亚当斯其人其书

保罗·亚当斯师从人文主义地理学创始人段义孚，于 1990 年、1993 年获得威斯康星大学麦迪逊分校地理学硕士和博士学位。自 2003 年起，他一直担任得州大学地理与环境学系城市研究项目主任。2005 年创立美国地理学家协会的媒介与地理专业小组，现名"媒介与传播"（Media and Communication）。

其重要专著有：《无边的自我》（*The Boundless Self*，2005）、《媒介与传播地理学》（*Geographies of Media and Communication*，2009）、《媒介地理学》（*The Ashgate Research Companion to Media Geography*，2014）、《传播 / 媒介 / 地理》（*Communication/Media/Geography*，2017）。在其代表作中，《媒介与传播地理学》是第一次全面总结媒介与传播地理学的主要研究思想的著作，将各种散落在传播学、城市研究、地理学的研究用一个框架串起来，首次提出了地理学的"传播转向"，指出了地理学发展的结构性趋势。《传播 / 媒介 / 地理》是目前地理学者、传播学者之间最深度合作的产物。

亚当斯的学术脉络可分为两部分。第一是地理学方面，他受到导师段义孚的深刻影响。一方面他继承了段义孚的人文主义地理学；另一方面受到其经验主义思维方式的影响，他愿意站在模糊地带思考问题，尽管这种位置让一般的西方学者不舒服。

第二是传播学方面，他求学期间与费斯克有密切接触，但也受麦克卢汉思想的影响。也就是说，他未受传播学的分科方法影响，而是同时受到文化研究和媒介与技术两种角度的影响。

（三）地理学的传播转向

地理学有其独特的学科属性。华勒斯坦在《开放社会科学》中提出，地理学有其特殊性：不易像其他科学那样明确地知道自身属于何种学科，存在等量齐观的两个分支，自然地理学与人文地理学。

首先，我们来回溯地理学在科学和人文两个方向上的摇摆过程（详见论文《当地理学家谈论媒介与传播时，他们谈论什么？——兼评保罗·亚当斯的＜媒介与传播地理学＞》）。19世纪初，地理学是"文理不分家"的。19世纪晚期，人文地理学诞生，但整体而言，地理学仍处于人文科学与自然科学的融合状态。二战之后，地理学遭到自然科学的质疑，试图证明自身的科学性，量化革命盛行。20世纪70年代，段义孚和索尔等人试图纠偏，从现象学、存在主义出发，强调文化记忆、文化身份、宗教、仪式等，以此来挽救地理学。20世纪80年代起，受语言转向影响，地理学和马克思主义、女性主义等强调关注现实的研究领域结合，产生了文化转向，新文化地理学应运而生，偏重文本、意义、话语研究。但很快，这一转型受到非表征主义挑战，后者质疑新文化地理学成了另一种文化研究。

在人文和科学之间的几次摇摆，导致地理学内部出现对媒介和传播二元对立的理解。

一方面，科学主义传统下的地理学，将"传播"理解成交通、流通。很长时间以来，地理学是"用时间消灭空间"的领军者，试图用技术克服空间障碍，体现明显的功能主义、实用主义倾向，只捕捉看得见的东西，认为看不见的意义不具备实证意义。即使是文化地理学家索尔代表的伯克利学派，在其影响下也只将看得见摸得着的经验材料纳入研究范围。

另一方面，人文主义传统的地理学则主张传播即表征。符号学和文化研究的兴起带来"文化转向"，即前文提到的"新文化地理学"，重视研究媒介对地方、身份、文化的再现。这一派别被批评为过度文本化、去空间化。薛伟德提出非表征理论，质疑新文化地理学带来去社会化、去物质化倾向和地理学的"贫血"。

面对这些纷争，亚当斯提出了他的解决之道——传播转向，希望回到地理学的初心，谋求科学主义和人文主义传统的和解。在《媒介与传播地理学》的导论中他说，传播转向是要地理学从文化转向中走出来，但又不是回到科学主义，而是要走出新方向，既克服科学主义，也克服文化转向、脱离物质性的弊端。"一切与传播相关的东西普遍成为地理过程中的要素，并决定它们的样式和描述。""过去，地理学因为坚信客观存在的地球表面和地方而得以自圆其说；而现在，整个地球表面正随着传播而不断变动。这成为地理学的根基。"

（四）四象限寻宝图

《媒介与传播地理学》全书的精华被亚当斯糅进一张类似知识地图的四象限图中（图9-2）。但是要提醒大家，要将其当作一张寻宝图而非疆域图，要用寻航（navigational）而非表征的方式（representational）来解读，要充分意识到这两种地图的区别。

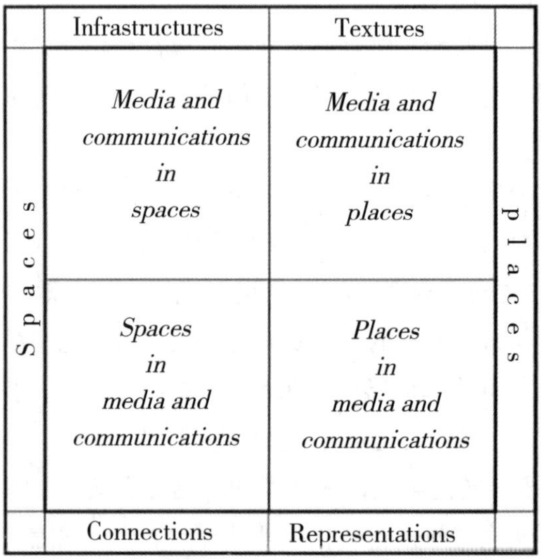

	Infrastructures	Textures	
S p a c e s	*Media and communications in spaces*	*Media and communications in places*	p l a c e s
	Spaces in media and communications	*Places in media and communications*	
	Connections	Representations	

图9-2　四象限图（来源：Paul Adams）

第一，表征式/疆域式地图。一般印象中，地图是科学表达空间的方式。我们熟悉的是世界地图、国家地图，它们固化了我们对地图的想象，但它们只是地图的一种，即疆域式地图。其特点是强调边界的清晰性，全局式地把所有事物都囊括其中，采用的是上帝之眼的表达方式。这种地图对于统治者控制疆域十分有用，可帮助其了解辖域、管理疆土、宣扬武功，帮助国民想象超出其认知方式的领土，增进对所谓想象的共同体的构建。但这种强大的地图有其局限性，通常会忽略地面的细节，不一定能够用来指导行动，难以告知人们通过何种路径到达何种地方。

第二，寻航式/GPS式地图。这种地图常被人忽视，但近年来引起了人们的关注。很多时候，人们不需要国家地图，只需要局部区域的地图，告诉人们在何处拐弯。这种地图常用于GPS导航。它与疆域式地图"上帝之眼"的居高临下相比，具有不同的观看方式，可称之为"鼹鼠之眼"，即贴着地面行走的眼睛。这种寻航式地图其实广泛用于各种领域，比如水手航海、汽车导航，只是不属于人们对于地图的主流想象。

两种地图代表不同的看世界的方式：一动一静，一整体一局部，一个控制疆域一个具体指导此时此刻的行为轨迹。当我们用这两种制图学的地图来看四象限图时，第一眼很容易把它当成疆域式地图，以为每个象限代表一块疆域，彼此隔离。这是极大的误解，这张地图将毫无功用。但如果作为导航图、寻宝图，就很容易读懂这张图。当我们将四象限理解为从媒介地理学中延伸出的四个方向、四条路径时，就能够产生很多生产力和解释力。每条路线都有不同研究的做法，无所谓好坏，都有自身的思想资源、方法论、理论导向。寻航图的理解方式能把我们带到媒介地理学的复杂空间中去，使四个象限成为四条寻宝路线。我交给大家三把钥匙来开启图中宝藏。

第一把钥匙：间于空间和地方的地理（如何理解地理的问题）

此处，空间（space）和地方（place）是地理学专用术语。为了把同一个地理单元中的客观属性、主观属性分别进行分析，地理学创造出了空间和地方这一对分析性概念。当我们说一个地理单元是空间时，它指代其相对客观、科学的存在方式；当我们说这个地理单元是地方时，它指代其有意义的、主观的、人文的侧面。

这对概念用得最早、最透彻的是段义孚。他将地方定义为"空间＋意义"。牛顿物理学中绝对意义上的空间，加上人类创造的空间中的记忆、文化身份、历史记忆、宗教信仰等人文色彩，那么它就成为地方。空间与地方的相对性只存在于地理学的抽象分类中，在日常生活中是不存在的。

很多社会科学研究者也经常使用这对概念来说明自己的理论，比如德塞都，用它们来说明在日常生活实践中何为空间、何为地方。曼纽尔·卡斯特在《网络社会的崛起》中也使用空间和地方来说明流动空间（space of flows）和地方空间，前者具有可塑性，后者相对固定。

虽然不同学者使用时的用法不同，但他们存在一个共同点：强调从主观、客观两方面分析真实现象，从不同侧面分析同一对象，同时又把不同侧面置于一处来说明其相互关系。我们要看到，任何一个地理空间都是"in between"的状态，处在客观与主观、空间与地方之间的地带。这是亚当斯讨论媒介地理学时要面对的第一个问题也是核心概念，即空间和地方的关系。如果说在科学主义传统下，地理学更强调绝对意义上的空间、地理现象的客观性存在，人文主义地理学用地方概念更强调地理现象的主观性和文化属性，那么亚当斯的四象限图用空间和地方表达了一种相对融合，间于空间和地方、科学与人文、客观与主观之间的地理。但在分析过程中，亚当斯要遵循传统人文地理学的方法，所以他既承认空间和地方两个概念的并存，又承认两个概念观察视角的不同，故而四象限图的左边讨论的是与物理空间、自然资源相关的地理，四象限图的右边讨论人类记忆、文化身份、话语意义层面的地理现象。

第二把钥匙：兼顾内容和管道的媒介（如何理解媒介与传播）

这把钥匙回到传播学的本行。我们理解媒介时，也存在两种方式。一种以麦克卢汉为代表，更加专注技术，把媒介作为观察的通道、载体，通过载体的构成和属性来理解媒介。

另一种以文化研究为代表，重视载体传达的内容，如文本分析、话语分析。亚当斯要讨论的不是任何一种，而是两者兼并。他还要整合作为内容和作为管道的媒介。与空间相关时，媒介更多强调物质性的一面；与地方相关时，媒介更多指代内容。

第三把钥匙：多元等级结构（如何理解地理和媒介的关系）

多元等级结构（heterarchy）最早来自生物学，既不是严格的等级结构（hierarchy），也不是混乱的、零散的无政府状态（anarchy）。多元等级结构存在等级，但这种等级方式会因为观察视角、事件变化而发生转变，是多元、可变的等级关系。这样的组织方式听起来有些另类，但其实无处不在，比如珊瑚礁，由海洋生物化石构成，但一旦珊瑚礁形成后，就成为海洋生物的家园，所以可以说海洋生物处于珊瑚礁之内，也可以说海洋生物包括珊瑚礁。卞之琳的"你站在桥上看风景，看风景的人在楼上看你"，也表明人与事物的关系可以根据观察角度的不同而变化。亚当斯也是用这种视角来看待地理和媒介传播的关系的，有时媒介传播在空间、地方之中，有时则在之外。

（五）四种研究方向

接下来我讲解如何用三把钥匙解开四条寻宝路线，带领读者发现媒介地理学的研究议题和研究方法。

1. 传播中的空间

第一条路线传播中的空间（spaces in communication）研究媒介、传播如何通过技术、制度、各种媒介实践来改变现实和想象空间中的距离和边界，重塑人的移动和联结。传播学对这条路线的风景十分熟悉，即媒介技术如何让"时间消灭或改变空间"，原本存在的边界如何被打破，原本不存在的墙如何被筑起。这条路线对我们有以下启示。

（1）它让我们意识到空间的可塑性。空间不再是牛顿物理学中的绝对空间，只是一个有固定边界的空盒子，静态承载着各种社会过程。当我们看到媒介的影响时，就意味着时空是可塑的，人类利用信息的流通、交通技术等对时空进行了改变。时空在不同程度上被聚合、缩小、放大、折叠。所以地理学家时常讨论时空聚合、时空操纵，把媒介作为一种空间操控技术来研究，理解人们的时空成本存在何种互换关系。

（2）挑战传统的绝对空间观。它带来完全不同的几何学——拓扑学。拓扑学是指事物的形状和距离可无限制拉伸而不改变事物关系的几何学，属于非欧几何。欧几里得几何学有明确的长度和面积，所以距离或形状是衡量连接的唯一指标，比如我们说"近水楼台先得月"，就是用距离衡量人与人的关系，这符合常识中的几何想象。这种空间想象在人类传播史上的很长时间内处于统领地位。尽管传播技术或大或小影响到人际关系，但物理距离仍是衡量人的关系的最核心元素。比如有报纸、书籍的年代，它们仍然需要车辆运送，底层逻辑仍然是欧几里得几何学。而随着电子媒介的到来，接近性造就连接性这一常理第一次被打破，电报、互联网可以瞬间送达，空间距离对传播速度几乎没有影响，这时产生了接近性和连接性的分离，连接性成为几乎可以独立观察的指标。所以拓扑学是关于关系的学问，不再考察距离、角度、形状，而考虑节点。是否处于某个网络以及与某节点的关系，成为至关重要的因素。在电子媒介之后的媒介技术条件下，是拓扑关系而非欧几里得的几何关系在影响空间。

（3）传播在语言、制度、技术上会对不同人群进行分类，表达包容或排斥。

（4）媒介特别是互联网技术可以从无到有创造某种空间体验，比如赛博空间。

2. 空间中的传播

第二条路线"空间中的传播"（communication in spaces）考察地理环境如何决定媒介与传播的物理分布和运行机制，与传播相关的自然和社会资源如何分配。

这也是传播学十分熟悉的领域，比如媒介近用和数字鸿沟。不同社会阶层、经济制度等环境决定了人们是否有能力、有资源使用媒介技术。

这一领域中人们不太熟悉的领域是媒介基础设施研究。传播学常将媒介作为单独的技术设备来理解媒介行为，很少将媒介技术放在来自地表空间的自然资源和人类社会的技术资源的视角下考察。尼克·库尔德利（Nick Couldry）将其形容为"媒介的空间暴力"，对应布迪厄所说的媒介的"符号暴力"。媒介有隐形的天性，倾向于掩盖自身的空间存在，使人注意到其丰富的内容或单一的媒介技术，而忽视物理空间中的真实存在和它所勾连的物理空间中包含的物质性的、基础设施的、市场关系的存在。为了揭示空间暴力，学者要从绚烂的内容中摆脱出来，看到媒介也是物质性的存在。近年来有大量学者投身基础设施研究。比如 *Tubes: A Journey to the Center of the Internet*（《管道：通向互联网中心之旅》）的作者关注互联网光缆。万维网似乎超越空间和地方而存在，但实际依托埋在海底地底的光缆，光缆分布与西方地理扩张时期建立起来的航海线路存在高度一致。

本领域中的媒介生态学也是传播学者不太熟悉的方向，它关注媒介的生态和环境后果。媒体经常关注环境议题的报道，我们却忘记媒介本身就是重要污染源。比如，近年来学界有不少学者研究数字垃圾（digital rubbish）。如各种媒介产品更新换代速度快，更换掉的媒介垃圾去向何方，如何处理，全球有哪些地方成为媒介垃圾的重灾区，其间存在何种新的地理学。再如云计算往往成为产业升级新路径，说"云"时人们以为纯洁、环保、无害，但"云"的背后是巨大的云计算中心，其实巨耗能、巨占地、巨污染。

3. 传播中的地方

第三条路径是传播中的地方探讨媒介与传播对地方和地方身份的各种符号表征机制背后的权力关系的影响。这是国内很多学者的研究方向。

第一是分析媒介文本中的地方意象。第二是地方身份的建构，比如影视作品除了讲故事之外也在营造不同地方。在书写地方时，它们也在给不同地方进行排序，构建刻板印象。这种想象的地理是不少媒介文本的底色，比如东方主义视角下对他者的想象，城市对农村的想象，男性对女性的凝视等。第三是景观研究，尤以游客凝视理论影响最大。可以研究景观的塑造、生产如何迎合人的快感，观察背后透出来何种文化权力、不平等关系、消费主义话语。第四是传播学不熟悉的领域：批判制图研究。我们通常认为地图是专属地理学家的科学工具，但在文化地理学看来，地图也是地方的特殊表征或地方意象，只不过用地图的独特语言来建构关于地方秩序、地方身份的想象。地图绝不是自然之镜、客观真实的测量数据的中立转换图形，而会有各种概化、变形、删减。

4. 地方中的传播

第四条路线是地方中的媒介（communication in places），研究传播和媒介如何嵌入地点，参与地方制造（place-making），观察媒介如何成为地方社会人际关系、交往模式、生活方式的有机组成部分。这个听起来玄妙的方向其实对于传播学而言也很熟悉。比如20世纪80年代开始，一批英国学者做的媒介的家驯化研究，以电视为代表的家驯化研究，不仅研究电视的内容，还研究电视本身作为一种技术、物件，如何在家庭中被摆放，因何而来，一旦被摆放，如何影响家庭成员关系、性别地位、代际关系。我个人正是以这种路线完成了城中村的研究。西方学者过于拘泥于家的室内空间，其实可以超越家的空间，从较大的尺度来理解媒介如何嵌入地方和参与地方制造。

以一部中国电影为例。《我和我的祖国》中有一个讲"夺冠"的片段，反映20世纪80年代上海弄堂中的居民如何与电视互动，呈现出80年代人们看电视的方式（图9-3）。一般电视被默认为家庭媒介，但家庭媒介的属性并不是电视技术本身带来的，而是电视在发展为每家每户都买得起的电视、电视被私有化以后才有的属性。电视不必是家庭媒介，而可能是集体观看的媒介。电视不仅仅是看女排夺冠节目的工具，还是人们体验邻里生活的媒介，是邻里生活的活跃、有机的组成部分。电视通过参与邻里空间的塑造，还影响到人们对媒介内容的理解。女排夺冠之所以能够激发爱国主义激情，不仅是人们通常理解的媒介内容带来的影响，还可能有别的解释。女排夺冠事件对人们的影响还可能受到当时独特的居住方式、邻里结构、电视观看方式的影响。集体主义的生活方式、集体观看电视的方式对电视的社会影响程度、对女排夺冠事件激发爱国热情的影响程度是值得重新思考的。这种理解维度一直到现在都在很大程度上被遮蔽，影响了我们的想象力。

如果说第三条路径更重视"表征"，强调文本，第四条路径则恰好相反，它更强调"操演"（performance），更重视人与媒介接触中的具身实践，而非仅仅是解读文本。近几年，现象地理学、非表征地理学等思想在本领域中产生了极大影响，包括具身哲学、现象学、表演等概念开始流行。

图 9-3　观看电影《我和我的祖国》"夺冠"片段的场景

5.四条路线的交叉

四象限图的四个象限是动态的、发展的，不需要彼此划界，更常见的情况是彼此交叉。学者需要照顾到四条路径各自的理论和研究方向。

此处举例说明四种路径交叉时带来的新挑战，指出我们需要理论创新来理解今日媒介与地理的关系。

（1）地理媒介深化了虚实的互嵌，表征和行为相互建构，绘图和导航合二为一。在亚当斯著书时，他只谈及互联网，尚未谈及位置媒介等新技术。随着电子地图和定位媒介等技术的兴起，媒介技术带来了真实世界和虚拟世界的相互嵌入。以前媒介中的地方、地方中的媒介这种分类方法尚可对媒介中的表征和表演进行分门别类的分析。但在地理媒介的时代，表征和行为很难再剥离开。可以用地图和航行为例说明。地图的绘制与导航之间有分离也有关联。过去，地图的绘制总落后于水手航海时的实际情况。现在则是一边绘图，一边导航，绘图和导航合二为一，扫地机器人就是典型例子。在这种情况下，亚当斯所说的四种相对分类方式，在今日的媒介环境下有时难以操作。是否仍要区分空间和地方、管道和内容，还是提出新概念来涵盖两者，是摆在传播学者、地理学者面前的共同问题。

（2）后现代社会的到来，使人们对真实的态度发生历史性转变，地理学称之为"从景观到奇观"的转化。人们可以根据景观想象理解眼前的现实图景，但仍需要真实的地理存在。但现在人们不再需要真实的地理存在，可以根据自己的欲望、想象创造一个地方，将这个地方搬到现实社会中，即"奇观"（spectacle，居伊·德波）。奇观不需要任何现实世界的原型。现在，媒介的社会影响早已摆脱了"拟态环境"（沃尔特·李普曼），而是从拟态过渡到了"超真实"（让·鲍德里亚），按照人类欲望创造出来的"真实"比现实生活中的真实更真实，因为它更符合人的欲望和想象。这种无处不在的奇观让现实生活变得不可捉摸，也让空间和地方产生出全新意义，且媒介参与到地方生产的力量超越了传统理论可把握的程度，需要新的理论飞跃。

（3）深度媒介化[deep mediatization，由 Andreas Hepp（安德烈亚斯·赫普）提出]时代，新旧媒介密集无缝地融合，导致出现从单一媒介到"媒介组合"的变化。过去通常采取观察某一种媒介带来某一种现象的研究方式，这种相对孤立的研究路径在今日被稀释，因为媒介不再可以被孤立观察，更多以"组合"方式被人们所采纳、应用。一种媒介的影响往往要结合另一种媒介才能得到理解。以手账研究为例，手账似乎是慢媒介，但其实结合个人手机、电脑、社交媒体平台的整体媒介组合，我们才能看到手账对粉丝群体的意义是什么，是快还是慢、是断还是连（详见论文《"慢"从何来？——数字时代的手账及其再中介化》）。

（六）总结

读完全书，我们对媒介地理学进行一个总体评价，有三个问题值得注意。

第一，地理学与传播学具有被低估的相邻性。非媒介地理学研究者不必对媒介地理学感到陌生或惶恐。媒介地理学并非全新事物，其大量内容是传播学本来就在从事的经典研究。比如《媒介与传播地理学》第八章的"符号、象征、信号"。以前我们认为地理学、传播学是非相邻学科。但其实研究对象、研究关怀有相似之处。另外两者面临相似困境，都频频遭遇学科合法性或独特性的挑战和尴尬。观察地理学经历了何种挣扎和自我拯救的努力，可以给传播学很大启发。

第二，媒介地理学不是一个有中心、有边界的学科，而是复数的媒介地理学（本书英文标题采用地理学复数形式 Geographies），代表这一分支领域有多种进路、多元思想资源、多种研究方法。且亚当斯在处理多元进路时态度鲜明，并没有对本学科从头到尾地溯源、采用几位著名思想家串联，没有按照时间或重要性大小进行排序，而是在四条路径之间时有穿插，有所跳跃，对四条路径进行了等量齐观的呈现与探索。这虽然增加了阅读难度，但他恰恰想通过这种方式来表现媒介地理学的复数性质。这对想进入该领域的学者既是解放，也是挑战。一方面学者可不用顾虑什么是对的媒介地理学，而是存在多元进路，学者可以找到自己擅长的、感兴趣的研究路径。另一方面，这也意味着学者要自我选择合适的路径，放弃其他路径，还要对于自我路径与其他路径的交叉有觉察。

第三，本书的核心启发是，传播学者可以像地理学家那样思考媒介与传播，要"不忘初心"。地理学一开始有十分"浪漫"的追求，不分科学与人文，不分有机与无机，勇敢站在中间地带观察和思考世界。地理学在历史上经历的各种摇摆和挑战，就来自这种看似不太可能的追求。这种追求带来了地理学的尴尬，也带来了它的独特力量。这也是传播学者可以学习的，拒绝轻易接受学科的桎梏，打破科学与人文、自然与社会的二元对立来思考研究对象，理解今天越来越纷繁复杂的媒介与传播现象。

近几年，来自地质学的"人类世"概念，从根本上打破了自然与人类、有机和无机的二元思考方式。自工业革命以来，地表已不存在纯然的人类空间、自然空间的分野。无论是地理学家还是传播学者，都应该用"人类世"的维度，来重新思考地理与媒介。

二、问答环节

听众：为什么传播可以消解地理学的人文主义和科学主义的分裂？

袁艳：人文主义和科学主义的分裂来自对空间的理解。传统上人们秉持牛顿物理学意义上的绝对空间观，指空间是非社会的、纯客观的，可以拆分、测量、计算。在绝对空间观的指导下，科学主义要解决的问题就是如何测量、操纵空间。人文主义认为，除了空间之外还存在主观事物，如何安放附着在地方上的记忆、身份、情感是一个重要问题。

传播类似转换酶，可以将相持不下的两者置于一处。媒介在讲地方故事的时候，其实改变了人们的地方意象、地方认同。同时，传播可以改变空间的边界和距离，有力呈现空间的可塑性，而且这种可塑性不是通过物理的、科学的、技术的力量介入的。媒介本身就可以作为物质性、非物质性的统一体，影响空间时也反映出人在物质和意义两个维度上对空间的影响。这从根本意义上消解了绝对空间观，塑造了相对空间观，空间不再是纯粹客观的，而是建构的，但又不是无中生有的建构，而是与客观存在某种勾连。

所以说，媒介地理学有效地展现出空间的关系性、相对性。列斐伏尔所说的空间的社会生产，通过媒介干预空间的实践、意义塑造，直白、密集地得到呈现。但是这需要学者进行凸显，它不是本来就显的现象。第一次试图弥合科学主义和人文主义分界的是 20 世纪 80 年代的新文化地理学，让人们看到电影是在生成而非客观呈现空间。但因为新文化地理学过于文化化而遭受批评。如何继承新文化地理学又反对文化本质主义，既反对绝对空间观又反对过度文本化的倾向，这就是亚当斯提出的媒介地理学和传播转向试图解决的。

科学主义和人文主义的分裂问题早已被提出，人们也一直试图解决，但历经几代，尚未完成。我们一般认为，分裂要得到弥合，但实际上未必如此。地理学处于科学和人文的分裂中，这恰恰为其保留了一种难得的张力，使其总是保持警惕状态，所以分裂反而是一种独特资源。媒介和传播为调和两种压力提供了一种契机。

听众：媒介地理学与传播的空间偏向有什么样的关系？

袁艳：英尼斯所说的空间偏向和亚当斯所说的媒介地理学不在一个范畴内。

人们常有疑问，媒介地理学是否在强调媒介的空间属性？那么媒介的时间属性是否被忽略？人们以为，谈空间就不谈历史。事实上，在绝对空间观的指导下，空间与历史是分离的。而在空间的社会生产的视角下，在相对空间观下，时间就在空间中。社会空间不再是静止、僵化、与社会过程分离的盒子。空间和地方更多是一个织物，由各种社会实践活动，按照某种结构编制而成，人们在其中有什么样的社会活动，就会编制成什么样的空间和地方，是一种操演性的空间观念，历史、时间、实践就在空间中。

听众： 如何从空间和地方的角度理解家庭，比如家的地方感、地方性是什么？新技术如人工智能如何参与家的地方制造？

袁艳： "家"是地理学家非常钟爱的概念，尤其是现象地理学家，如提出地方芭蕾的大卫·西蒙（David Seamond）等人。"家"在中英文中含义不同。中文中，"家"通常指家庭；英文中，"home"指地方，而非住房空间，在地理学中，"家"常被当作一个动词，即把某一个空间变成家，人在其中通过建构一定的时空规律、行动轨迹，以获得某种熟悉性，获得吉登斯所说的本体论安全感，获得日常性（dailiness）。人文地理学家讨论的家不是一个固定的地点，而是讨论通过做什么，把什么变成家。这一过程中，媒介技术扮演了重要角色。英国有一批传播学者（如戴维·莫利、罗杰·西弗斯通）做了家驯化研究，来理解电视进入家庭后如何成为家的一个有机组成部分。

今日，我们如果要继承家驯化的研究传统，则不能再拘泥于电视研究留下的理论理解，而是要基于新技术（人工智能、数字技术、机器人等）来研究媒介对家庭的影响，它们如何扩展或缩小了家的边界，如何模糊了休闲和工作的边界，如何影响家庭成员的关系。因为家是一个动词，所以媒介和家是一个常说常新的话题。

领读书籍：《观察者的技术》[1]（*Techniques of the Observer*）[2]，作者：乔纳森·克拉里（Jonathan Crary）

内容简介： 本书重新评估了视觉现代主义和社会现代性的问题，为 19 世纪的视觉文化提供了一个全新视角。与研究艺术作品和图像的传统方法不同，本书通过分析观察者的历史结构来思考视觉问题。作者认为视觉问题与社会权力的运作密不可分，并考察了从 19 世纪 20 年代开始，观察者如何成为新的话语和实践的场所，在这种模式中，视觉被作为生理事件置于身体之中。本书结合哲学、实证科学、新兴大众视觉文化等各种元素，强调光学仪器（如立体镜和精密向列仪）的重要性，详细展示了这些通常被

图 10-1 《观察者的技术》封面

贴上"现实主义"标签的大众文化形式，如何基于抽象的视觉模型而成为新生理学知识的产物。伴随着生理光学的出现，"主观视觉"的理论和模型被开发出来，这给了观察者新的自主性和生产力，一种新的控制形式和视觉标准化由此产生。

作者简介： 乔纳森·克拉里，美国当代艺术评论家，哥伦比亚大学当代艺术与理论迈耶·夏皮洛教席讲座教授，"区域丛书"（Zone Books）主编，《十月》杂志（*October*）编辑顾问。著有《观察者的技术》《知觉的悬置：注意力、景观与现代文化》《24/7：晚期资本主义与睡眠的终结》等。

领读者： 孙藜（上海大学新闻传播学院教授）

主持人： 韩晓强（西南政法大学新闻传播学院副教授）

讲座时间： 2021 年 4 月 25 日

文字稿整理与校对： 束开荣、毛万熙

---

[1] 克拉里 . 观察者的技术 [M]. 蔡佩君，译 . 上海：华东师范大学出版社，2017.

[2] CRARY J. Techniques of the Observer[M]. Cambridge, MA: The MIT Press, 1992.

一、开场白

韩晓强：我本来的专业是电影学。我的研究很多时候跨越媒介的话题，尝试把电影、艺术史、媒介融合到一起，找到研究线索。媒介研究具有非常多面向。今天要领读的这部作品是一位艺术史学者撰写的，但他在书中讨论了非常重要的媒介问题。我的微信公众号名称"观察者的技术"就来自这本书。现在的媒介研究更应把各种学科、各个专业、各个方向，都统合起来。媒介学的要义不是德布雷所说的传承，而是能否把现代的专业化、分工化的各学科重新连接和耦合。

在介绍本书前，这有一个背景。媒介或装置研究，其实是从电影学开始的，最早可能是以福柯等人作为理论来源。但正如埃尔基·胡塔莫（Erkki Huhtamo）和尤西·帕里卡（Jussi Parikka）在他们所编辑的《媒介考古学》中提到的，所谓媒介考古学最早从电影考古学开始，先提出的是媒介装置、器具的理论。从此之后，我们关于影视装置，包括其他互动装置、录像装置的话题，逐渐进入大众研究视野，包括《观察者的技术》也是这一领域的重要主题。

今天谈到的媒介器具、媒介装置，包括媒介体制，就是"regime"这个词，有的翻译成"政体"，其实不合适。它还是一个自身体制问题，"政体"是政治领域中的专名。但是与此同时，媒介研究又会发现这样的问题：在媒介史范围之内，我们会看到一些难题，没有媒介的历史，只有单一媒介的历史，比如说我们研究打字机、电报、电话就是如此。但是我们现在无法如此枚举，因为今天人们看到的媒介是一个浩瀚的星系。今天为我们做主讲的孙藜老师，是国内媒介研究前辈黄旦老师的开山弟子，在媒介理论和中国近代媒介史方面做了常年耕耘，出版了《晚清电报及其传播观念（1860—1911）》这本国内重要的媒介史著作。下面把时间交给孙老师。

孙藜：谢谢韩老师的介绍。今天与大家交流的题目是《'眼睛'在内与外之间》。这里所说的"眼睛"，是一个隐喻——它既是实际所指的肉身的眼睛，又包含着某种隐喻的意义。比如说"观看"，这个问题不仅仅与肉身相关，还与社会历史有着密切联系。

接下来，我们的交流将围绕两个方面展开：第一，对《观察者的技术》这本书整体进行解读，也就是说，既要把它放在克拉里自己研究的整体脉络中考察，也要看他所运用的基本方法论、基本进路是在怎样的一种学术史脉络中。第二，立足于本书进行提炼或分析，对从暗箱到立体视镜包括摄影在内的视觉现代性进行简单阐释。这大体上涉及内在性主体、眼睛（单眼与双眼）、视觉与触觉、从几何光学到生理光学、视觉抽象化和规训等内容。

二、领读环节

（一）作者介绍

关于克拉里的作品和他的性情，可参见《知觉的悬置注意力、景观与现代文化》一书沈语冰老师的译后记。克拉里是美国当代著名的艺术史家，也是国际上公认的最杰出的视觉艺术、电影、摄影等领域的研究者之一。他是一个重要的跨学科研究者。克拉里基本每十年推出一本书，并且每一本都有很大影响力，可以说是"十年磨一剑"，且"剑剑封喉"。

在读《观察者的技术》《知觉的悬置：注意力、景观与现代文化》《24/7：晚期资本主义与睡眠的终结》这三本书时，我常会联系其他几位学者。一位是《奇云》的作者彼得斯，他"以一己之力跨越人类知识积累的诸多学科"。克拉里也有这样开阔的视野和宏大的气度，不管是哲学、美学、技术、历史，还是自然科学和社会科学的多个交叉学科，他都能够如此广泛涉猎，而且可以消化、沉淀下来。《观察者的技术》并不是一本大部头的书，克拉里能够在这样的篇幅里穿梭于一些精微的细节中，并进行仔细审辨，这种功夫非常了得。第二位作者是本雅明。毫无疑问，克拉里受本雅明的影响很大。两人在风格上非常相似，带给我们的都是高度浓缩的、像单子结晶式的精细呈现。克拉里和本雅明有不一样的地方——本雅明的文字晦涩，想真正进入其中很困难；但克拉里不是这样，他所要表达的东西非常清晰。第三位是基特勒。基特勒拥有一种跨越人文与技术，打通"科学与人文"两种文化界限的能力。这种跨界、跨学科的研究风格，在克拉里这里也是非常鲜明的。

（二）全书整体解读

1. 思考维度

当下性是理解本书需要特别关注的方面。不管是考古学还是历史研究，都离不开当下。克拉里的几本书的导论结尾部分都提到了这一点。在他看来，当下性是不言而喻的一个问题，无须赘言。因为历史研究的一个基本面向就在于对当下问题以及现实变化进行回应，这是一个历史书写者或研究者所应具有的一种基本的问题意识。这种思想，在他的书里是一以贯之的。比如说，他在《24/7：晚期资本主义与睡眠的终结》中提出，"眼球"或"注意力"，不断地被外部刺激，被重新定位，这使得"眼睛"从光学领域中脱离出来，变成了类似电脑网络回路中的一个中介元素，随之，人的身体要不停地对这种电子命令做出机械的反应。就我们日常生活中的节律和注意力而言，似乎只有睡眠可以作为一种抵抗。同时，他也联系到德勒兹的"控制社会"与福柯的"规训社会"之间的区别，以此来讨论技术与"眼球"的捕捉、刺激、规训及控制之间的关系。这便是对当代问题一个好的回应。

《观察者的技术》则选取了另外一个角度，也就是从历史的维度来思考"当下性"的问题。克拉里将其考察的视野放到 19 世纪。当"眼球"不断被刺激，注意力成为一个问题，这种现象内在的社会运作机理是从什么时候开始的呢？如果说在当代，不断地塑造自我是一项注定的"事业"，正如马克·波斯特（Mark Poster）所说，自我成了一种"归化"，那么这个"事业"又始于何时？在这本书里，克拉里追溯到了 19 世纪早期特别是二三十年代，以此试图建立起一种对当代问题的回应。

2. 整体学术脉络

克拉里整体的学术脉络，可以说是通过以上提到的这三本书来构建的，而且贯穿始终。《知觉的悬置注意力、景观与现代文化》的导论和第一章，对我们把握《观察者的技术》是一个非常简明的提示。当然，《观察者的技术》的导论本身也做了清晰的说明。特别需要指出的是，如本书导言所说，《观察者的技术》的目的之一，是考察视觉观念的历史变化如何与一种更大范围的主体性的重新塑造紧密相连而不分离。对于当代这种自我不断地被塑造、主体不断地经历重塑的过程，克拉里从视觉机制或政体的角度出发，考察 19 世纪早期所发生的与当下有关的一种历史"断裂"。在《观察者的技术》中，克拉里讲述了生理光学在 19 世纪的兴起如何取代了旧有的视觉模式（几何光学）。而在《知觉的悬置：注意力、景观与现代文化》中，他继续考察了这种视觉模式转移所带来的某些后果，这里同样涉及一些主体性的问题——同一性的自我，即连贯的、理性的、自律的主体性已经破碎，转变成了一种无法脱离身体、无法脱离生理的、暂时性的、处于不断流动与变化过程中的新主体性。这是《观察者的技术》的学术脉络，也是这三本书之间的一种学术关联。

克拉里的研究，我们可以把它归类到媒介考古学的范畴。把媒介的问题放到对视觉/艺术或者说艺术史的考古里，这与一般的比如说从书写、印刷等角度进入的媒介考古就形成了某种对话、推进或延伸。媒介考古学的关键人物涉及本雅明和福柯。克拉里的这本《观察者的技术》，毫无疑问，可以放到与福柯相近的媒介谱系里。从媒介考古学的视角，克拉里与自己有过"对话"。在他看来，福柯是在一种知识型、有组织的话语论述的层面进行考古，对视觉本身的特性有所忽视；他也谈到了本雅明，认为本雅明对绘画的分析是欠缺的。而克拉里的研究，则在他自己擅长的绘画、艺术史相关的脉络中展开。但从另外一个角度看，他与本雅明、福柯的考古视野又是一致的——不是一般意义上的再现研究那种基于文本内容，挖掘其背后所要展示的东西；而是在更大的范围、更外在的领域内，把所有相关的因素联系起来，看它们如何形成了如福柯所讲的知识的前提，在他这里是观察者或者说视觉的前提。当然，克拉里并没有走一般艺术史研究的路径，去简单勾勒艺术的风格或艺术史在不同历史时期的演变，他更愿意在一个横向的、特定的历史时期的位置关系中，去考察主体本身的塑形过程。

说到考古，必然涉及历史。那么，克拉里为何选择讨论 19 世纪这一时段呢？这基于他对 19 世纪本身特殊性的理解。正如本雅明在《历史哲学大纲》中所讲，我们要把某个特殊阶段从连续的线性的历史中"爆破"出来——这便是历史学家所建构的一种"断裂"。

"断裂"与"连续"并不在于历史本身，而在于书写与解释。克拉里特别强调了他对19世纪这种"断裂"的关注，并与惯常所见的一些论点进行对话。这在《观察者的技术》的导论里有着非常清楚的表达。一般情况下，不管是电影史的书写还是艺术史的书写，在强调现代主义的时候，都将19世纪晚期马奈的印象派绘画视为构成观者的历史形成及视觉实践的划时代的转折点。克拉里也讲到了那个时代的"断裂"，比如，以摄影为代表的写实主义是现代主义先锋艺术家的一种实践，摄影作为一种大众艺术，它与绘画是并行不悖的，只是雅俗文化的一个差异而已。他认为，即使在强调现代主义是一种"断裂"的书写中，其背后依然秉持了现代性主体的问题。这都是他要进行论辩的面向。在他看来，早在19世纪二三十年代就已经发生了"断裂"，而之后出现的摄影以及19世纪晚期诞生的电影，不过是早期发生"断裂"之后以另外一种特定的表现形式展现的一个新的媒介世界。这就是克拉里聚焦于19世纪早期，强调这一时期视觉与现代性关系生成的原因所在。

3. 结论与方法论

方法论贯穿于本书的基本结论。

克拉里的基本结论体现在本书第五章《目视的抽象化》之中。克拉里断言，当视觉被重新安置到观察者的主体性之中，即视觉一旦重新与人的身体、眼睛建立起联系，那么两条彼此"纠缠"的路径就展开了。其中一条导向视觉主权和自主性的多重肯定。这就是上面所讲的，艺术史书写中的现代主义创造性的一面；另外一面则是由于对目视身体的认识，人们通过各种各样的方法对身体进行测量从而获得可靠的知识，由此形成一种对已经发生变化的主体进行规训和管控的方式。这种"纠缠"类似于本雅明所说的"辩证意象"。克拉里在此意图借助哲学、艺术与科学之间彼此呼应与交换的关系，来展现19世纪主体观察者所主导的视觉观念的变化，如何在不同的领域中共时但又可"自主"地共存这样一种现象。

这个基本结论同时蕴含着克拉里的方法论取向和论辩性。他的论辩性体现在，他认为视觉发展的两大类现象（现代主义和写实主义）乃是同一社会表层里的交互重叠的组成元素，而视觉的现代化过程比我们惯常认知的19世纪晚期要早几十年，甚至在19世纪20年代之前就已经在这个社会表层上发展。也就是说，在19世纪早期，视觉构成已经发生了一个比较宽阔且极为重大的转变。克拉里的这种论辩，给我们带来了对于艺术史、媒介实践史包括主体发展史的一种重新理解。当然，这种特定的处理，比如他对摄影的理解，不可避免地也引起了一些争议。但争议本身的价值在于，只有如福柯所讲的那种构成我们的知识前提被打破，大家才更容易争论。

4. 研究进路

读书会的主题是"媒介与技术"，涉及如何理解媒介，理解技术，理解媒介、技术与主体之间的关系等一系列问题。

在总体把握克拉里时，我更乐见于他的研究既与当下密切相关，又为我们提供了一种新的媒介考古学研究方式——不是去做那种再现或风格研究，而是特别关注某一个时段的问题。在《观察者的技术》中，克拉里的论述采用了两种具体的研究进路，这两种进路对应着书名中的两个关键词："观察者"和"技术"。

（1）进路 1："观察者"作为（主体化）运作场域

在中文语境中，"观察者"或者"观"，有着特定的语义。柯律格在《明代的图像与视觉性》一书中，曾经讲过"观"与"看"之间的差异。"观"主要用于文人阶层、精英群体，而"看"则与凡夫俗子相关。至于"观察"，在当代的话语体系中，则更多地与科学、与某种复杂的知识实践联系在一起。

就"观察者"的英文表述 observer 而言，它包含着两个层面的内容。一方面，作为观看（观察）的人，有一种主体性和能动性，但另一方面，它又包含着一种对规制的遵循。也就是说，"观察者"这个概念，本身就体现了主体的能动性以及被规训或控制这两个维度。我想这也是克拉里在术语上使用"观察者"而非"旁观者"的一个缘由。在克拉里看来，"观察者"作为一个主体化的运作场域，从媒介考古学的视角看，是一种能够使得媒介考古中那些不可见的东西变得可见之所在。他借助"观察者"这个概念，在主体化运作的场域中甄别、辨识某些条件与力量，用以说明 19 世纪的"观察者"究竟是一种什么样的视觉主体。其中有一个关键点，克拉里对"观察者"的分析，并不是运用一般的政治经济学中的意识形态批评打破不同的层面，去寻求某种透视上的把握，即从上层建筑、经济基础、世界观层面进行解释，而是认为"观察者"作为主体化的运作场域，其本身就是一个处于单一社会表层同时包含媒介、技术、知识等各种元素的"混合体"。

（2）进路 2："技术"作为装置和嵌入过程

关于媒介与技术，马克·波斯特有一个特别好的说法。他说，二者如果可以区分的话，"媒介"更多地与文化联系在一起，而"技术"则更多地与自然联系在一起。随着现代性的不断扩展，文化与自然如今早已紧密地交织在一起，特别是人作为一般主体在征服的过程中，很大程度上把文化加诸自然，从而再造出如本雅明所说的那种"新的自然"。当然，学术研究对此还是要有所区分的，那么，"媒介"就与文化，包括信息传播、艺术作品等相关，而"技术"则与物品的加工制造、生产的过程等工具化的形式相关联。

对克拉里而言，"技术"是一种配置和嵌入的过程。在《观察者的技术》中，不管是暗箱还是立体视镜，它们不仅是一种工具，还是一种装置，这个装置能够把哲学、美学以及科学等话语与机械技术、体制需求以及社会经济动力等汇聚（assembledge）在一个彼此重叠的交叉点上。这样，它就实现了把主体性的塑造过程与更为广阔的视域联系到一起。在这个具体的研究进路中，克拉里同时把技术置于它们如何被嵌入的过程中去考察，从而在复杂的相互关系中去揭示主体性是如何被塑造的。所以，克拉里所理解的观察者主体塑型的历史，既不能被简化为技术和机械实践的变迁史，也不能把它缩小为艺术作品的形式与视觉再现之演变史。从媒介研究的角度，这是从技术（物质性）出发所展开的一种媒介实践史。

（三）从暗箱到立体视镜（及摄影）的视觉现代性

本部分讲解本书的基本架构，同时简单阐释我的题目，这涉及下面要展开的对本书具体内容的把握与呈现。

本书的脉络清晰、凝练、环环相扣。第一章是导论，由现代性与观察者的问题引出了理论上或经验上的一段对话。第二章的核心是考察 19 世纪早期由暗箱到立体视镜的这种变化，为此他要先把 17、18 世纪暗箱与主体的关系讲清楚。第三章是从歌德、叔本华以及知识话语、心理物理学等方面进行讨论。第四章的名字与书名一致，讲述了立体视镜包括之前种种复杂的小的观看工具，以此来展示主体的塑形过程。第五章则是提纲挈领的总结。

本书的核心脉络一方面从技术本身出发，把从暗箱到立体视镜视为整个转折的一个代表性的媒介事件。另一方面，主体的变化从一种透明的、无时间性的到一种钝化的、不透明的，同时有一个短暂的流动过程。展开的维度十分复杂，如身体、技术、空间、知识话语以及它们与资本主义的关系等。不管是新闻传播还是媒介学，几乎各个学科都在关注这些问题。克拉里将其囊括在一起，形成自己的学术风格和学术脉络。

在此涉及眼睛"内"与"外"的问题。眼睛之内，如成像过程，眼睛本身是单眼还是双眼；眼睛之外，身体的触觉、嗅觉、听觉与视觉的关系，同时包含着技术与主体之间的关系——比如，如何理解光学，理解机械，理解从暗箱到立体视镜的主体转化，理解暗箱作为内在化主体所在的位置和空间与当身体进入后成为新主体所在的空间二者之间的关系。

1. 早期现代性与 19 世纪的视觉

从暗箱到立体视镜的视觉现代性的转折，是克拉里要讲述的一个重要的问题。尽管他关注的是 19 世纪立体视镜的视觉现代性，但 17、18 世纪的暗箱也是现代性早期的一个元素，它帮助界定了"自由的"、私密而个人化的主体。也就是说，从暗箱到立体视镜，克拉里讨论的是现代性内部的转折和断裂，而暗箱在 19 世纪早期的转折或者断裂点上所遭遇的危机，来自视觉的去地域化与再嵌入的过程。暗箱所代表的那种稳定的、固定的主体正转化为一种流动的、复杂的、矛盾的同时性共存的主体，这就意味着暗箱的主体已经不太符合当时快速变迁的文化与政治要求。

图 10-2　暗箱

　　而新型主体的塑造，是与立体视镜的出现相联系的。与暗箱不同，立体视镜的观看者所看到的，是一个已经被复制过的、被拆解为两个非同一模型的世界的技术性重建。也就是说，通过立体视镜，我们已经无法以一种透视的或者某种整体的、井然有序的逻辑来形成视觉感知，而是一种主体与世界彼此之间既相近又不相互依附的视觉感知，这是一种内在的无序。

　　（1）暗箱：何以是"内在化主体"

　　暗箱为何会成为一种稳固的、内在化的主体？克拉里从视觉的角度做了解释：主要因为暗箱执行了一种个别化（individuation）的操作，它"将观察者界定为孤立、封闭以及自主地处于暗箱漆黑的范围之内"。而它自己则"退避"其后，以便调节并纯化个人与"外面"世界的关系。暗箱主体处于"封闭的""室内"环境中，代表了"自由、自控"的观察者，同时也是"被圈限在一种拟私人空间中的私密化主体"。这意味着主体与世界是分隔的，而暗箱就成为主体连接外在世界的一种技术或者装置。

　　这种技术或装置凸显的是暗箱的"透明性"，主体正是以这种"透明性"来对外在世界进行视觉上的把握，而这种把握以一种机械技术使得自然光可以透过暗箱的孔径来呈现。在此，克拉里强调，暗箱主体的视觉是与其身体相脱离的，将视觉去身体化的原因在于身体本身会塑造人的视觉感知，而这与暗箱的"透明性"所代表的理性审视相冲突。这是暗箱主体在把握外在世界时需要予以警惕、压制的一个方面。因此，在暗箱主体中，观察者的物理与感官经验便被机械装置与客观真实的一些东西所取代。

　　这就带来了一个疑问：现代主体应该强调的是人的位置，但暗箱强调的似乎是技术机械的位置。对此，克拉里通过揭示主体与暗箱之间的"监管"关系试图来解答这个问题。相对于暗箱，尽管主体处在一个相对边缘和"私密"的位置，但它却拥有一种强大的"司法审判者"的角色。也就是说，主体恰恰是在审查暗箱作为一种技术或装置所形成的知觉是否能够得到一种对外在世界准确的、可靠的把握。从这个意义上讲，暗箱与主体之间的关系变得十分微妙。我们也可以这样理解：机械成像是依托于科学的。科学的、理性的主体以一种特别的方式存在着，一方面他存在于这个世界之中，另一方面他又从这个世界中抽身出来，从而成为一种"旁观者"和"审查者"的角色。

（2）单眼与双眼、视觉与触觉

a. 单眼及其透明性

暗箱的视觉感知是通过单眼的孔径及其"透明性"来呈现的。这个"孔径"在这里不仅是一个机械装置，还是一种隐喻。克拉里认为，"暗箱及其单眼的孔径，比起人类身上那笨拙的双眼，更是视觉雏形的完美端点，也更完美体现了单一点。"单眼的"孔径"，在此隐喻着一种"感知者最为理性的可能性"。笛卡尔在《屈光学》中就说，暗箱这样一种形式是在"抵挡目眩所暗示的疯狂和非理性"，因为肉眼所呈现的视力正是暗箱"所要否定和抑制的"。

在克拉里看来，暗箱的单眼"孔径"，"与其说是'机械'之眼，不如说是永不出错的形而上学之眼"。由此所形成的对暗箱主体的把握和认识，就有着一种非常深刻的神学意味。这类似于本雅明所说的"凝神观看"——"凝神观看"的原型，也具有一种神学的意涵。所以本雅明讲，"灵晕"一旦消逝，当观看者进入一种"震惊"状态时，神性的东西也就随之消散了。

b. 视觉与触觉的关系

笛卡尔在《屈光学》里提出，用触觉或者想象去模拟视觉感知。暗箱对于观察者而言，不是一个单一的、用眼睛观看的问题，它是内在化主体通过理性之眼或者说心灵之眼去检视内心或观念对于这种观看方式的可靠性的把握。所以，自我内省与自我规训是同时合一的。

暗箱主体所揭示的重点在于，"知识的不确定性不是只依赖眼睛，更在于人类整体的感官系统和划定次序的空间之间更为广泛的关联"。对暗箱主体而言，在这里看东西的不是眼睛，肉体器官的触觉也和外界脱离，不相接触。克拉里认为，对于暗箱主体来说，根据大范围的稳定位置而将知识内容组织起来的知识领域，以触觉为视觉的概念，对它来说是充分适当的。但在19世纪，对立体视镜主体而言，这样的概念已不见得能够融进一种充满着交换、流动且不断变化的媒介领域或者说新型的社会组织形态之中。

c. 单眼与双眼

当然，我们也可以从单眼和双眼的变化中来看视觉现代性的转型。如果说暗箱主体是去身体化的，那么在19世纪初，"观察过程逐渐与身体结合，暂时性和视觉就变得不可分离了"。当视觉研究聚焦于人类的肉眼时，就带来了"后像"研究以及"双眼像差"的问题，这就意味着人在把握外在世界的过程中，有一个身体（知觉）介入的问题，以及如何面对和回应这样一种身体的介入。

不管是"后像"研究，还是"双眼像差"问题，二者都揭示了人在时间中体验到的自身主观性的易变过程，这就动摇了暗箱影像和外在客体的同时性这一知觉理论的基础，进而瓦解了完全聚焦于客体的笛卡尔式的观察者理性。

d. 身体之于观察的位置

克拉里认为，从 19 世纪初开始，研究视觉的科学，其意义会逐渐倾向于探讨人类主体的生理构成，而不是光与视觉传导的机械性作用。这时候，可见的事物从无时间性的暗箱秩序中逃逸，而落定在另一装置中，遇见不稳定的生理机能和人类身体的暂时性。也就是说，在这个意义上，身体被重新安排了位置，先前被排除在暗箱概念之外的躯体性主体，现在变成了观察者可能出现的场域。人的身体以其偶然性和特殊性，变成了视觉经验的主动制造者。

与笛卡尔式的暗箱主体不同，原本器官作为纯粹传导用的中立构造，现在则发生了翻转。一旦身体本身介入之后，观察者的感觉器官及其活动，便和它们所观看的东西相混合而且无法分开。因此也就带来一个新的问题：在这种情况下，主体怎样去形成对世界的把握，而人们又将如何去面对这种主体性的变化呢？

2."光"：存有论特殊位置的丧失

按克拉里所说，随着"光的发射论和微粒说转变为波动说"，人们对于光的认识和理解发生了重大变化——作为透视法的科学，古典光学所赖以建立的光线直线传播的概念，因光的波动说的出现而被淘汰。这是动摇暗箱主体的一个知识基础。"从文艺复兴以及后来的透视模型所衍生的所有再现模式"，比如暗箱，因此便"不再由光的科学来赋予其合法性"。特别是，当光开始被视为一种电磁现象时，它和可见事物的领域以及人类视觉的描述就越来越没有关系了。也就是说，光在这个时刻失去了其存有论的特殊地位。而作为主体的身体，与光的关系因此也获得了一种新的认识。

（1）从几何光学到生理光学

在 19 世纪，身体与光的关系，从暗箱主体的几何光学转变为生理光学。当几何光学所描述的太阳"被关于热、时间、死亡以及熵的新观念"所取代时，暗箱所预设的太阳，即"只能以间接方式再现给肉眼"的太阳，也因艺术家或者说观察者的位置而被转化了。克拉里在书的最后一章对泰纳的绘画做了分析，他说，"固定光源一去不返。锥状光束的消解，分离了观察者和视觉经验场域"。而生理光学所要表明的，正是身体（眼睛）的卷入对于视觉经验的塑造，所谓"身体是颜色事件的制造者"。

（2）观察活动的外化

与暗箱的内在化主体不同，由生理光学所驱动的立体视镜带来了观察活动的外化。克拉里认为，"主观观察不再是对内面空间的检视，也不是再现的剧场。相反，观察活动不断外化，观看的身体及其对象开始形成单一领域，内外之别在此被打散了"。

克拉里以透景画为例，认为"它的基础是将静止不动的观察者与一组机械装置相整合，并接受一个预先设计好的、在时间中展开的视觉经验"。由于身体的不断卷入，观察者成为机器的一个组成部分。在某种意义上，这种观察方式意味着，观察者的身体本身就成为一种与观察对象在同一经验模式下的存在，从而打破了那种内外有别的、借助于自然光线透明性所形成的暗箱对主体的把握方式。由此可见，这与暗箱主体中身体所处于的那种边缘的、退守的、审视的位置是截然不同的。

a. 主观视觉与感官分化

观察活动的外化所要求的身体（眼睛）的卷入，意味着视觉的主观化。不管是"后像"研究还是"双眼像差"，都说明了视觉感知是无法脱离于身体而存在的，知觉与对象之间的对应关系并非透明。由此也带来了感官的分化，视觉在此已确定被凸显、被"专殊化"，从而区隔出来。而且对于感知者而言，视觉与任何指涉物都没有必然的关系，因此这危及了在暗箱主体中所形成的意义系统的连贯性。

b. 摄影的位置：立体视镜的被淘汰

克拉里说，19世纪有两个重要的"画面"，一个是立体视镜，一个是摄影。摄影的出现，打败了作为"视觉消费模式"的立体视镜，创造了一种指涉性的虚构（幻效）。立体视镜之所以被淘汰，是因为它所创造的幻效不够——尽管它能展现出前面所讲的那种"断裂"，但就回应这种"断裂"之后的社会需求或社会问题来说，还是远远不够的。在克拉里看来，摄影的指涉性幻效，虽然使得其理性把握暗箱"自由"的主体依旧畅行，照片似乎是旧有"自然主义"图像符码的延续，但这只是因为其最主要的成规受限于变化狭隘的技术可能性。实际上，摄影制造的这种幻效，已经完全破坏了观察者和暗箱的不可分离性，使得新的相机在根本上独立于观察者，同时它也成为"介于观察者和世界之间的一个透明无形的媒介物"。

图 10-3 十九世纪的立体视镜（Stereoscope）

以上是对《观察者的技术》关于视觉现代性在19世纪转折过程的提炼。从暗箱主体到立体视镜主体，这涉及一个从内在化主体到身体不断卷入、不断被外在化的过程，同时也考察了从单眼到双眼、从几何光学到生理光学，从原来以触觉为想象到感觉分化的发展过程。这是对克拉里所描述的考古学历史的基本理解。

（四）再现的危机与主体性的量化

本书最后一章讲的是"目视的抽象化"，简要讲述了视觉抽象化的相关问题。其中涉及以下几点。

1. 视觉抽象化与规训

主观视觉、感官分化以及光学理论方面的研究，其所产生的影响在于视觉的抽象化，也就是那种不再现也不指涉世界中任何客体的视觉。对于视觉的抽象化，我更愿意把它理解为视觉的脱域和再嵌入的一种过程。

视觉的抽象化带来了两种结果，也就是前面所讲到的两个"辩证意象"之间的"纠缠"：其一是视觉知觉的自主性创造，其二是对视觉知觉的控制与规训。也就是说，一方面感觉是多种多样且不容易捉摸的，本身是不可被理性化的，它无法被当作一个经验上孤立的整体来直接加以研究、操纵和测量；但另一方面，如果说感觉本身不受科学的控制或管理，那么任何一种形式的物理刺激都是可以的。克拉里认为，通过费希纳公式所揭示的感觉和刺激的函数关系，主体性有史以来第一次变得可以从量化角度加以决定。

2. "最后的净地也要理性化"

当主体可以被测量化，这意味着什么？人的精神和感觉作为"最后的净地"可以被分析和量化，就意味着整个社会领域和人类感觉系统在其中被重新塑造。19 世纪后期，西美尔认为，费希纳的公式化陈述，清楚地表现出感官经验如何与交换价值所支配的经济及文化领域产生联系，并共同生发。人们对感官经验的感知，即一切具体的、特定的、经验上的感知，就像都市中人们之间的那种冷漠关系，此时都被理性化的方式给抽空了。

3. 视觉抽象化与眼睛的再理性化

视觉的抽象化对于身体而言意味着眼睛的再理性化，也就是人们了解了眼睛的性能，并知道如何严格规制它。克拉里认为，对于马克思而言，19 世纪一项伟大的技术创新，就是使身体"可以适应少数主要的基本运动模式"。而观察者的现代化正是牵涉到使眼睛适应于理性化的运动形式，而且也正是因此，"视觉经验越来越抽象化，以致脱离了固定的指涉物"。

4. 技术与观察者的符码化、正常化

克拉里在书中所讨论的各种视觉技术装置及其光学设计，其背后蕴含着不断变化的主体如何在不断变化的社会经济以及知识语境中，重新找到将主体符码化、正常化的路径。而这些技术都是"为了管理注意力，为了加强同构性而生"，同时也都是一种"反游牧"的行动表现，为的是"让观察者固定不变"，并"将之隔离"。在这个意义上，克拉里所说的"看似玩具"的机械装置，其实与那些宏大的、哲学的话语，心理物理学的研究完全处于同一个历史过程。

三、问答环节

听众： 全景画作为一种媒介在视觉现代化中的位置是怎样的？它所呈现出的特征给现代化带来了怎样的影响？

孙藜： 本雅明在《巴黎，19世纪的首都》中讲得很好。他说：全景画的描述是在流动的、变化的过程中向人呈现出一种总体性视觉或景观，它与暗箱中的局部呈现、视点的确定是不一样的。所以他说，文人走进市场的时候是想寻求买主，这种商品化过程实际上与都市社会的高速流动相互同构。因而本雅明指出的这种现代性关联就在于，文人的全景文学就是在文人自身市场化的流动过程中，对这种新的都市景观进行呈现和记录。

听众： "技术"在这里还是被理解为一种观察工具吗？

孙藜： 当然，在暗箱模式下，"技术"是一种很典型的工具化的理解。但这恰恰受到反思和批判，因为它与现代主体的塑造关系紧密，暗箱主体把技术理解为一种"透明"工具，但从暗箱到立体视镜就意味着转化。反之，在新的更具流动性的主体面前，更多的是要考察技术如何塑造主体。这意味着"技术"不仅仅是工具，这个技术本身还对主体有生成性的作用。由此重新理解"暗箱"模式，那种"工具化"及其主体模式本身，其实是一种由暗箱构造出来的特定的主体位置。

听众： 克拉里讨论了从古典到现代的观察者技术，那么我们如何看待21世纪赛博空间中的当代观看？

孙藜： 在当下，比如VR，我们如何理解VR中的观看？特别是媒介所构建的虚拟空间不再仅仅是一种再现，其本身即构成我们生活的场景。对此，我特别想说几部电影，一是《黑客帝国》系列，二是《千星之城》。这两个系列的电影中尤其是后者所呈现的虚拟与现实的关系，可能是对这个问题的一个很好的回答。新技术环境所营造的沉浸式体验，将打破把虚拟与现实之间的关系简单理解为对知觉对象的想象这样一种思维定式，因为虚拟体验本身把我们的身体在两个世界中的活动同时结合在一起，我觉得这一点可能是未来VR技术与现实相结合的一个关键之处。

听众： 17~18世纪的早期现代性与19世纪的现代性之间有一个断裂和转折，那么它们之间的区别在哪里？

孙藜： 在克拉里看来，暗箱主体代表了早期现代性的主要特征，即以一种理性的、稳定的方式来把握和征服客观世界这样一种现代性。而到了19世纪早期，人们在面对一种流动的、时间性的、绵延的视觉感知时，就涉及怎样重新组织视觉经验包括对主体本身的再认识问题，这种前后的变化就是现代性内部的重大转折点。当然，这里需要注意的是，克拉里所说的"断裂"，并非历史本身，而是历史书写者的一种建构性解释，而且"断裂"本身也不是完全没有连续性。如何通过"断裂"让之前和之后的历史形成一种新的"连续"，我觉得这才是克拉里所说的"断裂"问题。

听众：《观察者的技术》的哲学思路是什么？

孙藜：就关键的技术与主体关系的转折而言，克拉里提到了这样的哲学脉络：康德的《纯粹理性批判》给主体性蒙上了一层面纱，歌德是将这样一层面纱揭开，并把主体性拉回到了人的身体在场，而叔本华则更为明确地把主体性的统一落在了人的生物性上。

听众：从克拉里的角度来说，在视觉观念的变化之下，可以说观察者主体从被动的旁观者转为主动的参与者。请问在这个角度上是否可以说在人们对媒介的认知观念的变化或对媒介进行考古的过程中，我们也能发现人们对主体性的认知的变化呢？

孙藜：这里需要注意的是，观察者本身就是有能动性的，尽管这种能动依赖于媒介或技术提供的可能。在克拉里的叙事中，洛克赋予暗箱观察者一种"司法审判者"的角色，也就是说，实际上那种早期现代主体并非被动的旁观者，旁观者也是有主动性的。因此，不能认为旁观就一定是被动的。这个问题的后半部分，恰恰反映了克拉里在《观察者的技术》中所做的工作。

听众：克拉里所说的现代西方视觉观念的转化，如果把目光放到近代中国，那么中国的视觉观念转化是如何发生的？或者说中国的视觉现代性转型是否也遵循同样的逻辑呢？

孙藜：克拉里的研究是其对西方知识前提的反思，我们也应该有自己的媒介考古学。这就涉及我们如何理解自己的传统，并将它的转型与西方世界进行对话。当然，近代中国的一系列现代性转型都是与西方世界紧密联系在一起的。比如，电影是如何被引介到近代中国的？要搞清楚这个问题就离不开中国传统的视觉性，比如自明中叶以后中国视觉现代性的发生与转型，将两者结合起来考察是非常重要也是非常有趣的。这就像沟口雄三先生在《作为方法的中国》里所说的那样，要想理解近代中国的问题，就一定要从其与前近代中国之间的关联中去理解。已有艺术史、文化研究讨论过不少诸如"透视法"的中西差异问题，都与此密切相关。

听众：我们身处在一个整体中，不能把克拉里的断裂和重组当作一个简单的二元论，但有些人是非常极端的二元论理论家，如弗卢瑟，它的二元论是关于书写和技术影像的，就是技术图像，书写创造了一种视觉意识，一种所谓的线性历史，现在回到了技术图像的宇宙，他把数码设备视为一个神秘的黑盒子，自动化的神秘装置。我们现在生产东西，是把我们旧有的数据事物给予重组、复制、拼凑，这种规训可能强于技术图像宇宙所造成的禁锢性，比原来的暗箱还让人胆寒。这个问题你怎么看？

孙萝：第一，就二元论如何突破这个问题，除了要时时返归、反思我们的前提之外，以此视角重新思考历史也是一种重要方法。放在历史的维度里，我们可以看到一种既有主导性又有剩余或新生的东西的复杂图景，如何把这样的关系放在历史经验里看，尤其是在特定时段里，讨论它们之间的位置关系，极其重要也极富挑战性。例如，从书写到大众媒介再到当下的技术媒介，多大意义上是回归？如何理解其间那种复杂的并置？第二，对于当下新技术的关系问题，克拉里在《24/7：晚期资本主义与睡眠的终结》里做了回应。比如我们曾经以为日常生活可以有一个间隙，以为在福柯所讲的组织机构、家庭、学校、军队、监狱等"规训"与日常生活之间会有间隙，但在今天，它们一律都被技术抹平，其无处不在、无时不在，似乎只有进入睡眠而失去意识的时候，我们才能形成一种勉强的抵抗力。所以某种意义上，这是一种更为全面、更为可怕、更为神秘的东西。从这种情境下生发出新的"乌托邦"式的想象，尤为困难。

第十一讲
章戈浩领读《昆虫媒介》

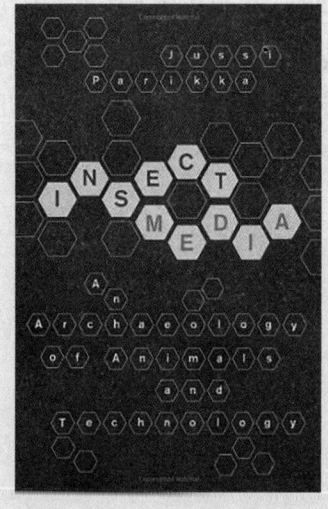

图11-1　《昆虫媒介》封面

领读书籍:《昆虫媒介》[1]（*Insect Media: An Archaeology of Animals and Technology*），作者：尤西·帕瑞卡（Jussi Parikka）

内容简介: 自19世纪初昆虫学家首次推广昆虫独特的生物学和行为特征以来，技术创新者和理论家就提出将昆虫作为一系列技术的模板。本书分析了昆虫的社会组织形式（蜂群、蜂巢、网络和分布式智能）如何被用于构建现代媒体技术和网络社会。作者发展了一种媒介的昆虫理论，认为现代媒介不仅是人类个体行动者、社会利益或技术决定因素的产物，更准确地讲，它们是既借鉴又模仿昆虫的异化的生命世界的非人现象。本书为探索网络社会和文化现象提供了创新的概念工具，挑战了当代科学和文化的人类中心主义方法，揭示了昆虫和其他非人类动物为重新思考媒介、生物学和技术的融合、理解数字文化提供了新的可能性。

作者简介: 尤西·帕瑞卡，芬兰媒介理论家，媒介考古学领域知名学者，南安普敦大学温彻斯特艺术学院技术文化与美学教授。芬兰图尔库大学数字文化理论教员。芬兰图尔库大学文化史博士。研究领域为网络文化、数字媒介理论、媒介考古学。从生物共振（病毒、虫群、昆虫）到电子垃圾、未来化石、稀土矿物，他的一系列专著如《数字传染病》（*Digital Contagions*）、《昆虫媒介》（*Insect Media*）、《可憎的人类世》（*The Anthrobscene*）、《媒介地质学》（*A Geology of Media*）等，描述了在人类世（anthropocene）技术条件下构成媒介知识生产的复杂层次。

领读者: 章戈浩（澳门科技大学人文艺术学院助理教授）

主持人: 张磊（中国传媒大学国家传播创新研究中心研究员）

---

[1] PARIKKA J. Insect Media: An Archaeology of Animals and Technology[M]. Minneapolis: University of Minnesota Press, 2010.

讲座时间：2021 年 5 月 9 日
文字稿整理与校对：毛万熙

一、开场白

章戈浩：阅读本书的过程就是在"蚍蜉撼树""作茧自缚""飞蛾扑火"。本书的阅读难度极大，我边读边翻看《百科全书》的生物学、哲学、人物的介绍。今天展示的是我如何阅读本书，而非对本书"抽丝剥茧"的分析。尽管我试图"蚕食鲸吞"这本书，但只能"蜻蜓点水"，而且可能充满讹误。尽管我们往往会在媒介上看到这样的昆虫，但本书中并没有媒介上我们熟悉的"昆虫版超级英雄"。关于虫子，我们会常在各种不同媒介里遇到。在小说《三体》第一部的结尾部分，当三体人通过政府锁定了人类的科技发展后，书中两个人物有这么一段对话。三体人认为人类是虫子，科技永远不及他们，而其中一个人物指着漫天而来的蝗虫说，其实蝗虫从没被人类战胜。

在日常生活中，人们可能有更具身的和虫子的直接交流——晚上打死过一只蚊子，在书房里拍死过蟑螂。作为一个小学生的家长，我还看到这样的虫子：人化作虫子，做拟人化的表演。在媒介上，让我们印象深刻的虫子可能并不多。去年的一条热门新闻和虫子有关：联合国粮食组织提示，人类正面临一场全球蝗灾危机，这可能是很多人最近一次在媒介上看到的和虫子有关的信息。最近有一条新闻说，美国将迎来数百万只蝉，这种特殊的蝉会在地底潜伏 17 年后破土而出。为什么虫子会潜藏 17 年这样奇怪的时间？本书提供了一个答案或解释。

这里列出三组以虫为偏旁和部首的汉字。第一组汉字是各种虫的名称，有些是我们熟悉的虫子的别称。第二组汉字是用来描述虫的形态动作的。第三组汉字是古人以为是虫子，但在当代生物分类区里没有被列为昆虫，如螃蟹。

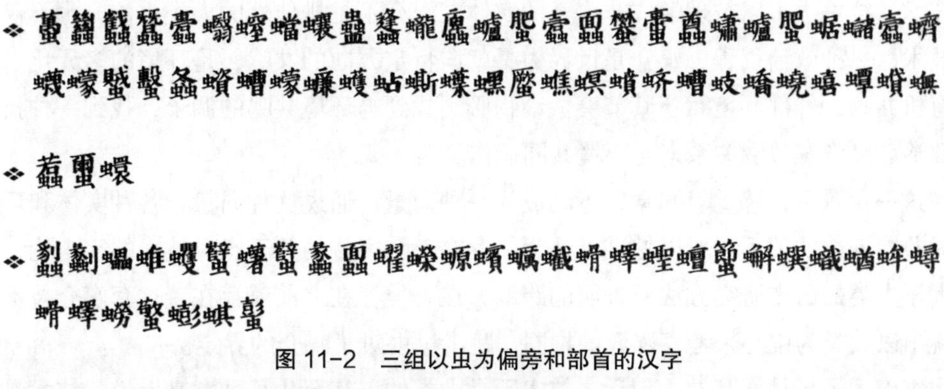

图 11-2　三组以虫为偏旁和部首的汉字

希望在下面的讲解中，读者们能够战胜"瞌睡虫"。

二、领读环节

（一）作者简介与作品背景

本书作者是尤西·帕瑞卡，1976 年出生，芬兰人，在英国南安普敦大学温彻斯特艺术学院做教授，在母校芬兰图尔库大学做外聘教授。他常与另外一位从事媒介考古学的学者胡塔莫合作，二人被合称为媒介研究的图尔库学派。

图 11-3　尤西·帕瑞卡照片

帕瑞卡的第一本书是研究关于电脑病毒的《数字传染病》，此后写作了《昆虫媒介》《媒介地质学》，这三本书构成了帕瑞卡的三部曲。这三本书有内在联系，形成了层层递进、相互呼应的关系。《数字传染病》研究的是媒介物、数码物，《昆虫媒介》包含不同媒介，《媒介地质学》从无机物的视角考察媒介。目前，被翻译成中文的作品是他参与编辑的《媒介考古学》。

本书在挖掘近几十年来兴起的昆虫与媒介或文化研究相关领域的研究。昆虫媒介这个概念并不是一个隐喻，把媒介比喻成昆虫或把昆虫比喻成媒体，而是指昆虫可以被理解成某种技术，技术也可以被理解成非人类的实体。媒介不是排他性的人类主体，也不仅仅是一种技术、一种政治议程，媒介是世界力量朝向特定方向的共鸣，是环境的多元化。内部环境有机共鸣，外部环境赋予其节奏。动物必须找到与环境共鸣的调子，找到一种技术，通过政治、经济等节奏关系来与环境共同运作。

在这一背景下，感觉、知觉、行动成为一种向量，通过这种向量，各种实体和环境之间形成共同创造的关系。所以帕瑞卡认为，存在一个完整的关于媒介技术的宇宙论，时间跨度大于人类的历史研究方法所表明的跨度，在人类存在之前就存在着这套媒介技术。所以应跳出以人类为中心来考察媒介的拘囿，跳出过去对于媒介的界定。

本书引用了齐林斯基的一句话：技术不是人类的，甚至从某种意义上说，技术是非人类的。为什么？人们可以用人文的逻辑对待技术系统的功能和运作，或把技术对象当作人体的延伸（麦克卢汉的说法），或人的适应性修复能力的延伸，但问题是，技术本身的目的是成为非人类的东西，它就是用来实现人类没法做到的。所以技术的存在超越了从人文主义视角对人、对身体、对主体概念的理解。特别是在当代网络文化里，技术正从具体的物质、物体变成看不见的系统，和动物的世界一样，技术暗示它是超越人类语言的交流和媒介模式。借用德勒兹的概念：技术已经成为超越我们自身的存在或生存模式。

本书叫《昆虫媒介》，是利用昆虫作为方法，展现媒介如何产生、媒介如何从动物的行动中改变，媒介技术本身可视为与世界进行接触的非人类的行动模式。结尾部分提到，也可以从其他动物的视角，只不过昆虫是所有动物里最不能被人类驯化的，所以用它考察我们的非人类性，考察媒介技术的非人类性。

导读提到，昆虫和媒介存在相互转换甚至转置的关系，甚至不仅从语言的角度、隐喻的角度。本书不是对昆虫的理论化，甚至所谈论的技术也不是简单的仿生学。仿生学还是以人为主体、持还原论的视角，认为技术可被拆解成某种元素，仿生即学习昆虫的某一类元素。而各种媒介较之复杂得多。除了帕瑞卡之外，还有很多学者也用类似方法，以其他动物反观人类、反观当今的媒介世界。比如弗卢瑟的《幽灵蛸》。今年出版的新书《深海媒介》（*Wild Blue Media*）也谈到各种深海动植物，《奇云》用到了鲸鱼。这些都是这几年媒介研究领域兴起的一系列研究，采用人类之外的各类生物甚至非生命体来反思媒介。

本书想研究的是昆虫的工艺学。生物学的概念适用于动物，也适用于技术，两种实体都是由环境互动的力量组成的。昆虫媒介概述了后人类的美学理论。它同时模糊了自然和技术、人类和非人类，甚至生物和非生物的界限。帕瑞卡的三部曲都涉及这个主题，谈到技术和自然的关系、人和非人的关系。特别在最后，谈到了有机物和无机物的界限和变动。他把媒介环境理解成，通过我们对周遭环境的强度的实际参与（感觉、运动、记忆）来构建的环境。我们并不是仅仅通过媒介包括昆虫媒介来与物质世界交流，我们本身就是媒介和媒介的。

本书从昆虫开始，延展到一切非人类，从讨论昆虫的特征，转移到讨论如何理解传播、如何理解技术媒介、如何理解人自身的本质。作者并不将媒介作为在本体论上和生命系统里人类使用的他物（或工具、机器、过程）来处理。他的观点较为激进：媒介根本不是真正的物体，它们没有特定的物质，相反，它们是情动、关系、转化的问题。这些都是不同的概念，不能用理论或技术来捕捉。

所以本书的核心原则是，媒介像昆虫和其他动物一样，处理的是人类有时无法感知的力量，只能通过它的影响来窥视。算法、计算、电压的逻辑都是无法触及的，但在不断影响或调节人类的身体。所以对昆虫和对技术的热情之间是有联系的。像蜜蜂、蚂蚁、虱子或其他异类一样，媒介可以被视作构成世界的强度能力，而不是纯粹的物体。他借用了德里达的观点，超过人类感知的世界，同样也是构成我们交流实践的世界。

本书试图悬置自然和人工，跳出自然和人工的对立。本书可分为两部分，前面试图将昆虫理解成媒介、技术，后面一部分试图将媒介理解成昆虫，在自然和文化的分界线之外来构想媒介，既能理解跨越大西洋电缆的信息这种更人们熟悉的物质性媒介，又能理解蜘蛛在网上拖拽作业的方式这种物质活动，通过这种物质思维来定义媒介。技术不是简单的人的身体的延伸，它增加了人对世界的身体和精神的接触。

技术不是简单的人的身体的延伸，它还增加了我们身体和精神接触世界的机会。传播网络成为昆虫群的（人工）技术。它不仅仅是对昆虫的模仿，更是一种仿生术。虫子的行动不仅仅是理解媒介的模式。本书并非将媒介作为预先存在的物体的集合体来处理媒介，而是将媒介处理成一种流动模式，有速度，有快慢，有影响，是一种生成性模式。

导言提到借用了德勒兹的三个概念，阅读本书恰是用昆虫学习德勒兹的理论。

第一个是强度（intensity）。一种不同的创造力量，一种生成，一种强度，创造了我们所感知到的东西。只有通过主体和客体彼此形成的事件，才会产生被感知的事物。这就是德勒兹思想中的强度，也是最近流行的新物质主义所表述的强度：把分割的、广泛的、被命名的各种事物仅仅视为强度的差异化的力量结果。

第二个是集合体（assemblage），也被翻译成配置，没有哪种集合体是源于其内部规定关系的（就像种子一样），相反，一种集合体来自内部和外部的折叠。一种集合体，无论被归于技术、物还是人，强调的都是连接关系的产物；什么东西可以成为技术，在关系介入之前都不能确定，这就是西蒙东所说的转换关系。集合体总是由一种关系性构成的，但这并不意味着完全的外部构成主义，而是一种跨个体化的个体发生，所有的关系都是由一个潜在和虚拟的前个体现实（pre-individual reality）所促成的，而众生共有的这种跨个体化因素也是促成集合体聚合的原因。

第三个是图解（diagram）。分析、定义和复制动物情动性（从心理物理量来测量人类感觉中枢，扩展到昆虫的组织和感觉）的模式，并将其从严格的科学语境扩展到更广泛的社会领域。

本书共有七章。前四章谈昆虫作为技术，后三章谈媒介作为昆虫，中间有一个理论性的间奏曲，衔接前后两部分。尾声部分回应了导言。

（二）作为媒介的昆虫

本书天马行空，很难把握本书线索。第一章写 19 世纪昆虫工艺学讨论的内容，之后跳到 21 世纪的哲学。行文旁征博引，谈动物后引入哲学，谈哲学时突然讨论建筑。正如本书副标题所说的，这是一个关于动物与技术的媒介考古学，它想寻求非历史的、非线性的趋势。首先，探讨昆虫的行动；其次，探讨社会性昆虫如蚂蚁、蜜蜂等的群体形式；再次，通过昆虫行为学研究，探讨昆虫和所在的环境之间的关系；最后，从时间性上探讨昆虫的蜕变、转换。后一部分关于技术媒介的探讨，呼应了第一部分所谓昆虫的技术生成。

本书采用的方法是兽性媒介考古学，以非人类中心的动物的视角，审视当下媒介设计和理论中的昆虫主题可能性的内在条件：质疑所谓简单动物行为与媒介耦合的新技术。本书还要寻找在一个更长的历史时期里的这一现象，先是寻找了这段昆虫媒介史的重要个案研究，它不仅代表了这一特定"理念"的过去，而且对我们如何习惯性地思考媒介、技术，以及动物生命和非有机生命的合体与差异提供了重要的哲学介入。

本书有一个潜在逻辑：动物与技术的量子纠缠。一方面，动物从当代技术媒介的都市文化中消失，在当代城市动物很难被注意。另一方面，与此平行的是，动物在广泛的话语中浮现，从媒介（如电影）到现代主体性（如精神分析）。在西方的城市化社会中，动物从实际生活的世界中消失的同时，动物的影响和强度被纳入了现代性的新兴媒介技术，尤其是电影，其中出现大量动物主题。另如南京一处经典网红打卡景点灵谷寺，人们刻意去那里寻找、捕捉这种画面——城市里的萤火虫。

第一章　19 世纪的昆虫技艺

本书一开始介绍了西方语境下昆虫学的兴起，包括斯宾塞等人的昆虫学研究。可以发现，早期关于昆虫的研究有自然神学的传统，认为有一个所谓的"great chain of being"，万物都是被上帝设计好的，整个世界的生物秩序是完美的。在英国维多利亚时期，工业革命兴起时，人们探索自然，对微观世界充满了科学热情，这体现在当时的文艺作品里。比如《爱丽丝漫游记》里有大量和昆虫有关的描写，当时的人类学界存在所谓技术人类学，把技术作为一种艺术。接下来更有趣的是出现了艾蒂安－朱尔·马雷（Étiene Jules Marey）的一系列研究。马雷现在被认为是影响当代摄影或影像技术的重要人物。他发明了枪形照相机，在没有发明录像或电影时，用这种方式连续拍摄照片，可以捕捉到肉眼难以看到的东西。于是他拍下这张图：马蜂抖动翅膀的时刻。在马雷看来，对动物的研究能让我们了解到机械工作的基本原理，他甚至还做出了各种能模拟动物动作的机器。换句话说，他把动物看成更为平滑的机器。机器同样也可以被动物化，人可以在昆虫、机器之间建立联系，分析它们所遵从的机械原理。

这接下来影响到亨利·伯格森的生物哲学。1907 年，伯格森提出创造进化论，区分生物和工具的不同模式，他把整个动物分成四类：软体动物、甲壳动物、节肢动物（昆虫）、哺乳类动物。软体动物和甲壳动物更趋向于静态，昆虫最突出的特点是发挥本能，哺乳动物在发展过程中，把智力、智能发挥到了极致。昆虫有两种应对物质世界的方式，要么通过自己的机体创造出一种直接的手段，要么构建出一种间接的组合，把自己变成一种工具来塑造无机物。昆虫的身体和结构本身就构成了它的天然工具。生命本身没有目标或目的，只是一种差异化的模式，我们没法理解未来的形式，进化是通过犯错和纠错来实现的，它不是平稳发展的线性事业。但是要想在一定程度上去修改计划，所谓的创造性便出现了。

伯格森也讨论了本能和感知。本能是一种没有反思性的、与世界的连续折叠，而身体是一种自然工具。这就模糊了工具和工具使用者之间的区别。昆虫的身体作为本能的机器运作，不是一个受意识控制的假肢般的延伸，完美的本能是可以使用甚至建造出有组织工具的能力。智能则是使用或建造无组织工具的能力。所以本能和智能被环绕的对象区分开。本能进入世界的真实关系，而智能则在可用于概念化思考的抽象问题上工作。本能往往是区分动物和人的基本特征，动物靠本能，人靠智能，这样动物和机器又联系在了一起。

本能作为强度发挥作用，将身体和周围环境或其他身体交织在一起，而且是一种前语言学的模式，而非语言的方式。强度标志着这种行动的准备状态。它是一种情动互动的门槛。所以本能不是一种自动的条件反射，它可以被历史性地看成一种趋势，看作预定能力没被耗尽的潜能，甚至可以把本能看成是进化过程中各种先天性习惯的浓缩。

在这里，帕瑞卡试图做出昆虫（生物）和机器（技术）之间的平行理解，二者不是单纯的重复机制，而包裹着情动和可能的创新。这和前面马雷视昆虫为机器不一样。昆虫这种机器可以修复缺陷，这种能力优于一切制造精良的机器，而且昆虫最主要的优点是它可以改变，适应发生变化的环境，这是人造机器所做不到的。

第二章　形式的起源：昆虫建筑和群

第二章谈论昆虫的群（swarm），特别是社会性昆虫，如蚂蚁、蜜蜂。群是一种情动或强度的组合，把多重性组织成一个关系的整体。换句话说，蜜蜂群里每一个单元只存在于它和整体的关系中，整体由若干个群里的个体构成，每个个体同时和群构成关系，所以它和环境关系同时被共同创造出来，个体和其他个体发生关系，同时创造出群体。

当时存在着关于群和昆虫的组织模式的谱系学。人们惊奇地发现，蜂巢的结构无比精巧，居然都是六边形，节省空间。这简直令人无法理解。为什么自然界的力量最后组成了这种充满奇异性的组合？研究发现，它符合某种数学原理。讲座开头提到，为什么蝉用了17年破土而出？因为这样可以最大限度地避免碰到其他生命周期中的天敌。不仅仅是生物体在适应环境，生物体和所在环境还互相谈判或共同生存。没有事先准备好的形式或模具，进化就是世界的创造。

19世纪计算并不被认为是一种智力，所以昆虫和自动装置在围绕技术和生命的讨论中，占据了平行位置，成为哑巴机器。对动物几何学的异常潜力的强调，开启了传达动物智慧的感觉。这样，自然界的数学家们创造出符合数学原理的结构，被认为是最佳结构。

当时有人意识到蜜蜂的社区表现出从社会组织到个体的完美和谐，而那时世界正好处于城市化进程中，蜜蜂被认为也生活在一个危险的城市里，而且建筑令人钦佩，反映出当时的工业城市化对城市的认知。当时的建筑学家密斯·凡德罗（Ludwig Mies Van der Rohe，包豪斯学校最后一任校长），把蜂巢视作理性规划。

动物有理性吗？会规划吗？人们把这种昆虫群和人类社会做一个类比。维多利亚时代，人们甚至会认为，社会性昆虫就是一个整齐的等级结构的美好形象，每只昆虫都有自己的位置，各尽其能。蜜蜂有自己的社会分工，和亚当·斯密提到的无形之手产生了共鸣，在自然界居然可以有这种合理的规划和管理。所以当时人们认为，现代技术社会也可以进行合理管理，构成反馈循环；劳动分工、社会等级制度、种姓制度或社会本身作为超级有机体的概念，被用来巩固权力结构。人们对昆虫自然世界的认识和早期社会理论产生了共鸣。

图11-4 《蜜蜂玛雅》动画图

社会上甚至出现过关于昆虫的道德评价。20世纪童话《蜜蜂玛雅》提到蜜蜂具有可测量的理性、责任等美德。这个20世纪初的童话，曾经在70年代在日本被改编成动画片《玛雅历险记》，还在中国播放过，很有趣的是主题不断被改变。最新版本是将要上映的3D版本。随着时间的推移，关于昆虫的美德也发生了变化，尤其在二战以后，增加了反战的蜜蜂形象，剔除了早期文化里关于蜜蜂和军国主义社会的联系。

很多学者意识到，20世纪发生了两次世界大战，背后都是大规模的社会动员和社会控制。对战场和后方的有效组织，无论是电力、技术、食品的分配，还是后勤物流的管理，都是生物政治学。所以对昆虫、特别是社会性昆虫的理解，慢慢变成了对现代技术和理性社会建设的政治解释。而且，这时候昆虫成了一个过度确定的但同时又是浮动的能指，把具体的动物概念和抽象事物联系起来，如安全、个性或个性的丧失、集体生活，昆虫的身体收缩成抽象的社会或政治问题。这时，昆虫成了一种中介，成了合理化的政治的一部分，甚至关于社会昆虫、蜜蜂、蚂蚁的研究都被福特主义社会秩序利用。

帕瑞卡提醒我们注意，这些非人类组织模式表达的是昆虫的情动的内在调节，并不是当时的社会理论者所想象的那样。昆虫表现了所处的环境力量的复杂生态附加和收缩。蜜蜂之所以把蜂巢建造成那样，并不是事先有规划，而是它对环境的本能折叠。昆虫对所生活的环境的创造性调控，是通过内在方式进行的。它们是无中央控制的能动者，没有一个普遍法则充当问题的主要解决方法，并不是有一个设计者或规划者把蜂巢设计成这样。蜜蜂是从内在追寻问题，解决方案也是从物质的发展中就地找到的。昆虫从周遭环境中找到建筑材料的特征，不是从外部判断，而是遵循物质本身的边缘和质量，最后形成这种结构。所以技术研究者或社会研究者发现了"分布"，它是一个不受控制的但仍有协同的组织。

哈拉维提醒，动物和昆虫是组织政治被忽略的部分。有学者提到群的涌现，在本体论上处于生和死的二元之间。因此21世纪的生物哲学的背景应放在关于昆虫社会的无头动物性（headless animality）或与生命的边缘状态。这种生物哲学提供了理解物质性的新方法，不是通过物质或形式，而是通过作为情动组合的更长的时间变化。

这种关于群的理解最后触发了所谓的群智能（即计算机科学算法）、多代理系统、涌现论。康韦·劳埃德·摩根（Conway Lloyd Morgan）在 1927 年提出各种实体或者生物体的特征是相互之间的关联，即实体或生物体与所在环境或其他生物体发生关系的趋势。比如威廉·莫顿·惠勒（William Morten Wheeler）研究蚂蚁行为，发现有联系的整体大于（不可还原为）它的组成部分，换句话说，这种集合体找不到因果决定关系，一个整体是不可能被拆分成部分的，所以重要的不在于整体和个体，而在于构成整体的个体之间的联系。原始的组织形式——昆虫的群，正好体现出这种有机体的涌现事件。这区分了同质的社会集合体（同一物种）和异质的集合体（物种之间）。

蜂群和昆虫建筑是一套生活系统，不是一个结构，不能被还原成一个被事先编好程序的个体，或从上而下的组织压力。它是一个变动的系统，不是一个固定的结构。所以，昆虫的建造和组织模式不仅仅导向生成性的空间结构，还是在时间中慢慢形成的。所以，在这种涌现的立场之外，人们还要意识到群事件中时间性的重要性。

第三章 自然的技艺和技术

这就引向第三章，群作为时间。群不是一个现成的组织，而是不断在组织边缘生成和重新解散，是一个不断变化的过程。本质上它是一个异质的但一致的整体。局部模式的变化不断反馈到全局中，构成动态全局，这是昆虫的群的特征。

这里使用了雅各布·封·优斯科尔（Jocob von Uexkull）的动物行为学、昆虫行为学的概念"昆虫"，也有人翻译成蜱虫。它没有视觉，没有听觉，对它来说有不同版本的空间/时间。在它的生活中，环境扮演了一个主动而非被动的角色。没有关系、没有世界、没有时间。世界从根本上是动态的，而关系是有时间性的，但是没有定义。世界似乎会停止。时间总是通过既可以是实际的、也可以是虚拟的时间关系折叠起来。这种动态性提供了结构化，即使是高度结构化的，生命体也不断向环境开放，与之形成一个功能圈（控制论者后来称为反馈圈）。

从这里出发，帕瑞卡意识到了动物的非机械性。动物充其量是一个不完美的机器，而媒介技术很大程度上是机械化的机器，因此动物不是一种机械的机器，它们表达了被理解为感知或定位艺术的技术，通过"涌现"这个概念来区分对结构的机械理解和物理自然界的无形力量。换句话说，不把自然或自然中的行动者看成是事先具有的结构或事先定义的类别，它们和周围环境动态交织。

所以，机器、设备，动物、人类生活的技术（眼镜、望远镜、车床等）都是感知工具或效应工具，是生物或自然界的一个构成性特征。人工就是自然的一部分。因为在自然的内在性平面（这里又借用了德里达）上，每一个事物都由其进入的运动安排或情感安排来定义，无论这一安排是人为的还是其责任。所以我们要关注动物、人类或其他互动的实体之间的情动潜能，一个人有什么情动？能做什么？和谁？什么时候？有什么结果？如果要从内在性平面上看，所谓的技术机器是对它所在的更大的社会机器而言，所以不应该把技术看成是从身体向外的延伸、向外的移动。技术机器和所在的生物、经济甚至社会环境的组合关系是分不开的，要放在和环境的交织中看待。

不仅是人类的身体提供了这种技术方法（动作、直觉、感官、感情），还有动物的身体和其他强度。动物表达了不同的生成模式，颜色的、声音的，都没有内在动力。生理结构的表达也不是简单的对环境压力的表达，而是和环境的互动，是一种节奏。本章主要探讨昆虫和环境的互动，以及环境如何构成了昆虫等实体。

第四章　蜕变、强度和吞噬空间：昆虫游戏理论的基本原理

第四章从时间性的维度来看昆虫的变化、昆虫的蜕变。对大部分人来说，昆虫形象有一个绝对性特征：转变、发展、变化，如从毛虫变成蝴蝶。昆虫在成长过程中发生着形态上的变化。从这个角度来看，动物性变成了生成性的矢量，不仅仅是一个生物形象，而且通过这个形象可以思考动物的身体和环境之间的情感分配。人类本身由于存在过去动物性的无意识存档，所以人是一种异类感知、恐怖甚至变态的感觉的拓扑结构。精神分析学就是挖掘已经转换成现代的身体和心理的潜意识部分、动物性的无意识存在。

这一章联系到两个个案，一个是早期让·潘勒维（Jean Painlevé）的生物纪录片，最早以纪录片方式拍摄昆虫生活，通过影像表达非人类的体验。这种非人类的体验延展到电影对生物政治或生物权力的思考。

这种电影，早期"诗意的记录"，从旁观角度拍摄生物生活，或把纯粹的自然影像拍摄下来。正好和当时兴起的超现实主义艺术浪潮相结合，自然影像具备了某种超现实的画面。1945 年他拍摄了关于蝙蝠的《吸血鬼》（*The Vampire*），用蝙蝠拟人化叙事来拓展，使得电影的主角不一定是人类，可能是其他动物，在创作上让人和生物的界限变得模糊，而由于艺术的介入，昆虫的生命形式也变得更有趣。用非人类的眼睛这一不同维度来发现自然界，用摄影的方式把生物的身体放大，把它的感受加快、放慢，摄影机就成了锐利的显微镜，也就成了最早的表现生物权力的工具。后来影响到大量艺术家对昆虫作为艺术媒介的应用，特别是瞬间摄影，用延时的方式减缓身体速度，使拍摄内容变得可量化、可预测，出现了对生物政治的控制对象的新认识。

在西方文学传统里，最著名的蜕变是卡夫卡的《变形记》，格里高里一觉醒来发现自己变成了一只甲虫。这是一个关于现代性特征的昆虫形象，成了身体的激进时间性和网络性的象征。当一个人的身体变成了昆虫、非人化了，这个人便从个人事件中脱离出来，成为政治、社会、交流机构之间更普遍、更强力的中断。

另一个个案是凯卢瓦（Roger Caillois）的游戏分类。他基于对昆虫的研究导出关于游戏的分类，这影响到了当代的游戏设计。基于昆虫行为模式，他把游戏定成四类：竞争（各种棋类游戏作为典型），运气（骰子），模仿（展开双臂模仿鸟的飞翔），眩晕（感官刺激，坐过山车）。游戏模式有两种，第一种是具有规则的，第二种是非控制的。帕瑞卡进

行了补充，认为除了规则式和非控制式的游戏模式之外，还有两种：惊奇元素（在游戏过程中不断出现惊喜、出现意想不到的问题），重复回环（游戏中不断重复）。

昆虫的生活并不比人类生活更加复杂和精致，从动物特别是昆虫到人类社会，对掩饰、非人化、成为他者的欲望，在一个连续的过程中得到表达。而游戏或游戏模式可以看作蜕变的引擎，这个过程中改变了参与者和行动的空间。

不光是游戏，类似活动很长时间都是各种宗教仪式的一部分，比如萨满，是以蜕变的方式、以灵魂附体的方式来表现，所以它也成了一种生存的过程，召唤非人类的生命、非人类的情感。如果看得更深一点，当代资本主义社会就是通过人的一般能力来运作的，所以生物政治也可以用来挖掘生产知识和情感的一般能力，如抽象的思维、交流、记忆、运动等动态能力。抽象的资本主义关系和具体环境一样真实，无论是玩红色警报、魔兽世界或第二人生的人，非个人化的心理焦虑会同样发生。

所以客观世界不是一个单一现实，我们在现实世界进行着感知或行动。反过来说，我们对世界的感知、评价、行动的方式决定了它对我们的客观性。从这个角度看，没有绝对客观意义上的时间或空间，只有不同的时间或空间的收缩方式构成的现实。如何应对现实，也影响了我们所获得的现实。

这种蜕变的概念或昆虫的时间性，不断处于变成的边缘，又不断溶解。昆虫存在于与环境相关的各种力量的集合体中，它们不断处于生成的过程中，昆虫提供了一种关系的模型，这种模型没有预测个体化，而是把个体作为情感的结果或组织。

（三）作为昆虫的媒介

第一部分谈作为媒介的昆虫，第二部分谈各种媒介作为昆虫，或媒介作为技术的生成，即从19世纪人类对于昆虫的世界的认知，跳到最近若干年关于数字技术、网络技术的讨论。它是一个关于传播与控制论的动物学。控制论怎么看呢？昆虫是机器的最理想的模型，这个和19世纪的人看法不一样。因为昆虫往往可以表现出非常复杂的行为，反映出越来越多的生物组织和逻辑模式，甚至人工智能不是在模仿人类，而是试图把智能拆分成由群中的个体行为构成的复杂系统。因此对于环境的感知、在时间和空间上的定位成为传感技术发展的主题。比如模拟蚂蚁的觅食，形成计算机里用得最多的随机扫描正反馈算法。蚂蚁去觅食的时候不知道能不能找到食物，就不断试探，碰到有东西的时候就停止试探，没有的时候继续寻找。这个就是计算机最常见的算法，随机扫描，做是否判断，进入下一个循环。

第五章　动物乐团，机器人情动：蜜蜂、环境和个化

帕瑞卡对若干个案进行了探讨。第一个个案是1953年关于蜜蜂跳舞的研究，当时昆虫学家发现了蜜蜂通过舞蹈的形式进行交流。在蜜蜂的舞蹈中，昆虫的身体成了一种建立它们相互之间关系的实体。所以对于蜜蜂，它的技术和身体密不可分。在我们看来好像蜜

蜂是在跳舞，但这是蜜蜂和蜜蜂之间交流的方式。这也就是前面伯格森所提到的昆虫解决问题的方式，解决生活问题的方式和它们的身体技术密切相关，也和它们所在的环境相关。

所以本能不一定要解释成一个前智能的形式或者机制，它也是一种潜在的关系。任何一个实体或个体都不是事先给定的，总是在一个持续的存在过程中产生的，是一种时间性的生成。通过创造具身性的解决方案，主体在一个具体的拓扑结构里，碰到什么问题，就随剧情来解决问题。动物的存在模式和特定环境之间的情动关系是有关的。

早期，科学家们曾经尝试用各种机械的方式来模拟生物。最著名的例子是消化鸭。17、18世纪的法国宫廷用机械做出一只鸭子，给它喂东西时它会吃下去，经过一套机器的运作，最后还可以将食物排出体外。它背后是还原论，认为复杂的机械原理可以拆分成简单机器。

而控制论出现后，人们开始采取另外一种观点，认为生物的运作原理是建立了反馈回路，不可以拆分成机械的构造，而是要考虑到实体和周遭环境之间的关系。所以最开始威廉姆·格雷·沃尔特（William Gray Walter）做出了乌龟的仪器，通过探测周围的光线构成它的行为。所以动物行为研究的重要原则是任何存在反射机制的心理或生态环境都会导致某种行为的出现，这种行为表明了动物的自我意识或社会意识，不是它们内部有一套机械原理，人们要通过物和所在的环境互动，再来判断其性质。所以从这个意义上说，传播的方式绝不是抽象的符号和语言，而是在一个共享空间里各式各样的具身互动的模式。

所以这几年，关于身体的研究、具身传播会成为大家讨论的话题。传播是以感知为基础的，感知进一步被概念化为一种环境的存在和感知能力。后来有学者做过各种类似的机器人，比如电子自动蜘蛛。在这一类研究里，受到昆虫的启发或基于对人的理解，关于人工智能的定义发生了变化，人工智能不再是制造出一台智能的机器来进行信息处理，而是让众多简单部分进行互动，产生结果。所以从这个意义上来说，智能机器、人工智能很大程度上不是模仿人，而是模仿昆虫、模仿群。或按照基特勒的说法，蜜蜂是投射器，人类是巡航导弹，动物有它们的代码。它们的代码不是语言，因为它们的符号和现实有固定关联，而人类的符号语言和主体性是反过来的，是我们和他者的互动，由他者的话语去定义。这就是为什么蜜蜂使用舞蹈的原因，那是它的传播方式。传播也不能被视为简单的信息模式，传播是对能动者能力的一种非表征性的说明，不是简单地谈论表征或符号就可以解释人类传播行为的。

这里借用了西蒙东的技术哲学的概念——个体化。感知变成了身体的运动，然后变成了一种集体的感受，比如跟踪，这种感知影响了我们所在的空间，然后改变了空间的动态，又对身体和环境的关系产生了影响。由于它对身体和环境关系的影响，空间也变成一个活跃的关系环境，而不仅仅是某一事件和传播的背景。这个关系不仅是空间性的关系，而且是时间性和持续性的关系。早期的信息论认为媒介往往承载信息的形式或内容，这样就把传播变成了静态的传输过程。

而信息的传播是一个动态过程，最主要功能是把主体放在实践中。这儿帕瑞卡借用了亚稳态的概念。一个有生命的身体或一个身体的生命，是由标志着一个集体的亚稳态来定义的，是一个集体性的存在，通过个体化、变化、各种本质（感知的、消化的、符号的、能量的）的持续折叠来表现自己。而生物的身体是一个变化的强度载体，和环境不断发生共鸣。

生物的身体是变化的强度载体，而非依靠事先已有的原则运作。无论这种原则是本能还是智慧，生物的身体在这个过程中不断应对或解决问题。所以对信息的环境不一定要从表征的角度来看，用具身的互动、关系性或运动性的活动来创造空间作为环境，也是了解信息的方式。

第六章　生物形态与 Boids 程序：群算法

第二个案例是群算法。群这种昆虫学的概念影响到人，人们想到使用计算机算法来理解生命。比如出现了计算机科学里最流行的面向对象的编程技术。物质从静态转变为不断变化、不断影响、不断蜕变的对象。最近几十年，昆虫的变化、变异、关系，及其和环境之间的关系，成为现代技术的特征。这种昆虫特征也成为当代计算机的特征。

帕瑞卡谈到了生物学家道金斯。他的书《盲眼钟表匠》（*The Blind Watchmaker*）是为了应对神创论者对进化论的批评。理查德·道金斯（*Richard Dawkins*）作为一个新达尔文主义者来回应他们，从基因层面讨论人或生物的进化，为了讨论进化，他设计了一个计算机程序来视觉化地展现生物的变化过程、蜕变过程。相信神创论的人认为，世界能够如此完美，好像一个钟表匠做好了程序一样。在道金斯看来，所有的盲人钟表匠都需要视觉帮助。自然界和计算环境的相同性是把生物学和计算理论粘在一起的假设。自然选择和进化背后是不是有一种算法？视觉、声音、气味的性选择背后是不是有一套规则？1991年，威尔·怀特（*Will Wright*）设计了一个程序，在20世纪90年代风靡一时，这类游戏试图用程序、算法的方式模拟蚂蚁的生活。它是一个细胞的自动结构，每个动作都有一组简单预设，但在更大层面上，会出现各种突发行为，出现一些超越预设的非固定设计，它有预设，但是预设叠加后可能产生一些突发行为。

蚂蚁通过信息素进行交流，这受到计算机科学或者控制论者的赞美，因为效率很高，目标明确，非常像我们熟悉的经典传播理论，尽管经典传播理论很难解释更加复杂的人类传播现象。信息素传播很符合经典的传播理论，而且这种模式具有很强的组织作用。从相互折叠的环境和机构的关系来看，传播成为一种媒介。而且科学家们发现，人类大脑和蚂蚁在网络建模上有个共同点——依靠连接，而非依靠事先所给定的配置。通过连接过程，能够突变，产生新事物。所以，游戏试图在数学搜索空间中模拟信息素的痕迹，这种借助视觉界面的方式便于人类理解。这样，感知环境的功能就从一个动物性的特征变成一个信息关系。这深深影响到当代软件文化里的一个突出概念——去中心化。通过这种游戏，昆虫的行为，特别是分布式行为，可以在屏幕上表现出来。

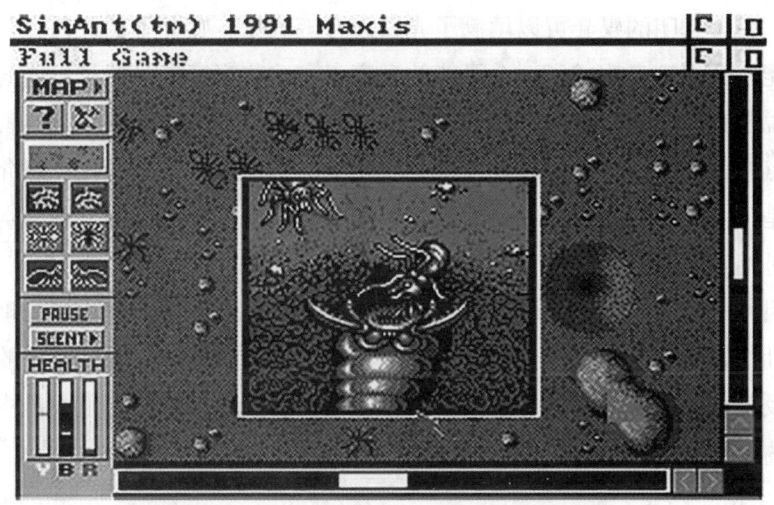

图 11-5　"模拟蚂蚁"（SimAnt）游戏界面

另外一个是在 1986 年出现的模拟鸟群飞行的游戏。鸟群的构成和昆虫的群是一样的。它是稳健的、不断变化的、存在适应性的、自主式的。它可以自动根据情境进行组织，后来这成为软件开发系统的明确要求，而且给流行文化里如何表现动物群奠定了主题基础。

群智能开始指任何试图设计的算法或者分布式问题的解决装置，灵感多来自社会昆虫群或其他动物社会的集体行为。比如基于蚂蚁的算法，似乎给新兴网络社会提供了各种有效解决方案，而网络社会的各种智能都需要一点昆虫本能。尽管本书中一个字也没提到大数据，但是关于群智能的讨论里，我无时无刻不想到当今关于大数据技术的研究分析及批判。在很多相信人工智能、大数据技术的学者看来，个体的自主力、个体的能动性不重要，可以通过集体的大数据发现行为的趋势和特征。

这里已经出现了征兆。对于软件、计算技术或网络文化进行文化分析和批判的学者们，"群"不仅提醒人们注意被纳入数字语言的思想的动物"起源"，而且提醒人们注意，数字图像本身不是静态的表现，而是不断刷新的、由像素构成的算法（Lev Minovich）。另一个网络文化研究者汉森（Mark Hansen）认为，网络文化的具身数字本体论已经立足于运动的范式，而不是专注于表现内容和环境的虚拟现实话语。运动中的身体与代码中的身体，代表了虚拟和物理领域之间的交叉，以及具身和数字代码的连接。

很有趣的是基于这个软件原理建立的群、相互作用的粒子系统，被用在网络社会的人口管理。它用人群的移动来模拟节庆活动中大量人口的疏散场景。很多智能城市也通过手机追踪人们的行动轨迹，探讨群体的流量轨迹的管控等。即使是基于能动的个体，对他们构成的群体的模拟运动往往也需要高效的、"本能"的软件。

本书引用各种和媒介有关的理论来探讨它。比如詹姆斯·吉布森（James Gibson）的关系媒介理论。在他看来，如果理解了媒介的概念，人就会有一个全新的思考方式。动物甚至是没有生命的物体，它们活动其间的媒介，同时也是来自环境的媒介，包括光、声音、气味的媒介。一个封闭的媒介可以填满了光、声音、气味。媒介中的任何一点都对能看，或能听，或能闻的观察者构成了一个可能的观察点，这些观察点又通过可能的路径连接在一起。与其说是几何学意义上的点和线，不如说是观察点和运动线。当观察者从一个点移到另外一个点进行观察的时候，光学、声学、化学信息也都发生了变化。媒介中每一个潜在观察点都是独一无二的，因此媒介的概念和空间的概念是不一样的，因为空间的点不是唯一的，而是相互对等的。

帕瑞卡引用的另一个理论是荷兰学者瑞斯特（Ned Rassiter）的过程媒介理论。该理论主要是基于社交媒介的研究。媒介的过程越来越不可见，比如难以看到软件的过程，故需转译过程以及理解这种跨尺度的复杂网络的可供性。看似看不见的力量、机构欲望和实践制度总是制约着媒介过程。

第七章　生物数码的性选择

第七章探讨了一部电影《人造人》。电影中一个女科学家用自己的形象制造了三个以精液作为动能来源的机器人，通过收集精液来探索世界。在这部电影里，人类的繁殖摆脱了人们习以为常的方式，电影里讲的是所谓的细菌性，用抽象方式寻找繁殖机会。人类的未来，至少从繁衍后代的角度说，更像昆虫和机械。帕锐斯（Parisi）讲到"抽象的性"，是超越人类异性伴侣的关系的性。它在细菌性、克隆技术的形式中不断分层。

这一章讨论人类未来的繁衍过程、昆虫之间的关系。未来的或可能正在发生的生物数字（biodigital）的形象化过程不仅把非人类的欲望再域化（德勒兹语）为人类的情感，而且把有关情感、软件、基因的标准作为非人类的"性"的可供性。当代孕、人工生殖越来越成为可能，当人工生殖和软件、基因、算法筛选连接在一起时，信息单元中对生命"编码"的结果，就不是类似早年科幻小说《神经漫游者》描述的几何数据结构，而是对生物数字产物的想象。这种想象将生物数字视为具有情感的、互动的、与各种文化力量相融合的事物。现在有很多探讨关于未来人类发展、高科技和人机互动的讨论，展望了后人类主义的重要愿景：发展出一个不断变化、适应当代科学的人性的概念。这里谈到的是当代数字技术的物质特殊性。不同的物质具有它的特性和特殊性。这种特殊性一方面来自当前网络协议或软件的单一性描述，也来自数字文化早已具有的动物或者昆虫的模式。

（四）全书评价

本书探讨的自然技术描绘的不仅是人通过创造人工产品来建立人和世界的关系，而且自然就是一个由关系（包括人、非人）、感知、期限、同居共同构成的动态过程，是积极的、创造性的。本书对早期新媒介项目进行了批判，强调对人体及其感官的批判，对个人的感知以及从世界中抽象出来的深层人文主义现象学的批判。建议媒介艺术通过"具身的技术"来工作，这种参与性的身体本身就是对非人类技术的实验和探索。换句话说，本书试图参与创建后人类的媒介理论，在创建理论的过程中，不应忽视动物作为一个概念和情感载体的作用。后人类媒介理论与其说是人类之后的东西，不如说是构成人类形式内部和外部的非人类力量。

本书提供了一个扩大的媒介定义，不是传播学课本的媒介定义。它把媒介变成了一种物质的活动，甚至媒介本身就不是一种已知的、固定的物质，而是变成了物质的活动。这会对媒介研究带来什么？从哲学角度讨论，这极其复杂。媒介研究或媒介理论可以吸纳各式各样的过去没研究过的对象，这样看来，文科生都可以研究与昆虫有关的媒介，是不是媒介研究可以抢理科生的饭碗？但这也可能是另外一种状况。媒介变成一种物质活动后，没有办法作为一个固定对象来分析。本书最大的价值不是发出一种纲领性声明，只是给我们开辟了一个探讨空间，提供传播研究的可能性。

当我们讨论媒介、传播、文化现象的时候，当我们讨论昆虫甚至无机物的时候，社会价值在哪里？社会关怀在哪里？媒介研究是不是就没有任何情怀了？不是。当代资本主义也试图遏制和操纵动物和技术的影响和强度。虽然技术不能作为一种工具或手段的概念，但是当代社会体系、资本主义体系"对潜在性的强度物质主义的机械或集合体同样感兴趣"，将动物、技术被描绘成潜能或永久变化的领域，背后反映了同样的控制逻辑，对资本是有吸引力的。一个解决方法是关注这些话语和实践更广泛的生态学或习性学的联系，因为与资本主义希望挖掘人们的欲望、身体、政治的重新表述一样，它们在向同一个方向发展。最近刷屏的外卖小哥与算法研究、群的算法，也可以进入政治经济学讨论的视角。所以表面看起来，后人类媒介理论忽略了媒介技术的社会或政治影响，但它从另一个角度理解媒介技术如何改变我们作为人的理解方式。人们不是简单地使用媒介，人就是媒介和媒介的。后人类媒介理论没有把技术设想成自我的肢体延伸；相反，身体可以被视为技术，也在和环境互动，这种互动形成人的感知和认知。重要的是，资本也意识到并运用这一点。后人类主义媒介理论也可以从批判的视角进行。过去人文主义把人作为主体、把技术设备作为客体，从根本上说是被误导了。当开始讨论艺术、技术、设备、装置、算法对人的影响的时候，可能是一个更深刻的批判。

这里还有一些对本书有不同视角的批判。如来自女性主义的媒介考古学者认为，帕瑞卡的媒介考古学就是"男孩俱乐部"，忽略了性别的思想。虽然《昆虫媒介》最后一章涉及性别和身体，但在女性主义视角看来，它仍然缺乏足够的性别意识。

本书导言最后一部分有段话，让我对本书产生了另一个思考。导言提到，大卫·柯南伯格在 20 世纪 80 年代翻拍了 1958 年库尔特·纽曼的电影《变蝇人》。对于导演来说，人和昆虫的联系与恐惧更为密切：昆虫是不是在我们体内？或我们体内有一种不可思议的动物性？这部电影让主人公塞斯·布伦德尔的变形过程呈现为分子水平的肇因。尽管发生了畸形变化，但变成苍蝇的主人公认为，这仅仅是动物和人类之间的潜在连续性。主人公说："我是一只昆虫，梦见自己变成了一个人，并且沉醉其中。现在美梦结束了，昆虫已经醒了。"

我读到这里时想到，比导演借布伦德尔说出这段话早几千年，中国人就意识到了这一点：庄子的梦蝶，而且庄子的思考比导演的思考更为深刻。柯南伯格在冷战话语下思考这个问题。帕瑞卡探讨技术媒介和昆虫的起点在 19 世纪，这是因为西方关于昆虫的研究是从这时候开始的。伴随着现代性、现代机器工业，关于昆虫的研究同步兴起。但其他社会、文明对昆虫的认知不尽相同，甚至出现更早。

不知道帕瑞卡是否知道他所不了解的文化如何看待昆虫，如何理解昆虫和人的关系、昆虫和媒介的关系，昆虫如何作为媒介。当我看到本书中的变形、蜕变时，我想到的是熟悉的传说"田螺姑娘"。田螺不是昆虫，属于软体动物。我还想到梁山伯与祝英台化蝶。在早期梁山伯和祝英台的传说里并没有化蝶情节，这个情节出现在一个清代版本里。大家都看过蒲松龄的《促织》，人变成了蟋蟀，蟋蟀又变成了人。这种关于蜕变的思想更加复杂，蜕变不是一种线性的关系，是可以转换的。现代王晋康写的《蚁生》，是关于蚂蚁的科幻小说，写到了信息素。它没有对信息素传播美好的想象，完全是一个反面乌托邦的设想。总之，当我们寻找另外的角度，还可以看到更多的昆虫与人、昆虫与技术、昆虫与媒介的不同关系。

最后引用《三体》的一句话。当三体人把人类当作虫子时，人们意识到，我们从来无法消灭昆虫，我们一直和昆虫共处。"弱小和无知不是生存的障碍，傲慢才是。"

三、讨论环节

张磊：我听讲的感受是怀疑自己在昆虫的层面上生活着。但如果我们真能在昆虫的角度上来体会，恰恰就能够从帕瑞卡到德勒兹，再到其他相关学者如哈拉维的后人类主义，或当前关于媒介技术的反思中得到一种深刻的启发，使我们能够退后一步，能在这个世界上获得更大的生存自由。

韩晓强：章老师说把意识上传，存到另外一个身体，这是不是就把人类身体作为一个可复制、可应用、可随意丢弃的媒介来处理了？如果身体成为一个可丢弃的物件，这是不是贬低身体、贬低有机体、贬低生命的思维？如果从身体可抛弃、可还原成假体的思路来看，这是不符合帕瑞卡的基本认知的，和他对内在生命的流体性或强度的思考应该是不一样的。因为他有一个典型的德勒兹的取向。从他概括的三个关键词来看，"强度"是从柏格森、尼采、叔本华这些人发展来的，有一个"生命冲动"的脉络。"集合体"是从工业中借鉴的一个术语，即所有零件装配在一起，可以拆分，是种松散结构。德勒兹在《千高原》中提到过一个更加明确的概念——块茎，在实践中有很多类似的东西，比如红薯的块茎通过藤蔓联系在一起。"图解"的谱系是从斯宾诺莎到尼采、福柯。这些构成了帕瑞卡的基本思维脉络。在帕瑞卡探索后人类的过程中，他还植入了当代理论，比如控制论，唐纳多·哈拉维、罗西·布拉伊多蒂的后人类主义。布拉伊多蒂的《变形计》可以和《昆虫媒介》形成很好的对照。

后人类主义的几个代表都是女性，这是一个不同寻常的巧合。唐纳多·哈拉维、凯瑟琳·海尔斯、罗西·布拉伊多蒂，每个人都找到一个思考后人类的面向，每个人都有自己的路径和参照指标。哈拉维找到的是与赛博格、灵长目的关联或比对；布拉伊多蒂找到的是卡夫卡《变形记》中的中间体；海尔斯则通过关于控制论的梅西会议、反身性/自反性（reflectivity）来思考，她还提到人工智能。帕瑞卡书中也提到，人类最开始创建机器人时，以人为原型，希望机器人可以用脑部即电脑系统来控制身体的指令，相当于把人的思维全部灌注到机器中。在这个过程中，处理所有的指令的行动都必须经过中央处理器。而海尔斯认为这是错误的。她观察到，后期的机器人设计过程已经背离了最初的 AI 设计理念，即通过电脑下载获得人类意识的理念，这由汉斯·莫拉维克（Hans Moravec）提出。比如设计一个机器人，不设计成人形，而设计成四条腿或八爪鱼，不是给予中央处理器来决定一切的功能，而是对八爪鱼的八条腿分别进行编程，机器自己会成长，也就是说，很多指令不经过中央处理器。一开始，八条腿不能协调行动，烂泥似的，不停跌倒，后来慢慢学习，形成彼此联动的机制。这可能是昆虫体的秘密。克雷格·雷诺兹发现，鸟群的演化时也是这样，有些东西不经过大脑思考，可以通过纯身体的反应或行动来进行。

帕瑞卡把这些人的成果和德勒兹、福柯这些资源整合在一起，形成一个看起来非常庞杂、非常具有延伸性的体系。福柯有很多术语，包括生物政治和权力，都是他在《必须保卫社会》的最后一章提到的。帕瑞卡的书是不是"男孩俱乐部"？我从他对女性主义哲学，包括拉维和布拉伊多蒂的借鉴来看，他还是尊重女性哲学、女性主义的。

章戈浩： 韩老师提到的关于德勒兹的讨论比我深入。我简单讲两个理解。

一个是关于数字永生或数字隐生的问题。并不是说把意识和身体作为二元对立，我考虑的是两种情况。一种是人的身体死亡。死亡这个问题在帕瑞卡这里基本上没有提到，但是可以理解，死亡是生命形态的另一种蜕变的形式。比方说，意识上传包不包括身体感觉？这回到梅洛庞蒂说的，不做意识和肉身的笛卡尔式二元对立。我考虑的是死亡，是当人的肉身消失之后的问题。你的看法给我提供了一个进一步考虑这个问题的维度，即另一种情况，就是关于身体感觉是不是也可以同时被上传，或再造身体和原先身体之间的关系，或当一个肉身还存在的时候，是不是可以抛弃肉身。这可以进行更深入的讨论。

另一个是关于男孩俱乐部的问题。在我看到的文献里，女性主义媒介学者对帕瑞卡思想有批评，尽管他在论述过程中引用了女性学者的研究，但如果站在女性主义的角度，他还是有很多性别上的盲区存在。当然，站在酷儿理论视角，女性主义媒介学者的批评也有需要批评的地方，也有盲区。如果站在一个非西方视角来看的话，还可以对他们再进行不同理论视角的批评。

徐亚萍： 帕瑞卡对我的启发主要是后表征范式。我最近做经验研究时，尤其觉得可以把他的范式用到表征分析里，并融入后人类视角。虽然这和昆虫本身没有太大关系，但是帕瑞卡启发了我现在思考人的生存状况的路径。刚才章老师也提到，现实已经发生了变化，不管是理论意义上的主体，还是经验上的主体，都已经发生了转换。只不过在个体意识层面上，还没有及时跟上。

帕瑞卡给我的最主要启发和存在主义媒介论、生存论有关。表征已经不在于对昆虫的表征、对群体的表征、对人的新的主体的表征；在身体的层面上，它已经嵌入环境里，已经变成无意识的一部分。从后人类角度说，图像、表征本身也是生命体的一部分，包括人们每天重复强迫性更新视频、图片、文字，也是在无意识层面上、在身体层面上建构出主体性。这种主体虽然由个人执行，但它不是个体的"我"，而是集体的"我们"。所以对我来说，帕瑞卡意味着要从范式上重新认识生活世界的重构、个体和集体之间的边界、媒介的作用。我的表述很宽泛，没有落到具体案例上，只是想表达帕瑞卡在认识论层面对经验断裂的回应具有方法论意义。

昆虫作为媒介、女性的身体作为媒介，这些从男性中心视角出发的媒介与文化研究，为什么现在会引起关注，尤其是引起男性学者和女性主义学者的关注？可能还是因为身体具有没办法被彻底理解的模棱两可的层面，这逐渐变成了日常现实里不得不面对的对象，甚至影响到宏大决策层面。对于德国的物质主义或媒介物质论的研究传统来说，女性是一个被频繁书写的对象，女性一直启发着男性学者。埃尔塞瑟之前在《媒介考古学》里也谈到，如果把弗洛伊德当作媒介理论家而非一个精神分析学家，可以看到女性是弗洛伊德的媒介。埃尔塞瑟来中国访问时，我借机问了一个女性作为媒介的问题。他当时的回答很有启发性：这个问题的根本，在于思考人既是有机体又是机械运动实体的双重性。我觉得可以把他的这种媒介考古学路径理解成还是有些人类中心主义的、站在所生活的世界的角度去思考的媒介论。

埃尔塞瑟的回答对于我们思考昆虫、女性这些"他者"都有启发意味。不管是动物的还是人的身体，身体的双重意象带来了认知上的缝隙和空间，可以从中看到经验的复杂性。人能够提供给媒介研究的最终价值，就是人本身的这种复杂性，这是没有办法被完全概括的。我们可以从任何他者投射到我们自身，来界定我们自己的主体、身体、意识或是理性和非理性。在这个层面上，媒介考古学还是要理解在媒介化环境、自动化环境里，如何认识人或重新认识人。从这个角度上来说，后人类意味着一种生存状态上的重新认识的契机。

章戈浩：徐老师讲的对我也很有启发。我过去没有意识到徐老师提到的几个点。如果从性别这个角度来考虑，《昆虫媒介》完全忽略了性别这个问题。在关于技术的讨论里，帕瑞卡对女科学家的介入缺乏讨论。在媒介考古学里，将女性身体或女性书写作为一个探索角度，我很受启发；开始没意识到这一点，这是我作为男性的视觉盲点。

曾国华：凯文·凯利的《失控》里也讨论了很多有关昆虫的群的模型。

章戈浩：《昆虫媒介》提到了凯利的《失控》，提到了凯利的很多观念，把它们作为当代网络大众文化想象里的代表。它们和控制论以及关于昆虫的理解直接产生联系。但本书没有特别深入地探讨《失控》。

四、问答环节

听众：能否简要谈一下流行文化中的动物的群的表现主题？

章戈浩：本书没有多举例，但类似的案例有很多，无论是在电影里还是在游戏里，有大量关于个体构成整体的群的例子。早期电影就有，如希区柯克的《群鸟》。最近的游戏也实现了群的方式，背后用的是来自群的算法。很多电影里计算机特效是以群的方式来进行表现的，体现出群的概念，如龙卷风。

听众：是否可以比较帕瑞卡和韩炳哲关于群的观点？

章戈浩：韩炳哲的书在《昆虫媒介》出版之后出版，所以本书不涉及韩炳哲所讨论的内容。韩炳哲是不是受到过本书的启发，或两者之间有什么联系，还要进一步研究。

听众：能否解释一下现在出现如此多僵尸电影的原因？

章戈浩：西方僵尸电影较多，而中国香港僵尸电影的高潮早已过去。中国香港电影关于僵尸的讨论主要出现在 20 世纪 80~90 年代。如果要借助从本书中的体会去理解僵尸、鬼，第一个可以考虑的方式是把它作为某种表征，作为某种符号，看它引入了什么。它作为一种表征，在当代社会情境下对未来或对人类是一个很重要的隐喻。我们还可以从另外一个视角来讨论它。它可能代表了某种关系，是我们和其他事物之间关系的想象。我最近也阅读和鬼有关的文献。这些内容不光作为文化表征被讨论，也可以作为一种我们和他者的关系来讨论。

听众：请问用装置来武装人的身体、用昆虫视角来思考人的处境，是否为了人类的长远发展？这是不是另一种形式的人类中心主义？

章戈浩：这变成了庄子和惠施的讨论，子非鱼，焉知鱼之乐？你可以站在人类中心主义的视角、跳出人的视角来看待，也可以完全跳出人类中心主义。目前帕瑞卡的尝试是跳出人类视角，从这个角度上来说，对这个问题，答案既可以是"是"，也可以是"否"。本书也提到和本书属于同一个书系的哈拉维的《当物种相遇》（*When Species Meet*）。我们要学会和麻烦、其他物种共处。

听众：您提到后人类主义会发展出新的更具有适应性的人的概念，后人类的人的概念是会更包容还是更狭窄？

章戈浩：所谓后人类主义并不是谈的将来，谈的是现在。而人的概念早就已经被改写，只是关于人的概念还没有普遍地被意识到。现在很多人谈到人的定义的时候，还是采取文艺复兴时期人的定义，人是万物之灵，把人想象成和动物具有差异性的存在，或想象成和自然界具有差异性的存在，把人想象成一个所谓的灵和肉的二元合一。

但现在的人早就不是那个时代被定义的人了，当我们戴上心脏起搏器的时候，当我们戴上眼镜的时候，当我们依靠眼镜或助听器才能认知世界的时候，这样的技术装备早就成了我们身体的一部分，我们早就不是过去意义上的人了。所以人的定义一直在改写，用德勒兹的术语来讲，人可能也是一种"生成"（becoming）。至于未来会怎样，按照科幻电影《回到未来》的说法：未来会怎样，在于现在如何创造它。

听众：请具体讲讲从后人类视角进行媒介研究如何展开批判。

章戈浩：本书的最后一部分已经做了这样的讨论。表面看起来，本书谈昆虫、谈技术，谈的和现实社会有距离。但从后人类视角切入，也可以有很深的社会批判视角。新物质主义、后人类主义的很多理论可以和传统批判理论结合。有学者在讨论数字文化、数字劳动的时候，结合后人类主义的思路，尝试把传播政治经济学和新物质主义结合起来。比如现在谈资本通过算法进行剥削，现在见到的研究通常从传统传播政治经济学的视角研究平台经济、研究外卖小哥的劳动，其实也可以进入软件算法和人的关系，吸纳后人类主义的媒介理论，研究软件算法如何影响人的认知。

听众：请谈一下本书中对本能和智能的讨论。

章戈浩：本书一开始引用了伯格森的讨论，做了本能和智能的讨论。但后面谈到当代的人工智能发展，其实已经否定了绝对的本能和智能的二元对立。现在的人工智能看似被拆分成简单的动物本能。后面，帕瑞卡探讨动物行为学、动物和环境、动物的蜕变时，他已经提到，本能不是一种简单的、机械的重复或条件反射，而是昆虫或动物和所处的环境的相互关系。从这个意义上说，本书想打破的是这种自然/人工的二元对立、人/动物的二元对立、本能/智能的绝对意义上的二元对立。

听众：您在讲鬼时提到水熊虫和数字隐生，今天用《三体》来开篇和结尾，能不能再联系起来拓展讲解？

章戈浩：我写博士论文最痛苦的时候是 2008~2009 年，主要消遣方式就是看《三体》。当写完博士论文后，正好读到《昆虫媒介》，不由自主想起了《三体》。上次讲到后生命的死亡劳动、讲到鬼的时候，我都用到了这个概念。我想表达的是，当代数字技术的特点是，当传统意义上人的生物生命终结时，由于数字技术的出现，会出现几种可能性：数字永生，数字再生，数字隐生。数字永生即把人的意识用意识、技术上传到某个服务器，人的肉身已经不存在了，但是他的意识会永远存在。也可能是数字再生，有朝一日人们把意识通过虚拟现实的方式，让人重新有一个肉身，或至少是以肉身形象再现出来。甚至还有一种可能是数字隐生，未来生物科技的发展使已经去世的人的身体通过某种方式被保存下来，当实现意识上传后，未来能再造一具肉身，和意识结合，即数字隐生。这个状况很像水熊虫，人以某种生物体的方式生存。由于种种情况，人或许会死亡，或许不能适应所处的环境，此时人就离开肉身，但意识可以保存下来。当遇到了合适的环境或再造出肉身后，其意识又可以和新的肉身结合。

我们从两个视角来考虑。一个是批判的后人类主义的媒介理论。人类以后的水熊虫生存状态，是不是改写了关于人类的定义、改写了关于生命的定义？另一个更接近于批判的传播政治经济学。意识上传是把人在生前的各种数据保存下来，而这种数据产品成为预测这个人或其他人行为的重要来源。在这个意义上，当人的肉身已经消失，其创造出来的数据可以永远保存，不断被商品化，成为资本不断增值，或成为资本预测人的行为欲望方式并增值的可能性。所以人类的水熊虫命运，换一种说法就是，当人死后，我们还会在十八层地狱不断进行数字劳动，或有一天给你一个肉身，让你的肉身带着被上传的意识、带着这些数据再次变成一个永无止境的、可以不断劳动的、可以不断实现剩余价值的劳动力。这是从政治经济学角度来看这个问题，只是我关于未来的科幻设想。

听众：意识存在于云盘，但意识是不是真的愿意数字永生？

章戈浩：有时不是人的意向性能够解决的，不是人的自我意识能够决定的问题，才是数字永生或数字隐生最可怕的地方，就是人自己无法决定。

听众：我们站在前人的基础上使用他们的理论来理解认识世界，不就有点像刚才所提的数字永生？只不过暂时没有完全用到数字媒介，但已经在渗透，大多用书籍、笔、纸来记录。

章戈浩：可以从这个角度来思考或理解。

张磊：这是个媒介考古学的思路。

第十二讲
徐亚萍领读《工薪大众》

图 12-1 《工薪大众》
封面

领读书籍：《工薪大众》[1]（*The Salaried Masses: Duty and Distraction in Weimar Germany*），作者：齐格弗里德·克拉考尔（Siegfried Kracauer）

内容简介： 本书内容首先在 1929 年年底到 1930 年年初连载于《法兰克福报》（*Frankfurter Zeitung*），然后于 1930 年首次出版，在当时引起了知识界的热烈反响。克拉考尔调查了居住在德国柏林市的新工薪阶层。这些白领工人精神上无家可归，脱离了传统共同体，在大机器时代的高强度工作之余，寻求娱乐或曰"分散注意力的行业"的庇护，在不知不觉中走向三年后魏玛共和国的彻底崩盘。克拉考尔在书中描绘了雇员们每天看似平常却又荒诞、恐怖的生活，由此，他不仅见证了魏玛共和国的衰落，也提供了一种辩证思考生活世界经验的路径。

作者简介： 齐格弗里德·克拉考尔（1889-1966），德裔杰出电影理论家、文化批评家、记者、编辑、影评人。与法兰克福学派有多种隐含的紧密联系。在魏玛共和国时代，克拉考尔曾任《法兰克福报》编辑，与阿多诺、本雅明、洛文塔尔等人私交甚密。纳粹上台后，克拉考尔被迫流亡巴黎，在 1941 年移民美国，之后完成了《从卡里加利到希特勒》（*From Caligari to Hitler: A Psychological History of the German Film*，1947）、《电影的本性》（*Theory of Film: The Redemption of Physical Reality*，1960）、《大众装饰》（*Das Ornament der Masse: Essays*，1963）等著作或文集。

领读者： 徐亚萍（上海师范大学影视传媒学院副教授）

主持人： 章戈浩（澳门科技大学人文艺术学院助理教授）

讲座时间： 2021 年 5 月 23 日

文字稿整理与校对： 毛万熙

---

[1] KRACAUER S. The Salaried Masses: Duty and Distraction in Weimar Germany[M]. London: Verso, 1998.

一、开场白

章戈浩：今天我们请到徐亚萍老师导读克拉考尔的《工薪大众》一书。很多人可能听到克拉考尔的名字，首先会认为他是一个电影理论家。在 20 世纪 80 年代，克拉考尔的一部作品曾被邵牧君老师翻译成《电影的本性》，在中国学术界引起了很大反响。国际学术界很长时间也把他定位成一个电影理论家。

最近几年国际学术界兴起了一种重读克拉考尔的思潮，发现了克拉考尔的不同面向。按照有些学者的说法，克拉考尔是一个"坐在椅子中间"的人，横跨了很多不同的学术领域，也和同代众多学人保持着密切联系。但是，由于他在 20 世纪 60 年代已去世，他的不同方向的思想没有得到充分认知。几年前，首届媒介物质性会议上，我碰到了徐亚萍老师，她一直致力于研究克拉考尔的观念，同时把克拉考尔放到当下的媒介理解和思考中。下面有请徐老师带领我们细读克拉考尔。

二、领读环节

（一）潜文本与写作背景

克拉考尔在一封给阿多诺的信中提到，本书是他的一个实验：对于物质辩证法（material dialectics）的尝试。这是本书的一个潜文本。无论是通过物质现实还是以概念的方式，克拉考尔的考察实际上都强调对特异性做出阐释。克拉考尔一生都在讲同一件事，就是不可通约性。他强调这样的阐释是非理论性的。比如我们数羊，用数字数，从 1 到 50，数到的都是同一性，是共性，但是只有牧羊人才知道每只羊的个性，一只羊跟另一只羊尽管看上去非常相像，但实际上是不同的。在本书中，作者克拉考尔就像一个牧羊人，他强调工薪大众这样一个所谓群集的抽象概念其实是由具有特异性的职员构成的。这是他在 20 世纪 20 年代的旨趣。这一点也体

图 12-2　齐格弗里德·克拉考尔

现在克拉考尔写作本书之前所关注的很多物质文化形式（如歌舞剧场踢腿舞少女）之中，关注个体和群体的关系及个体的不可通约性。

本书缘起于克拉考尔在《法兰克福报》供职的末期——1929 年年初。1929 年 4 月，克拉考尔被总部派往柏林分部，此后克拉考尔花了两个半月的时间做了调研和采访，基于此写成了系列形式的调查报告，但当年 9 月写完后，10 月就发生了世界性经济危机。这场经济危机首先从美国证券交易市场崩溃开始，因为当时德国很多大企业的资金来自美国，所以连带也发生了德国经济危机。这本书提到结构性失业、工人的解聘问题，是经济危机

的表现，在世界性崩溃之前，克拉考尔就已经关注于此。这份调查报告的发表遭到了报社阻挠，到年末才分成 12 篇，在报纸上连载。1930 年，这些报道被法兰克福社会出版社出版，书名叫《职员们：来自最新德国》。基特勒在《留声机、电影、打字机》里援引了这本书，参考的是 1930 年的版本。

因为克拉考尔是犹太人，而且有批判思想，所以二战期间受到排挤，流亡巴黎，后来几经周折移民美国，直到二战结束后，搭乘西德重建思想界公共领域的潮流，克拉考尔在魏玛时期的写作才经由其好友阿多诺重新编辑而出版。

工薪雇员领的是固定薪资，其实跟无产阶级是一样的处境，但雇员们被一种误识所引导，认为自己从事的是更干净、更整洁、更高级的职业，是知识劳动而非体力劳动，于是跟无产阶级产生了意识上的分化。因为这种复杂性，用"masses"指称雇员变得很棘手。在克拉考尔写作这本书时，心理学、社会学等社会科学研究一般将雇员视为既成事实的群体。1929 年，美国的两个学者即林德夫妇（Robert and Helen Lynd）出版了一本书叫《中城》（*Middle Town*），讲美国中产阶级。在 20 世纪 20 年代，德国有意识地通过从上而下的合理化改革，参照美国机器大生产的模式，复制高收入、高消费的中产阶级。但是在克拉考尔看到，柏林的中产阶级不是想象中紧密连接的实体，它实际上存在于各种抽象化的形式之中，是一个被抽象地捏造出来的形式。

"雇员们"这个译法能把群集的属性强调出来，但是他们确实不是一个阶级，他们其实是无产阶级。在本书中，有一章专门谈论了雇员们的工作场所，它不是工厂，而是办公室，在这样的环境里，他们处于走神的工作状态中。但在娱乐场所，比如剧院、电影院这样的消遣性空间里，他们其实延续着工作场所里形成的那种走神、分心、不自觉投入的工作状态，于是工作和消遣、生产空间和再生产空间联结起来，形成了一个生产和再生产的连续统一体。走神的空间与共和国的柏林职员有同构性，因为其都是矛盾体，也就是说，"既是什么又是什么"。

（二）以"经验"作为方法

中译版前言把这本书界定为社会研究和批判社会理论的里程碑。英译版前言则说，本书超越了深描式民族志阐释方法，是一种激进的社会政治诊断，为了激发社会重组和改变。这两种看上去有分歧的看法，实际上提出了两种后设的、对"经验"的不同理解。实际上克拉考尔对经验的理解，跟这两篇前言的界定是不一样的，这是我们需要辨析的。

克拉考尔的经验，跟社会科学经验研究中的经验是两个不同的概念。在社会科学里，经验是一种可以被理论概括总结的对象。但是在克拉考尔这里，经验是与胡塞尔的现象学直接相关的。对胡塞尔来说，经验是一种"performance"，意味着经验者赋予认识对象一种行为。经验意味着一个主体在回到事物本身时，悬置了一些已有的认识框架、自然态度后，有意识地与世界相连接的过程。这就是作者想在本书里尝试的方法，即回到事物本身，回到"physical reality"本身。这个理解方式也是《电影的本性：物质现实的复原》的逻辑前提。我想和大家分享的是，通过对克拉考尔的考察，我对他的这种经验观念的内涵的理解。

克拉考尔在本书最后一章反复提到，之所以雇员们没办法形成共同体，是因为对自己的处境缺乏意识，对共同体缺乏认识。认识就是有意识的经验，就是从经验者主体的感知维度、从直观的角度，把"matter""thing""material"变成感官数据，再转变成认识的对象，在这个过程之中建立起和世界的联系。

"physical reality"放在 20 世纪 20 年代的思想语境里，其实包含三个层面的意思。

第一，它意味着形而下的现实。这涉及克拉考尔从早期形而上学的哲学路径转向这本书的社会现象学。"physical reality"意味着离开哲学那种通过概念批判概念的抽象化阶段。克拉考尔关注的是投身现实之中、从中复原真实存在。

第二，"physical reality"的含义是身体的现实，是生活世界在身体上所形成的一种自然而然的态度，是胡塞尔意义上的需要被悬置才能让事物说话的自然框架、认知结构。

第三，它涉及柏格森对克拉考尔的影响，"physical reality"是物理学现实，是有速度、有方向、按照某种特定方式运动的时间化形式。克拉考尔最开始的时候是通过一些艺术形式、艺术作品，比如侦探小说，来观察这种运动的，即通过物化的、客体化的时间与世界合而为一的过程。《工薪大众》涉及的时间形式不同于艺术形式，而是包括照明和光线中的运动，这和在今天讨论媒介物质性有很大关联，基特勒在《留声机、电影、打字机》里也提到了明暗的控制力量。

我们看这本书时，可以先悬置一些认识框架，不把它当作一个文化研究、社会研究、批判研究的文本，而把它当作克拉考尔执着地做了一辈子的历史哲学思考的一部分。历史哲学是在他去世之后出版的《历史：终结之前的最终事》（*History: The Last Things Before the Last*，1969）那本书里才真正集中论述出来的。

他在魏玛时期已经在不断从事历史哲学的思考，比如借助雇员这样的主体来看待从前现代到现代的转折。在魏玛语境下，民主共和制、议会民主制取代了君主专制，资产阶级的理性取代了自然的神话、神秘，建立了一套合理化制度。克拉考尔看到，理性战胜自然的同时，又创造了新的神话。这听起来和霍克海默、阿多诺的启蒙辩证法一脉相承。但是，克拉考尔的物质辩证法与霍克海默、阿多诺的启蒙辩证法有很大区别，比如克拉考尔对经验的关注，对物质现实的关注。在他看来，物质现实是一种媒介，是主体经由它既祛魅又赋魅的过程。物质现实本身是被祛魅的，但是它同时又创造了很多感官碎片，在主体将这些感官碎片连接成整体时，就在创造赋魅的经验，在这种经验里，主体可以摆脱工具理性的合理性操纵，实现真正的自由理性。所以当我们讨论克拉考尔对经验的进入路径时，也是在讨论他的媒介哲学。他是将物质现实当作媒介本身看待的。

阿多诺是最开始读到这本书的朋友之一，刚开始他对这本书持批评态度，认为作者太相信这些普通人，把他们当作能够拯救历史的主体，并且不屑于克拉考尔在书里仅仅提供一手经验、一眼望去就能看到的场景。克拉考尔当时非常生气，反驳说，书里想尝试的是一种新方法，这种方法是物质辩证法，是建立在直观和理论相互作用的基础之上的，写作本书本身就在展开一种经验，回到物质世界，回到事物本身，让事物自己说话。这是两人四次集中争论的第一次。我之所以把这个故事摆在这里说，是想要强调本书在方法论上的重要性。也许我们可以不从社会科学研究这个角度去定义这本书，但是它确实体现了克拉考尔的社会学转向，即便不是典型的社会学研究。

克拉考尔看到的物质现实是什么呢？这个物质现实是关于人的现实。克拉考尔呈现出的物质世界是充满了认知框架的生活世界，这些框架渗透到了身体层面。第十章是最精彩的一章，在讨论大型娱乐场所形式中，克拉考尔提到照明的作用。他讨论了光线作为一种物质媒介，如何生产了人为增加吸引力的高强度知觉状态，并在这个过程中再生产了商业雇员的习惯，即女实习生对良好举止和外观的自然态度、身体经验，而这尚未成为有意识的经验。克拉考尔要唤起、强调一种有意识的、经过觉察的经验。

（三）全书概览

从本书目录可见，本书有如一部由12场戏组成的电影或戏剧，它们在影剧院实时上映。导言如同报幕，随后柏林雇员依次登场，最后本雅明的书评如同一个映后谈，这是一个很有意思的编排。章和章之间没有必然的因果联系。可能是因为它本来是作为一个副刊专栏写作的，也可能源于克拉考尔的方法论。受到柏格森的影响，克拉考尔把物质现实的碎片看作相互渗透、相互组织的不同元素。像前面讲的羊一样，碎片之间本身是不可以通过共性去观察的。他想要保持的是每一幕里不同元素之间的不同，但这些不同元素又是相互组织的。当我们看完一章再看其他章时，会有不同的认识。我们可以从中间任何一个章节开始看起，再看其他章，也会有其他认识。阅读时间和雇员的经验时间一样，可以不是必然的线性时间。

在前两章里，克拉考尔提到一个非常重要的点，他想替那些没有办法为自己发声的人发声，这听起来很像现在的运动式话语，但其实他在这里说的是马克思1852年写的文章《路易波拿马的雾月十八日》里提到的一句话："他们不能代表自己，一定要别人来代表他们。他们的代表一定要同时是他们的主宰，是高高站在他们上面的权威。"马克思提到的是一些小农场主，他们像麻袋里的土豆，因为生产过程、生产方式是自给自足的，所以彼此没有关联，加上当时交通与传播工具的匮乏，这些小农场主想要表达，只能通过代理人，代理人既是发言人，也成了这些人的主人、管理者。小农场主变为被管理者、从属者。克拉考尔在本书里讲到各种代言人，包括国会议员、工会委员会、雇主、大众媒体，都在为雇员这个群体代言，但并没有真正回到雇员本身看雇员，实际上是把雇员变成了从属者。

在具体描述雇员们的处境之前，像电影的闪进一样，克拉考尔在《未知的领域》这一章之前速写了两个场景。一个场景是在仲裁法庭上，解雇了女雇员的中层，指责女雇员把自己当作一位女士，而不是一个雇员。也就是说，雇员、管理者都认为雇员应该有某种样子，雇员的工作身份和真实身份出现了断裂。这样的断裂是怎么发生的？第二个例子里，作者进行了解释。一个衣帽间的女侍者，看到一个绅士和女伴，女伴形象成了女侍者理想的样子，尽管女伴可能也是一个女侍者。也就是说，商业雇员在生活世界中形成了一种自然而然的意识、态度、认识框架：雇员应该是这种光鲜亮丽的女士。

第一章里，克拉考尔把雇员定义成"失窃的信"。雇员本身是放在了台面上的，但没有人察觉到他/她真正的处境。失窃的信这个比喻来自爱伦·坡的著名小说《失窃的信》（The Purloined Letter）。一个侦探帮女皇找到了她跟情人的信，这封信被一位大臣偷到了家里面，侦探是一个有意识的经验者，知道这封信就是在最显眼的地方放着，于是就把这封信找到了。这一章把雇员本身作为一个认识盲区提出。最后一章《亲爱的女同事和男同事们》，则检视能解决雇员异化处境的方案，最终克拉考尔提出，要从有意识的经验这个方法入手。

在接下来的几章里，克拉考尔展示了各种不同的抽象化形式，解释为什么雇员变成了"失窃的信"，为什么在众目睽睽之下被异化成了一个自己都不知道自己是谁的主体。首先，在人事入职环节，心理科学起了重要作用。克拉考尔一生中不停地批判心理科学，尤其在美国期间，写了很多批评心理学的文章。对于人内心的洞察，实际上将真实流变的存在变成了可以被调度、被量化考察、通过分数评判的手段和工具。在考察雇员筛选环节时，克拉考尔提出一种洞见，用今天的话来说，筛选的标准涉及自我主动生产身体外观的情感劳动或审美劳动。雇员在入职阶段就要表现出令人愉悦的外观以及良好品性，这样的标准既是主动生产出来的，也是抽象化的，起着遮蔽作用。尽管雇员的职位、分工不一样，但实际从事的工作都是处理信息：归档、打孔、制表等体力劳动，这些劳动者并不是画报里展示的那样高尚、高雅、干净，在办公室里跟雇主调情。

第三章《短暂的通风休息》，是本书最精彩的部分之一，它向我们展示了走神这种现代社会的独特感知模式，和它在生产领域的来源。克拉考尔分析了机器旁边的人，尤其是女人，一些从事类似体力劳动的女人，跟制表机打交道的工人。在办公室里从事这样的活动，必须集中精力跟机器打交道，这也是科学管理制度把工种更加细分的结果。这些人只照顾机器，像生产线生产螺丝的工人一样，只负责生产螺丝，甚至只负责拍下一个按钮。但这种重复性劳动要求她们不断投入身体知觉，投入过程中，她们可能会感到无聊、单调。于是在办公室场域里，会有不同的具有吸引力的表面，吸引他们转移自己的注意力。这个时候我们会发现，注意和走神是一体两面的。专业分工的一个真相，就是让工人同时从事多种工作以及轮替工作，以缓解单调无聊，让他们能不断从内而外地生产知觉投入和注意力。

第四章《组织中的组织》考察了雇员分化的另外一种形式，即人事制度创造中层雇员和高层雇员，让底层雇员没有办法直接与股东或高层雇员沟通，这是三层结构的抽象化形式。于是底层雇员会面临固化或没法向上流动的困扰。克拉考尔用了一种类似电影快镜头和慢镜头交替的荒诞笔法写到，对雇员来说，25岁已经老了。这是结构性失业的问题，因为专业分工和机器大生产，很多工人被淘汰了。在失业工人里，雇员的处境还不如无产的技术工人，因为社会福利、失业救济首先考虑的是大企业的技术工人，其次才会考虑商业雇员。

第五章《啊，真快》提到了画报和广告这些媒介不断生产关于青春的表征，创造对青春的崇拜。这样的表征变成不透明的表面，遮蔽失业的死亡、恐惧。

第六章《修理车间》聚焦员工委员会和职业介绍所，这两个地方原本应该让雇员能够更加直接认识到自己的现实处境，但是，员工委员会变成了一个将生产机制合理化的工具，在劳资仲裁法庭上为雇主说话，不为雇员说话。职业介绍所没有办法让雇员意识到他们的失业实际上是结构性的，于是诓骗说失业状况可以缓解，只要通过分析数据，就可以预测在未来什么阶段，什么工种可以招人。

第七章是《普通标本》。克拉考尔在《侦探小说》里也提到过"普通标本"这个说法。这章展示的是雇员的特异性，用现在的话来说，就是生活方式决定了雇员和雇员之间是不一样的，生活方式充斥着不同的物化内容或光鲜表面，如汽车、酒馆、咖啡厅、艺术作品等构成了生活世界的"物"。这里，克拉考尔从生活世界里划分出两种不同的现实，一个是物质现实，充斥着物化内容，如果能够悬置物化现实中的自然态度，就可以通达一种真实的生命、真实的生活，就是雇员对自身真实处境的意识，这是另一种现实。

第八章《有格调，无拘束》讲的是企业中的抽象化形式，即工作共同体。企业通过体育活动、近郊旅游、员工联谊活动来建立共同体意识，有意监控、解决雇员在生产自己知觉的过程中所体验到的单调无聊以及在失业恐惧下对生活、工作本身失去兴趣的问题。企业想通过这些方式让会员主动对企业产生忠诚，主动负责任地工作。但是克拉考尔指出，工作共同体是一个抽象化形式，因为共同体本应是工作带来的结果，却变成了高效工作的手段，它已经变成另一种把雇员与其生活隔离开的抽象形式。

第九章《邻里之间》精辟描述了分化：技术部门与商业部门的分化，公务员和雇员的分化，雇员和工人的分化。但实际上，分属不同部分的人，都属于现代社会的原子化个体，他们之间会产生这样的分化，意味着生活世界中自然而然的态度在起作用。

第十章《无家可归者的避难所》描述了"distraction"，即无法集中注意力的、分心的、走神的感知模式，如何在大型娱乐、消费场所里被批量生产出来。克拉考尔对一些学者和知识分子无视这个现实而为雇员异化问题提出解决方案做出批判。在有些人看来，从企业家着手，通过企业家的良心、道德和智慧，改变垄断资本主义的流水线式生产，就能够改变雇员的处境，所以主张赋予企业家个人主义自由。但是克拉考尔认为，这个方案实际上仍然是限定在资本主义的合理性范畴之内的，只不过，这体现了自由主义资本主义和垄断资本主义之间的区别和冲突。激进的知识分子寄希望于企业主个体的改革，或盲目批判资本主义理性，都是有问题的，在克拉考尔看来，他们的问题在于为了反对资本主义而反对资本主义，没有看到资本主义作为一种经济制度本身有其理性，只不过当它变成了一种合理性，变成了先验的、不容置疑的形式理性时，它就通过各种抽象化形式去管理原子化微粒，在雇员之间创造出抽象关系。克拉考尔在另外一篇著名的文章《大众装饰》里，把这个管理过程叫作比率（ratio），一种量化、物化的理性。

在第十一章《被俯瞰》中，克拉考尔考察的是另一种似乎可行的方案。如果通过员工委员会来建立像工人一样的共同体，为职员建立工人的工会，这种方式能不能帮职员们认识到自身的处境？这是不可行的。因为这样的共同体，表达的是对共同体的渴望，它跟企业的工作共同体一样，都是将雇员们再次从生活世界中抽身出来的抽象化形式。克拉考尔给出的方案是，从个体出发，形成与周围世界建立有意识的关联、有意识的经验的知识（knowledge），这种知识作为认识，是通过经验产生的。

本书最后附上了本雅明的书评。最开始，克拉考尔并不在意本雅明的书评。但是在克拉考尔移居美国后，他突然意识到本雅明在说什么，开始接受了本雅明对他作为"拾荒者"的命名。我们也可以把拾荒者理解成一个媒介考古学者的形象。克拉考尔想找到一种物质，它有丰富的意象，必须通过辩证的方法去认识，从可见的表面看到不可见的层次；主体在以这种物质作为界面运动时，就可以获得经验所带来的知识。克拉考尔对这篇书评之所以瞧不上，还有一个原因：他认为本雅明没有看到这本书想呈现的物质辩证法——在生活世界里通过高强度观察，与雇员世界合二为一。

（四）物质现实

第一章提到了失窃的信，这个比喻关乎克拉考尔对物质现实的考察。在这里，克拉考尔讲到，雇员的生活像信封一样，虽然是展开的却是不可见的，因为里面的内容已经被抽空了。似乎雇员的真实存在是众目睽睽之下的内容，似乎雇员被人看到的外观就是物质现实，但是克拉考尔认为，这样的物质现实不是全部的现实。这意味着克拉考尔的物质现实被分成了两个领域，一个是真实领域，一个是生活世界的领域。这两个领域之间出现了断裂，各种不同的话语内容不停创造雇员们的集体身份，创造出所谓"同质化的都会大众"这个身份，这让雇员本身以及关注雇员的人把注意力投放到众目睽睽之下的生活世界，而没人注意真实的生活现实，这反过来加深了两个领域之间的断裂，带来了异化。也可以说，雇员们的生活被一分为二，一种是充满了认知框架的平常生活，另一种是经过有意识的经验后的真实生活。两者之间的断裂，意味着有意识的经验的萎缩。这种萎缩是和走神或分心的感知模式直接相关的。当雇员们没法集中注意力于某一个事物时，就没办法和这个事物产生一个有意识的经验连接，这导致他没法产生对自身处境的意识。这是本书作为所谓的社会学文本的潜层文本、哲学文本，即关于人的知识的重要性的问题。这是克拉考尔受康德影响的体现。

康德在1791年出版的《纯粹理性批判》中，讨论了在科学可以生产出知识的情况下，通过人与人的接触、人与世界的接触所生产出来的直观知识，究竟重不重要、有没有价值的问题。如果重要、有价值，那么它跟科学知识的区别是什么？这个问题意识，也贯穿于本书以及克拉考尔在 20 世纪 20 年代的其他写作中。克拉考尔想考察的是，在被科学技术知识所渗透的、变动不居的生活世界中，人怎样重新建立经验？以及在建立经验时，如何生产出只有感性直观才能产生的知识？

克拉考尔描述了种种抽象化形式，包括员工委员会、企业工作共同体、职业介绍所以及学者、知识分子生产出来的关于阶级或阶层的概括性描述，也包括大众媒体、画报、电影、摄影等形式生产出的抽象知识。这些形式作为物，存在于雇员的生活世界，让雇员沉浸其中，养成习惯性的、自然的认识框架，即合理性。

这些形式是理念运作的结果。这个理念既包括 1924 年到 1929 年的机器大生产、福特制流水线等合理化运动所代表的强调效率的理念，也包括当时德意志战败语境下想要恢复普鲁士精神或帝国时期民族共同体的信念，即通过形而上的、宗教的、乌托邦的信念，让个体在信仰中确定自己的位置。在人事制度、科学管理制度中，这些理念共同管理着雇员这些已被变成原子化个体的微粒。

为什么雇员们会变成失窃的信？怎么让雇员们看到信里的内容？这需要在不同领域之间的贯穿，让处于中间领域的个体进入实在领域，做出判断，从而使得理念领域能对雇员开放。这贯穿了克拉考尔从 1922 年到 1929 年之间的思考。

物质现实被克拉考尔划分成两种现实：形而下的现实和形而上的现实。生活世界是一个充满了物质、起着中介作用的世界。克拉考尔在 1922 年到 1925 年之间写了《侦探小说》，这本书在他生前没有出版，是去世后由苏尔坦普出版社编辑整理和出版的。这本书第一章就叫《诸领域》。克拉考尔强调，主体能够推动刚才所讲的、从实在领域到理念领域的贯穿，而且是在感官经验的表面上、表面之间，达到贯穿作用。侦探就是这样的贯穿角色，能够带来知识。但在 1925 年前的写作里，克拉考尔还没有赋予侦探这样的主动性和能力：在不能集中注意力游走于各种感官碎片之中时，建立整体认识的能力。

在《侦探小说》里，侦探是一个什么样的形象？因果律为什么运作，侦探是不知道的，但是侦探要按照因果律探求线索。发现犯罪真相，依靠的是因果逻辑，但为什么这样判案，其中的合理性不对侦探开放，它属于《工薪大众》提到的"更高领域"。同时，侦探面对的生活世界，充满了各种扭曲的物、表象和痕迹。侦探要从这些扭曲的现实中抽丝剥茧，找到真正的犯罪凶手：合理性。

侦探处在一个更高的、形而上的现实和在下面的、形而下的现实之间的中间状态。但是侦探既不能够接触到形而上的现实，又不能够把形而下的现实当作归属，他是一个局外人。这时的克拉考尔，还没有赋予侦探这个主体以自由理性：既能摆脱合理性，又能做出基于自身经验的判断。在《工薪大众》里，雇员被寄予了这样的乌托邦意义。克拉考尔希望雇员可以知道自身通过合理性方式运作的原因，又能在扭曲的现实之中，意识到其中的结构。

侦探和雇员，都是充满着"否定性"的寓言形象。这是阿多诺对克拉考尔的概括，并不是克拉考尔本人对于自己方法的描述。阿多诺是从辩证法角度理解克拉考尔的，认为侦探和雇员都是克拉考尔遭遇到的对象物，克拉考尔对这些对象物做出反应时，实际上就是在否定这些对象，然后从否定之中形成整体的辩证认识。

从 1922 年开始，克拉考尔关注到雇员作为中间的、辩证认识的主体的意义。他在 1922 年的一篇文章中，已经提到了雇员们的构成，包括学者、小生意人、医生，他们面对的现实世界是被分成两个领域的现实。尽管形而下和形而上是同一个现实，但以不同领域划分来理解这个现实，是想要以形而下领域的界定方式，强调其中各种不同的光鲜表面与真正的存在之间的关系。也就是说，形而下的现实分散掉了这些人太多的注意力，让他们处于马不停蹄的走神状态，让他们没有办法投入有意识的经验中，以至于他们没有办法超越中间状态，连接到形而上的现实。

怎样从一个被量化理性所塑造的原子化世界中，获得对真实世界的认识？怎么才能从在下的现实中，发现在上的现实，获得有意义的存在状态？克拉考尔提到，这需要与被疏离的现实建立关联。怎么认识现实？仔细观察还不够，还要将物作为杂且多的感官碎片串联起来，变成直观可以意识到的连续体。当我们认识到生活世界中的关系的时候，就已经能够获得有意识的经验了。

我们看到的《工薪大众》，体现了克拉考尔在 20 世纪 20 年代的社会学转向。在 1925 年前，克拉考尔更关注艺术形式、客体化的形式，包括侦探小说、画报、摄影等形式，在这种形式里面，经验可以得到展开和显现。在 1925 年后，克拉考尔更关注日常生活的高强度状态、日常经验、知觉高强度投入的时间状态。这涉及卢卡奇对克拉考尔的影响。在 1925 年之前，克拉考尔主要从类似侦探小说这类艺术文本出发，连接物质现实和更高现实。卢卡奇在 1911 年出版的《心灵与形式》（*Soul and Form*）里，提到悲剧结构的一些伟大时刻。在悲剧的伟大时刻，我们可以产生更完整的认识，这样的认识就是理性个体自由发挥的空间。侦探小说类似这些伟大时刻。1925 年后，克拉考尔受到青年卢卡奇在《小说理论》（*The Theory of the Novel*）中提到的另外一种可以带来认知转变的形式的影响。卢卡奇在《小说理论》里，更偏向于从现实本身找到类似悲剧结构的伟大时刻，在现实本身的伟大时刻里，找到认识形而上现实的自由理性发挥作用的空间。所以克拉考尔会关注各种高强度的状态，及在其中接近和认识相互渗透、相互组织的宇宙的方式。这种高强度的状态就是"大众装饰"，包括踢腿舞少女的团队表演、电影院充满了声光的世界——它既是立体建筑空间，也是日常经验、日常生活中的伟大时刻。从这个角度来说，我们也可以把本书的写作当作克拉考尔的高强度投入，对雇员们的高强度观察，这种高强度观察也类似悲剧里的伟大时刻。

克拉考尔一生都在讲如何赎回在物质现实中萎缩的、有意识的经验。本书的价值在于，它集中体现了克拉考尔从哲学的形而上方法，向批判的物质论转向的过程：如何在日常的物质现实中的伟大时刻里，获得真正的存在、对自由理性的掌握。

物质现实是一种媒介，用来获得个体自由理性的媒介。但这个现实充满了现代性不断新旧交替过程中产生的抽象形式、以物的方式存在的抽象形式。所以物质现实既是因认识主体而获得有意识的经验的媒介，同时又是被认识的总体，既是一个我们想通过有限的认识去通达的康德意义上的物自体，又是可以通达到物自体的媒介。与启蒙辩证法所强调的祛魅的物质现实相比，克拉考尔强调物质的复杂性，这是克拉考尔对法兰克福学派的贡献。

如何在物质中通达现实？答案涉及康德对克拉考尔的影响。克拉考尔认为，有意识的经验或知识，即本书末尾提到的"knowledge"，其产生需要通过想象力。在本书的开头，克拉考尔提出，他的方法，即物质辩证法，是与报告文学或摄影不同的。后者是"快照"，前者是"马赛克"。本书12章呈现的种种无法通约的特异性，构成了一幅镶嵌画，这是更接近生活的、形而上的真实图像。这个图像是康德所谓的想象力之中的图像。康德所谓的想象力能够产生独属于人的知识，我们的感性直观能力是一种构建图像的技艺，这是克拉考尔在本书末尾所说的真正的知识的基础。处于在上的现实和在下的现实的中间的，是有意识的经验，是个体化的感知活动，它们连接外部与内部。

所以，克拉考尔的物质辩证法是一种构建图像的技艺，这种图像不同于摄影、电影等技术化的图像。要理解克拉考尔的现代性批判或后来的电影理论，就要理解：对克拉考尔来说，想象力中的直观表征和构建直观表征的能力不同于摄影术，前者带来内在不同元素相互渗透的马赛克，后者首先是统计性的表征。对于克拉考尔来说，摄影技术所产生的图像，是对于充满了认知框架的生活世界的复制，在观看表征、将其放在经验维度重组和连接后，马赛克图像、真正的认识才形成。高强度观察生活世界是形成马赛克图像的一个过程，这是克拉考尔所谓的"对未知领域的小小远足"，《工薪大众》记述的则是以文字形式表征出来、等待重组的经验过程。

在这本书出现之前，他描述过电影中的感官碎片、光线和声音的相互作用构成的物质现实，观者可以在影院中，在银幕表面和感知表面间往返。他也在1928年写到，一对雇员夫妇在坐过山车时获得了一种自由理性。克拉考尔在这些对自由理性的构想中，把雇员当作可以贯穿两个不同领域的侦探，作为一种方案，这种贯穿意味着时间化的形式，它存在于日常生活之中的碎片时刻，在走神中形成的一些连续时刻，不同于正襟危坐观看一部电影或阅读一本侦探小说。这部分受到了柏格森的影响。

我是在克拉考尔的通信集里，发现克拉考尔受到了柏格森的影响。刚才提到，克拉考尔刚开始对本雅明的书评是看不上的，因为他觉得本雅明没有意识到他在这本貌似社会介入性的书中对速度、力量的关注。柏格森所谓的生命冲动，即有其纵深方向和速度的力量，体现为过山车、电影院声光、团体歌舞这些运动形式中感知与世界的合二为一，理解这个部分，能让我们真正读懂本书的潜文本。

所以克拉考尔强调本书使用的方法是区别于激进知识分子的。激进知识分子虽然跟他一样都是雇员，都是工薪知识分子，但激进知识分子掉入了工具理性的框架，即为了某种目的而进行批判。克拉考尔不是，他要回到胡塞尔意义上的事物本身，在日常生活中的高强度状态中，在奇异之处观察雇员，获得对雇员的整体认识。

（五）工薪雇员的历史语境

克拉考尔在 1921 年加入《法兰克福报》，成为一个工薪知识分子。在 1921 年之前，他是建筑业雇员，但这段经历他不愿提起。在《工薪大众》的研究方法出现前，他就表现出对时间化形式的关注。最开始时，他想跟随齐美尔做哲学研究，但没有成功，所以读了建筑学博士，博士毕业论文更像是媒介考古学研究，题目叫《17—19 世纪早期柏林、波茨坦等市镇的锻铁工艺的发展》（1915 年）。铁合金往往用于装饰性的形式，是一种可以在我们感知中创造延展时间的形式，当我们去欣赏这种铁合金锻造出来的线条形状时，我们被那种线条的速度和方向所影响，在内在运动之中，我们和这个对象合二为一。能够和对象合二为一，这是经验的产生过程，并不是通过概念的方式去认识，而是通过感性直观的方式去认识。装饰性的形式之所以会产生这种线条，和物质本身的特点相关，即与铁合金的柔软、可锻造、可延展的特点相关。19 世纪时，随着城市现代化的进程，这种材料被放到城市公共空间，比如埃菲尔铁塔。世博会上也有这种展览。

建筑学博士毕业后，克拉考尔在法兰克福进入建筑师事务所工作，雇主后来在 1942 年被送往集中营。1917 年，克拉考尔在一战中被征兵入伍。1918 年年底，德国受到革命的冲击，成立了社会民主党和魏玛共和国，这是社会主义革命催生的产物。但在建立之后，由于需要联合其他政党才能拥有多数席位，社会民主党不得不平衡和代表大资本和贵族地主的利益。所以，魏玛共和实际上只是形式上的民主共和，这也是克拉考尔批判抽象形式的另外一个源头。

1924 年到 1929 年是魏玛共和国所谓的"黄金时代"，帝制被推翻，民主制建立，理性战胜了自然。但是它一直处于危机中，德国不仅在战后担负所有战争罪责，而且需要支付巨额战争赔款。法国占领了鲁尔工业区，德国遭遇经济危机，通过大量印钞缓解危机，这些都导致了中产阶级的资产蒸发，中产阶级已经无产阶级化了。克拉考尔描述的雇员们，追求有产阶级的态度，但其实很多有产者也已经无产阶级化了。

1924 年，由于德国支付不起赔款，全球范围资金链断裂，美国于是通过凯恩斯计划向德国输入资本。德国大企业，包括银行、大工厂等，是获利者，得到了美国的资金输入，开始参照美国的大生产方式进行合理化改革，使用创新技术和机器代替人工，强调效率，雇员的去技能化使其可以被替代，这造成了雇员的结构性失业。然而，他们并没有认识到这一点。

1929 年，本书写作完成后，世界性经济危机开始。1930 年，德国时任总理做了一个错误的决定，开始进行大选。结果纳粹党在这次大选中一跃获得 17% 的议会席位，成了第一大党。在接下来的三年之中，民主共和国急速右转，1933 年纳粹上台后，策划了一系列取代共和体制的活动。这是本书在政治社会方面的历史语境。

对克拉考尔来说，大企业—柏林—魏玛—雇员是同构的意象，它们都是矛盾体，它们既是一副样子，同时又是另外一副样子。雇员及其代言人只看到了一副样子，却没看到另外一副样子。所以这需要有一种知识，经过感性直观的经验，才能够看到他们的矛盾处境。

克拉考尔认为，有意识的经验的产生本身，是变革的前提。在这个语境下，克拉考尔的注意力从 1925 年后，转向了类似踢腿舞女孩等日常生活感性直观的碎片。它们转瞬即逝、毫无意义，但是，雇员们在体验它们时，有可能意识到暧昧的集合体、流动的总体。本书提到的日常经验的客体，是通过审美方式获得有意识经验的地方。

一种是客体化、空间化、有文本边界的表面，比如画报，本书将其看作物化内容，即被合理性所支配的、批量生产的内容。它被投放到雇员的生活世界中，要求感官的参与。另一种是个体对感官碎片的联结，这带来了对物化形式的改变，将合理性空间转化为主观时间，比如游走在建筑中的路线，展开了一种时间形式。于是，物化内容也有可能帮助雇员意识到合理性的支配、自然化的认知框架。

这是克拉考尔在本书中区分出的两种表面，尽管他没有通过理论化的方式界定它们。他列举出来的，是两种不同的对碎片的经验方式，雇员们作为侦探，通过这些与物质的深度结合，获得了可以质疑合理性、量化理性的认识。这个侦察发现的过程，是一个从外在时间到内在时间的过程，在碎片之中穿越，没有落脚之处。

区别于康德以后的现代性批判，克拉考尔从一个更辩证的角度看待走神的感知模式。如果仅把走神当作无法集中注意力、被碎片吸引的感知方式，它确实是工具理性在施展作用的异化方式。如果把令人分神的感官碎片联系起来，就可以超越物质现实，意识到物和物的关系。看到这种关系的时候，就是自由理性发挥作用的时候。克拉考尔在《工薪大众》之前的一篇论摄影的文章里也提到了摄影的辩证性。这种技术化形式一方面体现了"黑暗"理性用量化的、物化的方式捏造微粒之间的关系，导致经验的萎缩，使我们被限定在物化内容及其自然化的态度上，但同时，这种形式的接受方式又会使人分神，这构成了不确定的空间和自由理性发挥作用的一种土壤，关键是要有一种必要的时间来完成经验的过程。

但历史没有给克拉考尔的方案太多时间。1933 年，纳粹策划了国会纵火案，彻底推翻了民主共和国。克拉考尔在国会纵火案的第二天和妻子兵分两路流亡巴黎。报社先给了一个说辞，让他去巴黎做通讯员，但他刚刚到达巴黎没多久就被解雇了，然后开始了在巴黎的八年流亡生涯。在巴黎期间是他人生最艰难的时段，首先是缺少稳定足够的经济收入，但在这个阶段，他仍然笔耕不辍，完成了自传体小说等作品。

　　1939 年二战开始后，在朋友的帮助下，克拉考尔夫妇辗转移民美国。在巴黎期间，他们和有同样意图的本雅明频繁会面，一起计划穿越西班牙去里斯本乘船跨洋去纽约。但当时法国和西班牙已经交火，无国籍者不能通过，本雅明被拦下后自杀，这对克拉考尔造成了很大创伤。他和妻子补充了文件，拿到了美国签证，最终到达了里斯本，乘坐尼亚萨号客轮，花了十天时间抵达纽约，在纽约开始了新的生活。到美国半年后，克拉考尔就学会并开始用英语写作关于美国电影的文章。此后他一直用英语写作，他最开始被人所知的著作也是英语作品。

（六）克拉考尔的学术著作

　　在美国阶段，克拉考尔广为人知的两本著作是：1947 年出版的《从卡里加利到希特勒》和 1960 年的《电影理论》。前者出版的年份也是《启蒙辩证法》正式出版的时候。

　　20 世纪 50 年代，克拉考尔在美国从事了大量社会科学研究。他和拉扎斯菲尔德共事，在哥伦比亚大学应用社会研究所做研究员和研究主管，组织了很多研讨会。在这个阶段他也发表了一些关于经验研究、研究方法的文章。他在魏玛时期的经验写作，需要在美国本土的应用社会科学语境下，做出折中和调适。他把有意识的经验放到了质化研究和个案研究的方法论视野中，讨论研究对象在形式组织层面上的事实，认为量化研究忽略了这个层面。

　　克拉考尔在 1966 年去世，《历史》是在其他学者以及他妻子的帮助下，在 1969 年出版的。1989 年，德国文献档案馆在克拉考尔 100 周年诞辰时召开了一次国际性会议，在美国学术共同体和德国学术共同体之间建立了一些连接。在此之前，主要是通过阿多诺的努力，克拉考尔的著作才得以被介绍到德语文化场域。这些德语著作包括魏玛时期写作的内容。克拉考尔在 1963 年亲自从魏玛时期的 2,000 多篇文章中挑选出部分文章编辑成《大众装饰》一书，1995 年该书被翻译成英文。今天读的《工薪大众》是在后冷战时期重新发现克拉考尔的语境下被翻译的。

　　克拉考尔的思想得到关注的第一个契机，是 20 世纪 70 年代，早期电影研究者使用物质文化史、社会文化史的新史学方法，发现电影的物质性和媒介间性，而不只是把它当作叙事和语言学表征。

　　第二个契机是 20 世纪 80 年代末、20 世纪 90 年代初以来的数字化转型对电影特性的重新界定。当电影可以在小屏观看，当电影可以不是 90 分钟长度，当阿甘可以握住肯尼迪的手，这时应如何看待电影？电影到底是什么？这就是本体转向。

　　第三个契机是 21 世纪以来的媒介物质主义转向。很多学者意识到媒介特性的消失。这时应如何界定媒介？克拉考尔在 20 世纪 20 年代的一些材料，为思考媒介物质性提供了切入点。《工薪大众》这本书揭示，克拉考尔把媒介当作一种物质现实去考虑，物质现实就是克拉考尔意义上的经验的媒介、思想的媒介。物质现实本身是一个复合性媒介、元媒介。在这个物质现实的生活世界里，有各种不同的物化内容，但是将不同媒介碎片串联起来时，又可以实现形而上的理念。

在我的视野范围之内，最重要的两个从物质主义角度探讨克拉考尔的学者，是克拉里和基特勒。克拉里在《知觉的悬置》中援引克拉考尔、齐美尔、阿多诺、本雅明等人的思想，对分神这种现代性独有的、没有办法全神贯注的感知模式做了思想上的考古。在这个基础之上，克拉里提出，分心作为一种知觉其实是辩证的，分心并不只是知觉的转移，同时是投入。走神和注意同时发生、共同作用，但是阈值不同、程度不同。克拉里对分心知觉模式的重新定义，把我们的目光转向感知的规训和自由的复杂性。这提示了一个路径，与魏玛时期的克拉考尔异曲同工，即经验本身不一定要从一个客观的、共性的角度理解，而是要从感性直观的内在过程角度理解，这既是具身化的过程，也是物质化的过程。

基特勒的《留声机、电影、打字机》里有两部分援引了克拉考尔的观点，说明身体如何作为信息系统的功能被重新界定。电影、打字机和留声机都参与了这个过程。克拉考尔成为基特勒的历史见证人，被用来说明系统对人的身体的分离和重新定位的过程。基特勒所引用的部分，恰恰就是克拉考尔关注的生活世界中的高强度时刻，在其中，身体和机具耦合，在这个过程里，感知本身变成了可以进行信息生产和循环的功能。基特勒还提到克拉考尔对节奏的描述。节奏本身又是一个时间化过程，种种音符之间会产生相互渗透、相互组织的绵延。但是这样的时间形式充当了合理性、量化理性发生作用的工具，比如留声机所产生的节奏规训雇员的身体。

基特勒对克拉考尔的援引也启发我们可以把克拉考尔本身当作一种物质现实、一封"失窃的信"来考察。这样的话，我们可以看到，他真正想要讲的，是关于生活世界之中身体的前反思活动，以及实践意识层面上的认识框架、自然态度的形成。

基特勒还注意到《工薪大众》对声音的洞见，合理性的声音是透明的。女打字员在人和技术、人和机器相互作用的过程中，进行重复劳动，与劳动对象——打字机剥离了关系。其身体在自然而然地打字、自然而然地生产触觉，实际上与打字机建立的世界是没有联系的。克拉考尔的观察，将女打字员身体上的自然态度变成了不透明的对象，让我们从女人身体中意识到我们和书写机器的关系、已经存在的认识框架。

（七）《工薪大众》被遮蔽的部分

如果把克拉考尔当作"失窃的信"，《工薪大众》中包含哪些被遮蔽的部分？

被惯性认识所遮蔽的，首先是照明。克拉考尔首先把照明放在生产领域去考虑。生产领域通过照明技术、光线、闪闪发光的客体，组织雇员们的知觉投入和转移的频率、速度、程度。"短暂的通风休息"里提到关于女信息处理员对信息机器的操作。在生产领域也存在很多吸引力表面、闪耀的对象，吸引雇员的注意力，以便在生产中持续投入知觉。而且这种注意力是受到科学生产和管理方式的严密监督的。一部分时间要花在某一个机器上，再有一部分时间花在另一个机器上，于是可以转化某一个知觉投入状态中的单调感、无聊感，持续生产知觉，进行高效率生产劳动。

走神在生产领域里，是作为身体上的自然而然的状态被建构出来的。克拉考尔提到墙上用来计算绩效的灯泡，彩色灯泡可以反映雇员们的知觉投入状态，明与暗能帮助企业管理者判断雇员的知觉投入值是高还是低，方便进行细化管理。

技术雇员和商业雇员有些区别。商业雇员是在百货商场、娱乐性消费性场域、服务行业里出现的雇员。他们身处再生产领域，但是他们同时付出生产性劳动。这些人身上呈现出更大的强度和矛盾性，照明对知觉的管理更明显。照明不仅是用来刺激购买欲望的，也是用来规训员工的，让员工持续不断地把商品的光鲜表面当作值得崇拜、支配她们的更高现实。商业雇员崇拜消费理性，光线塑造消费理性之神。

克拉考尔提到灯光让人盲甚于带来光明，实际上这指出了光线的辩证性。光线本身也在划分两个领域，一个是由自然而然态度构成的物质现实，另外一个是真实生活。但是真实生活是不透明的，因为透明光线产生了一个壳，把它包住了。

德国大众化电力照明直到 20 世纪 20 年代末才出现，正好就是克拉考尔观察和发现雇员们的媒介现实、生活世界、身体在其中形成的态度的时间。电力照明虽说在 19 世纪末已经引入德国，在大型广场上有弧光灯，但直到 20 世纪 20 年代末，远距离电力才真正进入家庭空间、消费性空间，才真正大众化。在这个过程中，光线也慢慢变成了被熟视无睹的东西。但是它是一种抽象化的形式，和员工委员会、工作共同体一样，也是一种合理化的形式，也在管理着雇员的知觉，是在生产空间之外的再生产空间。克拉考尔把它看作延续走神的形式。

克拉考尔在 20 世纪 20 年代后期一直关注这些批量生产都市雇员知觉的大型空间，包括剧院、电影宫、踢腿舞女孩演出空间。这种福特制的生产环境、大型消费空间，是由各种各样的灯光、电力、照明所支配、投射的表面构成的，充满了各种转瞬即逝的感官刺激。"无家可归者的避难所"列举了三个建筑，集中代表了电力照明对知觉、身体态度的生产过程。

第一个建筑是祖国大厦。它是在 1910 年建成的巨型建筑，20 世纪 20 年代初曾作为德国环球电影制片厂的办公总部使用，资金链断裂后几经转手，魏玛共和国晚期变成凯宾斯基饭店。

第二个巨型建筑是首都俱乐部。这是体现典型现代材料——玻璃——的建筑。首都俱乐部可以容纳 1,000 人跳舞，吊顶是反光玻璃构成的闪闪发光的表面；有 200 多个电话分布在舞场周围的每一个桌子上，可以打电话给其他心仪的女郎或男士，如果桌子亮起了红灯，就代表是同意，亮起了蓝灯就代表拒绝。电力在这个空间里不只被用来照明。

第三个批量生产知觉的空间是卡巴莱。柏林著名的卡巴莱摩卡·艾弗提，不仅有室内电梯，更有室内铁轨和著名的几何形照明光塔。

图 12-3　祖国大厦（1928 年摄）

　　在 20 世纪 20 年代，现代主义先锋对光线更加敏感，这也影响到很多城市建筑。比如著名的马蹄铁项目，在当年是为雇员建设的住宅区。在柏林有 350 万雇员，为了解决居住问题，市政新造了 150 多万居住空间，其中一个就是马蹄铁。它位于柏林东南郊区，强调功能性、有效率的居住，包括厨房也是按照身体方便的理念设计，不用弯腰，减少身体劳动。陶特在设计马蹄铁这个项目时的理念，是让每家每户都可以通过玻璃这种新建材，获得同样均等的阳光的照射，这体现了他对民主共和国的乌托邦理念。

　　克拉考尔对光线的理解，完全不同于这些现代主义者，尤其是新客观主义理念的先锋设计者。对新客观主义的先锋建筑师来说，光线自然而然发挥本能作用，塑造出全新的世界。在全新的世界中，人是作为世界的一个功能或一个可被替代的共性微粒存在的。个体共同构成了一个完整作品，所有个体的价值被完整的作品赋予，意义在普遍必然性中。普遍必然性的理念也影响到电影。在大型批量生产知觉的电影宫里，光线的作用被现代主义设计师用来引导视线。在门德尔松等功能主义设计师眼中，光线应该像完整的作品，要在一个整体中印证普遍性，各种原子形成的关系，要指向一个共同目的。于是这些原子被量化，像羊一样，从 1 数到 50 与从 50 数到 100 没有区别。

　　这个理念与克拉考尔背道而驰。克拉考尔在《大众装饰》里批评了这种完整作品，包括踢腿舞女孩的腿，对应着工厂里的手、打字机上的手指，个性的消失建构出物化的共同体。光线产生共同体的功能，并不是在电力照明发生之后才有。它在电力照明之前、在德国柏林的大众照明仍是油气灯时，就已经存在。光线能生产知觉的功能，是在现代性之中被不断强化的，这汇入了 1924—1929 年间强调效率的合理化运动。

基特勒也提到了瓦格纳对光线的使用。瓦格纳对光线的使用，恰恰就是前面说到的功能主义观念对光线的使用。光线本身是一种意识，在黑暗之中闪现，通过闪现形成吸引力，将坐在剧院里的个体从各自不同的微粒的个性的状态，转变成共同体状态，转变成普遍必然的状态。

汽灯在19世纪末被弧光灯取代。弧光灯照度更大、亮度更强，齐林斯基描述它是一个闪闪发光的神。在齐林斯基的考古里，整个19世纪都处于对电力照明的不断实验和公共展示的过程中。电影是这个过程的结果。通过照明生产身体态度的技术化过程，一直没有停止。出现在柏林波斯坦大街上的弧光灯，就像是一个新的神，决定了所有元素、所有个体间的关系和爱恨情仇。

弧光灯在爱迪生发明推广钨丝电灯后被取代。但弧光灯并没有消失。我们可以从维里奥的《视觉机器》里看到，弧光灯后来被纳粹用来统一个体知觉，塑造注意力，而且是高强度的注意力，政治利用了技术带来的无意识或前反思的身体活动。

在1926—1927年间，柏林的街头橱窗都被安上了电力照明系统。这也是女人从家庭走上街头的时期。百货大楼的经理想通过现代主义的建筑立面、玻璃、照明表面，创造出大众的圣殿、新的教堂。在这些教堂中，女人感觉安全，可以自由走上街头。这也呼应了克拉考尔在20世纪20年代对街道等公共空间中身体经验的现象学观察。《工薪大众》中，照明是一种合理性在发挥支配作用的技术，各种吸引力表面和各种碎片形成没有深度注意力的走神状态。在《工薪大众》里，照明将注意力不断生产出来，并且马不停蹄地从一个碎片转移到另一个碎片。在不断转移的过程中，知觉像音符一样，被串联起来成为一个连续体，在连续体里，达到一个更整体的认识。

图 12-4　19 世纪 70 年代的弧光灯

走神状态反而可以使人同时看清所有事物的关联。但这也是有条件的。条件之一是有丰富的感官碎片。它以物质的方式出现，投入我们的知觉范围之中。但是光有碎片是不够的，还必须能让碎片连续成为一个过程。在这个过程里，我们可以意识到的不仅仅是碎片，也不仅仅是过程，还是对过程的调配组织。克拉考尔所谓的知识就是对组织过程的认识。只有在时间的力量中，在有速度、有方向、按照一定方式运动的生活世界的高强度状态中，才能意识到这个组织过程。

在1926年的一篇文章《走神的信徒》中，克拉考尔描述了柏林新建造的大型消费场所：电影宫。在合理化运动时期，批量生产知觉的语境下，克拉考尔关注到电影宫，并不只是针对电影的文本进行分析，还是对电影宫作为建筑整体、作为种种元素构成的混杂多样性整体进行观察。电影宫是各种不同的微粒构成的宇宙，这里有电影、二维银幕、综艺表演、灯光光线照明。光线可能照到舞台上，也可能照到观众席。声音是从由几十人组成的管弦乐队发出的。

在这个宇宙之中，克拉考尔看到的不是共性，不是门德尔松在对宇宙电影宫的描述里所期望的那样：让所有观众的视线都聚焦到屏幕上。克拉考尔看到的是在聚光灯的光线和音乐伴奏的交叉渗透、相互组织的连续体中，碎片连成了一个纵深的、从感觉到意识的过程，碎片让我们意识到二维平面处于三维空间中，它是一个在时间中展开的经验的一部分。在这个时候，光线也失去了它的崇高性、对共同体普遍必然性的建构功能。光线像救生圈一样，把观众托举出水面，让观众意识到众多碎片的前后相继是可以经过个体有意识地重新组织的，不同于电影宫的意图，这个重新组织是自由理性的运作过程。

另外一个例子是克拉考尔在1928年的一篇文章中，描述了过山车的经验：能在杂乱的碎片上、在走神中，获得一个乌托邦。这个过山车是在柏林汉尼斯湖公园游乐场里的游乐设施。克拉考尔描述了一对雇员夫妇坐过山车的过程。他们在星期六早上出现在游乐场，坐过山车上去，先从山底到达山顶，再从山顶往下滑的过程中，他们体验到了一个同时祛魅和赋魅的过程。这个过山车似乎不像现在海洋公园或迪士尼公园的露天过山车，是一个室内过山车，当这些雇员坐过山车从起点爬升到顶部时，他们来到了像伊斯兰教堂一样的穹顶，在这个穹顶，他们发现，过山车不过是被图绘出来的，而且在这个地方可以看到有房梁、各种装置构成的零件，这些东西进入雇员的知觉范围，破坏了既定的完整形式。

这个时候，他们发现过山车既是过山车，又不是过山车。它是过山车，因为它是一个有完整形态的、可以被消费的商品；但它同时又不是过山车，它是种种零部件的碎片，这些碎片可以在有意识的经验中被建构成另外的样子。另外的样子是非常破败的东西，是碎片拼凑起来的。

顶点意味着日常生活里的高强度状态。过了达到高潮的这个点，雇员们从顶点滑落下来，从过山车的高点滑到另一个低点。他们出于本能放声大叫，在一种狂喜、合理性无法支配身体的时候，获得对整体的认识。在达到狂喜理性的过程中，事物变形了。在这种狂喜中,在生产领域中被建构、被规训出来的自然状态被打破了。雇员不是雇员,也不是工人,也不是一般的人。他们在过山车的线条上,从一个点到另外一个点,进入时间流变本身。

克拉考尔描述的雇员夫妇,可能就是克拉考尔和妻子莉莉·克拉考尔。他们在1924年认识,1930年结婚。这篇文章写作在1928年,其间,他们已经共同游历了很多地方,肯定也包括柏林有名的游乐场。《工薪大众》里也提到过月神公园游乐场。他们在流亡巴黎的八年中,也不断造访游乐场,尽管他们在当时处于困顿的阶段,但也可以在某个时间获得狂喜。克拉考尔记录了很多这样的街头闪耀空间。在美国时期,他回到对艺术形式而非高强度日常生活经验的考察上,造成了一些误解。

三、讨论与问答环节

曾国华:本次领读完全改写了我对克拉考尔的认知。以前看过他的一些作品,更多的是把他和本雅明对照看待,有时把他和电影史关联看待,但是没有像徐老师这样,把他放到庞大的知识图景里去看。很多地方都值得梳理和追问,包括现象学的影响、方法论、对各个学科的对话、引发的丰富的知识生产。例如,之前关于早期的物质性概念比较关注从马克思以后到卢卡奇这一段时间。但是从徐老师这个角度去解读克拉考尔,我现在写作的物质性研究里还有相当一部分可以加进去。

张磊:克拉考尔在和拉扎斯菲尔德一起在社会研究局工作的时候,表现出来和他主要形象的差异。有学者认为这是一种精神分裂。研究方法在过去往往是一种安格鲁撒克逊中心主义的叙事,不少学者认为忽略了德语学界对研究方法的贡献。请简要介绍克拉考尔在其中的独特作用。

徐亚萍:克拉考尔采取了协商的态度。他没有推翻英美已经建制化的社会科学研究方式。他更多可能是想要把他在魏玛时期对经验材料进行现象学观察和分析的方法,对接到质化研究和个案研究的框架下,提醒当时的学者关注研究对象的格式塔组织过程。也许是受到胡塞尔的影响,克拉考尔一直反对心理科学,对运算式量化方法有负面态度。原因可能在于他反对抽象化倾向。对他来说,研究作为一种形式,是应该赋予物质以实质的。这有点像卢卡奇。也就是说,日常生活里的物质(matter),要经过主观的转化、有意识的转化,才能变成更加可信的材料。

克拉考尔似乎没有非常激进地要推翻量化方法或应用性社会科学研究的方法。他在移民美国后,在美国环境里也许反而感觉到自由,这种自由可能是他在魏玛德国、法国巴黎的时候感觉不到的。所以他关于质化研究方法的讨论相对来说是比较温和的,采取商榷的态度。

听众:克拉考尔的《工薪大众》和本雅明的写作方式是否类似?

徐亚萍：我觉得本雅明的写作是一种马赛克式的写作，一种马赛克式的图像构成的过程，他的写作本身也是一个揭示、可以联想到不同维度的时间化过程。本雅明对商品作为辩证意象的关注，据有些学者的考察，也是和克拉考尔相关的。本雅明是经过克拉考尔介绍，才和阿多诺认识的，在1924—1925年与克拉考尔交往频繁，在1928年二人都属于高产时期，都对都市的物质现实、日常经验、生活世界投入高度关注。

在流亡巴黎期间，克拉考尔和本雅明又产生了一个交集。克拉考尔在巴黎写作的时候，对19世纪著名歌舞剧作曲者雅克·奥芬巴赫的考察，在某种程度上和本雅明对前现代的考察在方法上有相似性。他们对物质的界定有同样的观点，即物质本身是辩证的。克拉考尔认为，物质本身是一个被形式理性控制的东西，但是在感官经验的维度中存在不确定性。

本雅明和克拉考尔所关注的物质又是不一样的。克拉考尔的落脚点仍是人。本雅明在《工薪大众》的书评中忽略的可能是人的有意识的经验。本雅明可能对物、对商品的辩证性考虑，停留在对物质和商品本身。这可能是媒介物质性更愿意溯源到本雅明而非克拉考尔的一个原因。克拉考尔是以人为中心的，站在怎么做人的角度去看物质。

本雅明、克拉考尔确实有相通性。这在1960年克拉考尔和阿多诺的一次争吵中可以看出来。阿多诺在1960年出版《否定辩证法》时，克拉考尔对其有一个批评。其中提到，本雅明和他自己都有一种本体良知，他们都想通过辩证认识去通达一个总体。

主持人： 吴璟薇（清华大学新闻与传播学院副教授）

与会嘉宾： 刘海龙（中国人民大学新闻学院教授）

张磊（中国传媒大学国家传播创新研究中心研究员）

王金礼（福建师范大学传播学院教授）

潘霁（复旦大学新闻学院教授）

章戈浩（澳门科技大学人文艺术学院助理教授）

曾国华（中国社会科学院新闻与传播研究所副研究员）

袁程（首都师范大学哲学系副教授）

赵千帆（同济大学哲学系副教授）

论坛时间： 2020 年 12 月 13 日

文字稿整理与校对： 毛万熙、吴余劲

新闻传播学与哲学的相遇

吴璟薇：

今天嘉宾们将就问题征集环节中读者留言关心的话题展开研讨。多位读者提问：在跨学科研究中，媒介哲学视角的引入会对未来新闻传播学的研究带来什么影响？媒介学有不少理论或路径来源于哲学、现象学，比如克莱默尔、许煜等人的思想中有不少哲学的思辨内容存在，哲学和传播学、新闻学开展了深入合作，但哲学研究相对抽象化，偏重宏观层面，而新闻传播学的研究偏向中观和微观，这两个领域如何对话？如何促进我们对媒介的理解？如何影响甚至引导新闻传播学的发展？今天的圆桌论坛将就这些话题展开讨论。先从刘海龙老师开始。

刘海龙：

哲学学科（面对媒介）要解决的是中介性的问题。从基特勒开始，作为本体论的媒介，西方哲学，包括形而上的讨论里，一直忽略了中介性的问题。像克莱默尔谈的 mediality（媒介性）其实是从哲学的维度来提这个问题。我也在犹豫：传播学现在要

解决的是什么问题？我们还是在围绕着传播行为或传播现象来研究，那么如何理解"传播"？"中介性"是传播学者用来解释传播演变的"工具"，我们要解决传播对社会的影响，这个是传播学者关注的问题，这和哲学不一样。哲学只是修正本体论或哲学的形而上学论的缺失问题。

不过，从哲学角度来提这个问题有几大益处。第一，极大地提升了传播学对其他学科的启发性，让大家意识到传播学研究可以为其他学科的思考做出贡献。陈嘉映老师说哲学可以规范说理的清晰度、准确性，从语言哲学的角度好好说理。哲学是个平台型学科。当然平台型学科有自己的问题，但是可以为其他学科提供一些思考的路径、问题、解决方案。传播学未来和哲学会有很多相似之处，可能也会成为平台型学科，为哲学、中文、社会学甚至于计算机、医学等学科提供传播学视角。这是一个考虑问题的好视角。当然，每个学科有自己的研究问题，进入传播学平台时，会带来新启发。比如基特勒、克莱默尔的研究，尽管不是要解决传播学的研究问题，但是对传播学者启发性很大。克莱默尔提醒我们，媒介基要主义可能夸大了媒介的作用，这种提醒也是有价值的；媒介他律性、透明性等概念都有参考价值。

但是传播学在为其他学科提供一些资源的同时，也要解决传播学的问题。传播学现在还处在迷茫阶段。美国的经典传播学主要是量化研究、实证研究。现在是不是要走向更宽阔的天地？如何对公众做出贡献？比如，传播学应把当代技术对人的控制、带来的一系列社会危险从传播学角度讲清楚，厘清过程和可能的新变化，这对整个社会都是一种贡献。原来的议题——效果传播、传播者、生产研究、受众研究依然重要，但今天应纳入技术或媒介、中介这样的问题。

袁程：

媒介和哲学本来是相对立的存在：一个追求沉思、少数的真理，一个追求轰动效应、大众的广泛传播。如刘老师所说，现在媒介已经成为构架性的存在（这是一个时代状况），从某种程度上媒介也获得了哲学性，获得了哲学思考的使命，这是它的必然使命。不是从媒介学理论开始出发，从哲学那儿去获得一些启发，而是从媒介自身来说，它必须走到这一步。如果不做哲学性思考，媒介学就不能具有相应的深度或可能应有的效应。

刘老师提到陈嘉映老师的说理，这牵涉到现在哲学在当下情况的根本处境问题。因为哲学在历史上所承担的宏大解释、整体解释的任务已经让渡给科学了，现在哲学就是一个平台的维护者。在这个意义上，当代哲学就是媒介性哲学。以前哲学是大师，现在就是小工，能够通过某种方式把平台修补好，这是哲学现在应该做的事。

所以，一方面是媒介的哲学化，另一方面是哲学的媒介转向，构成了现在对媒介哲学的关注。任何学科——经济学、政治学、心理学、新闻传播学，在诞生之初，都有着强大的哲学思考背景，视野宏阔。但是如刘老师所说，现在的传播学研究多少有些窄化、碎片化。对于窄化的问题，研究范围是不是可以更广一些？对于碎片化的问题，现在的传播学研究从传播效应、公众新闻素养、文化批判等各种角度展开，它们只是有一致的研究对象，但话语背景、话语脉络完全不一样，所以需要更深入的思考，能够将媒介研究的对象或媒介研究领域统合起来。就一个当代学科来说，除了实证研究、经验性研究，一个知识领域中若没有一点形而上学维度的考量，这个学科的知识色彩、知识质量可能会受到质疑。

赵千帆：

从哲学来说的话，一方面，在当代，哲学早已没有专属问题了，几乎丧失了自己的"问题域"。从 19 世纪以来，哲学家们发现原来哲学所开辟的很多问题域被其他学科分走，因为从哲学——思辨性的概念体系——出发已经把握不到这些问题的具体操作方式了。最初独立的是数学（从古希腊时代就开始了，但牛顿还把自己的著作称为《自然哲学的数学原理》）；然后是自然科学，如物理学等；19 世纪下半叶社会科学的兴起，包括社会学、心理学等，把哲学关于人的探讨空间瓜分殆尽，比如哲学原来要处理的自由、公正问题被法学或政治学接管，原来关注的人的灵魂或认识能力的问题被心理学甚至神经科学接管。

所以另一方面，哲学发现自己不得不跟所有其他实证科学或社会科学共同合作，在交叉和合作中找到自己提问的位置。在这个意义上，今天这样的活动特别重要，因为从哲学从业者的角度来看，传播学针对不同领域的现象、与具体的技术或体制关系密切的研究，给哲学提供了很多素材。哲学已经没有自己的问题，所以到其他地方去寻找素材、寻找话题。

所以，哲学一方面没有问题，另一方面它的问题变得无限广大。比如说我从事的批判理论，在 20 世纪 30 年代学者就发现，哲学要和社会学、心理学进行合作，当时是马克斯·韦伯提出的对社会的合理化进程，弗洛伊德对无意识心理的研究等，为哲学提供了新的素材。后来的结构人类学、语言学也一样。从本雅明、阿多诺开始，批判理论开始一步步关注到传播。据我所知，最早就是本雅明以及法国后现代理论家开始从哲学层面关注大众媒体的。

在这个意义上，哲学更多承担着德语中叫作"占位者"（Platzhalter）的角色，即在系统性的科学研究没有覆盖时，哲学用问题把这个空位占住，不让问题本身流失掉。袁程老师的表述比较直接，说如果具体科学没有用形而上学或没有延伸到形而上学的概念，没有本质性的概念思考的话，学科的知识质量不高。我不敢做这样的判断。事实上科学可以有自己的判断标准来评价知识质量。但问题在于，每个知识领域或每个问题域如果不断问下去时，就会产生一种自我指涉的倾向，即自身学科做的是什么，这个领域要得到的总体世界图景是什么？概念的根本含义是什么？这时就可能需要哲学的帮助，追问什么是正义，什么是数，什么是自然，什么是生命等。

哲学本身并不提供答案，而是作为占位者的角色，临时提供思辨性的"概念"或占领还没被经验科学以具体方式加以规定的位置。这样的工作如果卓有成效，在经过哲学和其他学科的意见交换后，就会得到新的、更具体的概念。传播学可能问什么是传播，物理学会问什么是力，什么是空间；数学家可能会问什么是数、相等；心理学家可能会问到底什么是心理、意识。可能不见得他们能够直接用具体研究马上得出结论或共识，这时哲学就提供一个占位者，用概念来占这个位置。比如弗卢瑟，他用了一个概念来解释什么是传播，用的概念全部是哲学概念，如"克服死亡"等，这些都要在哲学意义上来理解。它不是心理学或日常生活中的死亡的概念。当本雅明在说到电影时代的大众是"matrix"的时候，也不能简单地从数学的"矩阵"意义上来理解。

哲学有专门的操作方式，对此当然不同的哲学流派有不同的看法，但现在大致上会认为，哲学就是在概念层面操作的。那么哲学怎么占住位置？为什么它只能占住？因为具体的现象、具体的体制、具体的技术的演化，包括数据统计等现象的收集归纳等，甚至模态和假说的提出，都要具体学科来完成。这时，比如传播学者的专业能力、专注度肯定是哲学家达不到的，所以占位者只能占住一会儿，很快要让出这个位置。因为不断有新现象出现。比如，基特勒刚开始就用从拉康那里提炼出来的哲学概念来占住位置，解释留声机、打字机的问题。另外，虽然传统上哲学家是用"概念"来占位的，但现在，他们所用的"概念"又越来越不是纯粹的哲学概念，而经常是哲学经过和其他学科的意见交换之后得到的新概念，它是更具体的概念。比如许煜谈到"数码物的实存"，或弗卢瑟谈到"熵""热寂"或"死亡"，都要经过和其他具体学科的交换之后重新理解。"死亡"是什么，一方面要结合早期经典的哲学或神学概念（如跟"虚无"），另一方面也要结合新的经验，如脑死亡、大屠杀、自杀的经验等，而这些都和特定的技术、制度条件相关，也是专门科学的研究对象。

对于书，我推荐《媒介融合》（Klaus Jensen 著，复旦大学出版社，2012 年）这本书。本书第二章谈到哲学问题、康德、皮尔斯，在谈到媒介的具体物质性时谈到本雅明，谈到意义问题的时候谈到维特根斯坦。这方面传播学者的起步比哲学家可能早很多，至少在西方，作者毫无障碍地直接从哲学命题开始延伸到传播学命题，这给我很大启发。

章戈浩：

我想分享阅读弗卢瑟作品的体验。

第一个阅读体会是引入一些受到哲学训练的学者的观念，可以拓展传播学的研究对象，更重要的是要把哲学性思考和经验性研究进行结合。弗卢瑟曾经有一个设想，成立一个学院，划分为三块：哲学、科学、位于两者之间的传播理论研究。弗卢瑟的媒体研究或传播研究给了我们很多启发。他研究里的一句话都可能成为需要研究的一个领域，或需要开创的一个工具。而他没有足够的经验材料支撑判断。

第二个阅读体会是来自中国的传统思想会有进一步融入"媒介—哲学"对话的可能性。

当我们提到媒介学或传播学时，主要还是在说西方的思想。如果我们把视野放得更宽更广一些，来自东方的哲学思考在多大程度上可以回答当今我们关于传播现象的思考？张磊在做关于人工智能研究的报告，我们都认为应该有庄子的智慧，有齐物论。弗卢瑟的智慧来源、关于当代传播现象的思考来自现象学、哲学，以及马丁·布伯等人。

张磊：

如章老师所说，可把东方思想融进来。我用三句话概括我的想法。

第一句话是"三教原本是一家"。我很喜欢的一部小说叫《封神演义》，里面有一句话叫作"红花白藕青荷叶，三教原本是一家"。在人类最初思想科学萌芽的时候是没有学科之分的，现在有哲学、传播学、数学等各种学科。但是它们的根源可能是一致的，都是指向人在这个世界中存在所面临的各种问题以及我们对于答案的找寻。所以学科的界限本身就是专业化的结果。我们不需要去为了学科研究而研究，而是更多从面临的问题出发进行思考。

第二句话是标签式学术概念。刚才袁老师讲平台型学科，赵老师讲占位者的角色，这是对学科定位非常好的解释。我在这个基础上思考，我们研究的很多具体问题，是不是在这个平台上的标签？媒介物质性可叫作标签式学术概念。它并没有固定不变的框架结构，更多像一个连接，甚至是超链接，把形形色色相关联的研究集合在一起。

第三句话是刚才章老师谈到的东方思想的智慧。这是一种打破古今中外的思想对话，有时候不必囿于学科界限或我们所处的领域，而应更多地进行一种对话和交流。

潘霁：

我博士是专攻量化研究，在美国受了较为严谨的学术训练。但后来学术研究路径上越做越不伦不类，所以经历了思维的转变。我有两件事情想说。

第一，我曾经也疑惑，传播学到底研究什么。一开始，不少前辈的回答是广播电视采写编评。但传播学现在越来越和这些东西没关系了。德布雷说一个学科或学术领域，并不是按照其研究对象进行划分的，没办法按照研究对象的不同进行划分。刚才张老师讲了，三教本来是一家，都有一个脉络。袁老师也讲，如果没有形而上学的知识，学问是做不出来的。即使做量化研究，没有诠释学的理论自觉，量化研究做出来的结果也多是莫名其妙的"卖野人头"。即便最行政化的量化研究在对概念进行解析时，也要涉及大量诠释学以及立场选择。在这个意义上，我赞同大家刚才所讲的观点。

第二，我觉得一定要聚焦在研究方法、提问方式和经验场域的勾连上。刘海龙老师讲，传播学有传播学的研究问题和立场，这是对的。但是研究问题和立场、哲学之间有什么关系呢？我想到自己刚从美国回来时常做一件事。在美国读书时，书读了不少，但是论文读得更多。量化研究中读最新论文的重要性比书的重要性大。回国后黄旦老师、孙玮老师常让我读一些以前从来不读的书。于是读了很多奇奇怪怪的书：欧洲大陆学派、德国媒介理论……我追问，这些书读了有什么用？他们说，这书读了没用。我又问，做一个量化或传统的传播学研究，哲学中有些概念怎么落下？他们说，落不下去。后来我发现，根本不是落的问题。哲学在学科的分野上是用来刺激重新提问的。哲学从媒介的角度重新提问传播学的前设，把行政学研究中很多的前设、局限性、历史性都加以澄清。这时倒过来再进行经验研究时，研究者提出问题的问法和没看过那些书时自然会有两样面貌。

刚才哲学的同行们太谦虚，说传播学给他们提供了经验上的实践知识。赵千帆老师更加客气，说没有形而上学也是一种知识。实际上传播学不应该是这样的。传播学应该反过来对人文社会科学、对哲学的理论建构有自己独特的贡献。它需要在形而上学的立场上，用自己对沟通实践和经验的贴合，生产出有自己特点和立场的问题意识，将传播或以媒介技术作为基本立场和提问新的支撑点。这种支撑反过来对哲学或对哲学中的某些部分也要有滋养补充的作用。两个学科之间应该有更为正常的双向关系。现在的一些学生以前受了非常严格的经验训练，这是很好的。但我有时候会布置学生们读一些看上去没什么直接用处的文本，这样研究的趣味性可能会更强。

吴璟薇：

潘老师提到理论的落地问题。读者们也提出一个相关问题：媒介与哲学相遇的各种可能。在过去，媒介学和哲学就有过相遇吗？如何进行历史的梳理与未来的展望？王金礼老师在写思想史，请王金礼老师分享思考。

王金礼：

哲学与传播学的相遇是一种"艳遇"、一种"邂逅"。一方面，哲学从形而上往形而下走，到面对具体问题的趋向上，在对"媒介"这样一种器物的研究中"遇到"传播学；从传播学方面看，则是从内容生产、传播效果等具体研究中抽象，向上反思，就走到了传播哲学或者媒介哲学。这种反思是在思考，传播学到底应该做什么样的研究、这种研究在整个人类知识增进过程中做出了什么样的贡献。传播研究的知识论意义在于，它是以传播、媒介的方式对人和世界关系的一种探索，也就是研究人如何"在世存有"。所谓传播的方式，具体是以 C 开头的三个单词：communication（分享/传递），connection（构成），constitution（连接）。这种思考的基础是人和世界的未完成性、构成性，传播是完成、构成的途径。因为传递、连接以及构成，必然通过媒介，这需要考虑媒介为何、如何介入人类在世存有中去，由此就可能提出媒介性、媒介学的话题来。

吴璟薇：

曾国华老师最近在《国际新闻界》发表了一篇关于物质性研究的综述，其中也谈到相关话题。我们听听曾老师的思考。

曾国华：

刚才各个老师都谈到，从哲学的基本问题延伸到传播或媒介研究。其实还有一个角度需要做，每一个时代的主流传播学、新闻学以及媒介研究，都和那个时代重要的学术思潮关联在一起。比如，传播学在早期初创时代为什么体现出强烈的功能主义特征？除了传播学本身从早期就偏向应用研究之外，这与当时美国的人文社会科学界功能主义思潮的巨大影响有密切关系。再稍微晚一点，最近的媒介物质性研究也和人文社会科学领域近几十年一步步推进的物质性研究的总体议程连在一起。一方面，我们和哲学原初的概念、问题、方法论、认识论的思考相关，另一方面我们和时下广义的哲学或思潮、时代关切的思想问题是关联在一起的。

各学科都要慢慢通过自己的方式去贴近问题。最近出现广义上的本体论转向，从以往人文社会科学主要关注人的主体性、人的角度，转向对关系、过程、整体宇宙观的关切。在几种大方向下，物质性研究呈现出多条不同理论路径，互相之间有呼应，也有很大区别。如果仔细归纳，大致可归纳出十几条关于物质性研究的具体理论路径，但总体上说，它们又和刚才说的三四条主要路径相关联。如果不回应这些理论、这些时代的关键思想性问题，那么学科的理论深度会有问题。

因此，从各个学科交互影响、共同进行知识生产的角度来说，哲学或哲学化的思考、哲学化的思想、时代的思考，和传播学其实都密不可分。如果我们只是潜移默化，默认了哲学对传播学的影响，把这种影响中最粗浅的部分应用到传播学研究中，那就只能如此而已。但是如果我们能够更加关注这些思想背后的问题，那么起码研究的可读性是可以提升的。

媒介理论的本土化

吴璟薇：

各位老师谈到一个重要话题：不管是媒介哲学还是媒介学，都带有西方背景。章戈浩老师也提到从东方哲学视角思考来回答今日传播问题的可能性。下一个问题也涉及文化背景。有读者提问，媒介学理论背景是基于西方文化甚至基督教文化的，对媒介的隐喻主要使用了西方文化的隐喻，比如天使、光、古罗马神话的信使墨丘利。今天我们引进媒介学，如何看待它所具有的西方文化根基或特性？中国文化如何理解信使或中介？中国哲学在谈技术时有自己的一套方式，在引进媒介学时如何面对中国本土化问题？

章戈浩：

我结合自己阅读弗卢瑟的体验来回应这些问题。我在阅读弗卢瑟的作品时发现一个有趣现象。弗卢瑟一方面谈传播作为一个最基本的人类现象，但他本人又不把传播作为一个西方普世的价值观念。弗卢瑟指出了传播在不同文化、不同背景下的差异，只是很可惜他并未推进往下研究，只侧重在关于欧洲的基于线性文字的传播。但他实际上意识到中国的基于方块字、汉字的文化圈的种种传播，以及非洲的基于身体的传播问题。

还有一个让我感兴趣的点。弗卢瑟在某些地方还受到了马丁·布伯的影响。一些中国的古典哲学，特别是道家的古典哲学著作，实际上是马丁·布伯最先翻译成德语，再介绍给海德格尔的。因此，传播哲学的源头与现象学的传统有关联，与海德格尔关于技术的讨论传统是有联系的，而海德格尔提出一系列观点时，实际上受到了中国道家哲学的启发。所以从某种意义上来说，中西方并不是截然分开的。

只是，我们要重新思考，在不同情境下，中国的传统智慧和思想如何在一个合适契机下和这些理论发生碰撞、产生对话？如刚才张磊老师所说，学者们完全可以打破这种古今中外的界限——实际上，媒介考古学就试图打破时间上的绝对先后顺序。我们把这些东西搞出来以后，回头再去看，有一些我们认为的远古思想，可能恰恰是后现代的；很多我们认为是当代的，也可以放到古代去进行对话。从某种意义上，我们在做学术的时候，也要尝试一下穿越。

袁程：

中国原本没有"天使"这一概念。克莱默尔通过"天使"来讨论媒介性的概念。对于不处于西方文化或宗教文化语境下的中国人而言，对此感受并不深刻。不能说克莱默尔在研究天使，我们也跟着研究天使。我们应更多地把这一概念对媒介性的关注承接过来，在深入理解后，观察能否在中国文化传统语境中激发出对传媒或媒介性表达的形象或概念。

形象的挑选或形象的表达是非常关键的。不是任何一个有传播色彩或传播角色的人、符号都能被纳入对媒介性的刻画。以后我会对玄奘、鸠摩罗什等人物形象继续研究，包括空间性的沿革、语言的转化、思想的传播、一代代的传承、发挥的影响。

王金礼：

说到中国理论和中国实践，我身在福建，能够切身感受到中国一些传统实践的存在。今天的地方性日常生活中，还有着某些通灵的人。如果说西方有天使，通过天使来实现普通人和超越之物的连接，在中国生活实践中，也有连接普通人和超越鬼神的灵媒的存在。他们也可以作为媒介研究的对象来讨论分析。

从将特定的人作为"灵媒"、作为媒介，我们可以进一步提出普通人作为媒介连接他人与世界的问题。我阅读了卢曼《作为激情的爱情》。爱情这种特定的人际关系，实际上是一个人通过爱情，通过与恋爱对象的连接，实现了人和世界的连接。在这种连接过程中，爱情作为媒介，打破了人的个体性的坚冰，达到了在世存有。讨论爱情时，其实没必要讨论东方、西方，它可以落脚到普通人的意义上，或从人类的意义上来讲人。其基本话题是个体性的构成、个体性的成长，以及个体性成长之后的边界和封闭性。通过恋爱关系，或通过其他媒介，人实现了与世界的共存，在世界中存在。

在这个意义上，传播研究不再仅仅关注信息、传递、效果一类的话题，它有了一种对人和世界关系、对人类文明进行解释的知识论的身份和意义。在这个意义上，我推崇唐海江老师的媒介考古学，是推进媒介与文明的研究。尽管可能不是那么偏向哲学的抽象路径，但也在落实通过媒介解释人和社会的意识。这个方向上有很多事情可以做。

吴璟薇：

期待王老师说的爱情研究。爱情是现代人的宗教，现在一切都被解构，唯独爱情还没有被解构。王老师说的这本书，背后的工作人员和筹划人员就是赵千帆老师所在的团队。

赵千帆：

我当时参与了关于卢曼这本小书的研讨。当时是挖掘到一个"八卦"，就是卢曼是1968年替阿多诺组织一个学期的讨论班时提出了这样一个主题，本书就是从这次讨论班的内容发展出来的。当时德国正处于学生运动中，卢曼或许故意做了一个这样以个人生活为话题的讲座。所谓"八卦"就是，阿多诺在会面时向卢曼请教该如何处理他个人的感情问题。

"爱情"概念也是来自西方。以前中国不在作为个体的连接上谈这个事情。作为哲学从业人员，我会很快意识到这里的概念与翻译的问题。这可以对接上刚才章老师说的西方思想找到一个中国的衔接点的问题。当代"爱情"一词在汉语中属于陈嘉映老师所说的"移植词"，中国语境中没有这个词，它基本的用法是向西方人借来的，虽然两个字是中国字。刚才大家都无形中认为"爱情"没有必要分中西方，"天使"有必要分中西方。其实可能值得一问，是不是真的是这样？第一，中国其实现在已经有几千万基督徒了，对他们来说，"天使"并不是那么难以理解。第二，从人类学或文化谱系的角度说，天使、灵媒、萨满教或中国南方传统中的巫师、希腊的精灵、中世纪的女巫，可以都纳入一个谱系来考察，而不一定非要寻找一个东方的词，好像是专属于我们的范畴。

在这个意义上，我更主张探讨具体翻译或概念的变迁问题。比如"爱情"，传统中国人更多会谈"情意（义）"，那个"意"可以是意念的意，可以是义气的"义"。传播学上的一个经典例子是"communication"的翻译问题，同时有"传播"与"交往"两个对应的汉语。在翻译弗卢瑟《什么是传播》时，我对应不同情境，不得不将这个词有时译成"传播"，有时译成"交往"。此时，汉字主动差异化的功能就在翻译过程当中体现出来了。这是我们在翻译中收获的一个机会。

另外要注意一点，当过于关注所谓中国思想资源的时候，会陷入某种文化"自恋"。虽然我们已经姿态很谦虚了。哲学和不同学科或理论间的交往的一个重要意图就是：破除自恋。哲学有强大的自恋传统，容易把自己和真理、终极问题关联起来，认为自己的概念是特别有效的，指责其他学科没有用到足够抽象和普遍性的概念。相反，每个学科更多会专注或主动限定在一些专门属于它们的问题上，但有时也都会觉得从本学科出发的视角才是世界图景的关键性标准（比如物理学就习惯自视为自然科学的"王者"）。我认为，不同学科之间的交流跟不同文化间的交流一样，都要破除这种自恋。西方人相对而言对这一点是有意识的，他们已经反复强调要破除西方中心主义。中国人可能没有必要破除"中国中心主义"，因为中国目前还不是中心。但其实中国传统一直以来都是遵循一套普世性话语，比如中国传统从来不认为自己是"东方的"，而是"中心"，也不会认为世界是多元的，中国以前一直是强调"定于一尊"，《中庸》上就说"舟车所至，人力所通，天之所覆，地之所载"这样的话语。只有今天我们才很主动地强调中国本位、东方色彩，强调中国要有自己的东西，这其实已经是西化的标志了。认为中西应该是有区别的，已经是在模仿西方的行为方式来做事情。因为恰恰西方浪漫派以来会认为每一种文化都有独立性，每一种文化都有各自的尊严。只有从西方文化发展出来的倾向于多元的文化模式，才会承认每个文化有自己的独立性。

在这个意义上，对待中西差异，我觉得更好的做法是规避从总体上处置这个问题，先直接从具体的翻译或边界性现象入手，考虑在现实中已经发生的对一些事物的不同理解和不同操作方式。传播学可能会给我们很有意思的启示。比如西方对脸谱网的用法，到了中国变成微信的用法，这里对于公共与个人畛域的划分，就是非常有意思的转化。

刘海龙：

《心灵的革命》一书专门研究爱情这个概念。它进入中国时，其实在五四时期有一个转换。作者李海燕把爱情和现代性、民族主义联系起来，分析了郁达夫与日本妓女的爱情如何与国家联系在一起，这和近代的心灵的革命有很大关系。

我同意赵老师的说法，要从一些小的语言概念辨析开始。一些概念在翻译中就已经开始中国化。比如天使这个概念，在中文里很早就有，比如《西游记》讲太白金星就是天使，但这个天使不是西方讲的天使。另外，上帝实际是一个世俗的概念，是从皇帝发展而来，和西方上帝的本义不同。

几位老师论及学科的问题意识。学科是一个现代性的产物，有其演化逻辑，慢慢形成学科，需要更专业、更细分化的思考，而不是停留在哲学的笼统层面。赵老师谈哲学的发展，已经隐含这一观点。传播学是一个实践学科，和经验关系密切，更强调语境，不同语境会产生不同理论，包括中国传统的理论是否在中国当代实践中依然体现。于是在实践层面就出现了哲学和传播学问题意识的差异。哲学会从中国古代可提供的新资源出发和西方对话，尽管这个资源在现在已经没有实践基础，但依然有价值，因为它从观念上、理论上提供了新视角。传播学关注的是，这些理论是不是还适用于实践，因此更注重语境化或情境化的解释。另外，媒介性概念的提出也受到了麦克卢汉或美国传播学的影响，启发西方学者意识到这个问题在过去的哲学讨论中没有被作为一个问题得到探讨。

黄旦老师说"medium"在中国被翻译成媒介可能是偶然的，中国正好有"媒"这样一个人的形象存在，所以翻译时用了人的形象。但其中也有必然性，中国更注重主动性或积极的一面，而不是西方所认为的工具性、他律性的媒介只有沟通、连接的作用，它本身不创造任何内容。克莱默尔讲到媒介是透明的，中介性才能发挥作用。中国的观念认为媒介要在中间生产积极的连接。

我们如此重视媒介本身，把媒介作为专门的关注对象，这在世界上也比较少见，和西方对媒介的透明或忽视形成对比。中国文化对媒介相当敏感，比如仪式中将媒介本身当作关注对象，中国书法将纯粹的中介非透明化。这是一个值得探讨的问题。

赵老师谈到"传播"的翻译问题。其实五四时期胡适翻译"communication"为"交通"，用的是中国古代的含义。这个"交通"概念和今天的"交通运输"概念不一样，就是"传播"观念的体现。中国的"交通"更侧重于"通"，强调结果，而不是简单强调中介性。最近几年谈论中国人对传播的最早理解，人们常提张光直的"地天通"，体现的是中国人从"上下交通"的方式来理解传播，而不是一个简单的人和人之间或平等个体之间的传播。所以爱情本身和个体主义、人和人的平等实际上是有关系的，要主体平等、做一个他者，才能产生爱情。如果没有这样的秩序，可能会产生其他的情感，但未必是爱情。所以中国古代的爱情很多时候发生在文人和妓女之间，而不是文人和老婆之间，可能是比较少见的情感结构。这里要回到经验、回到情境。

从这一点来讲，传播学大有作为。传播学对经验非常敏感。像"双十二"、"双十一"、淘宝现象，为什么只有中国存在？这就需要讨论整个结构，需要从中国自身的语境考虑。中国人对新媒体的接纳，和近代以来的进化论对求新、求革命的追求是相关的，认为新东西一定是好的。最近人们开始反思"蚂蚁金服""蛋壳"等公司打着创新、互联网的名义，做着华尔街的事情。这些问题都是经验性的，传播学恰好在这方面可以提供扎实的经验性底层理论给大家思考。

王金礼：

首先感谢大家对爱情作为一个传播学话题的认可。我非常认同赵老师关于中国传播学或本土化本身带有西方中心主义这种自我认定的问题。赵老师说一定要强调中国化的话题是自恋，但主要还是没有自信的表现。

对于中国传统社会里有没有爱情这个话题，中国的经典故事中还是存在的，只是或许在命名上不叫"爱情"。当我说爱情的时候，其实更多是从人作为媒介这个意义上来说的，尽管媒作为媒介并不是一个多么新的话题，但就传播研究来说，人成为媒介可能是一个话题了。我强调的其实是一个个体性和世界的连接问题，是媒介的根本意义所在。

刘海龙：

谈到中国的爱情故事，从媒介学的发展来看实际上有一个近代化的过程。近代五四之后，人们在建构中国的神话体系、童话故事体系时，按照西方结构进行了一些加工。

关于中国的民族主义、学术民族主义、学术议和团的问题，说是缺乏自信也好，自大也好，这个问题其实就是一个经验问题。每个研究者都要知道，自己的研究的语境、情境、理论本身不是普世的，要知道边界在哪里，这是做研究应有的基本的谦虚态度。每个人都不能说自己的研究从一个地方出发就可以覆盖全世界。如果对其他的地方有所启发，那么这个研究构成一种多元的对话关系，这就可以了，没有必要强调自己的地方性，也没有必要强调它的普适性。要考察的是，研究是不是切合经验？理论能不能准确表述？能否构成有启发性的叙事？至于它是不是代表中国，有中国特色，有普遍特性，这些都是一个结果问题。研究前无须预设研究是本土化的或是具有普世性的。

张磊：

可以进一步解构这个问题。不光中西之间的差异，包括我们作为人类的身份都进行反复的主体性建构。为什么我们要有自信？当我们半只脚已经踏入人工智能时代时，人类已经进入一个放弃自信的时代。

章戈浩：

对于中西问题，我举两个有意思的例子。前一段时间我读了一篇论文，题目是《空气作为一种媒介》，当空气是透明的时候，我们根本意识不到空气存在，意识到存在的时候是空气被污染了，或起风了。我的第一联想是中国古代关于气的概念，与该文对气的理解完全不一样。气可能是外部的气，可能是内部的气，可能是五谷之气，也可能是看不见摸不着的内气。从东西方两种概念之间的联系、差异、对话，回头再去想媒介的概念很有意思。中西的划分标准，没法划分一些我们很熟悉的经验。

另外，我做武术研究，天下武功出少林，少林的武功是哪里来的？达摩。它其实不光是东或者西，东还可以再分，西也可以再细分。这个中间，各种事物是交互的，交织在一起，不是绝对的对立关系。我们可以从不同的层次，可以从不同的角度，重新打散，再来思考。为什么东方智慧可以引进来？我提这个角度并不是说完全盲目照搬或是另起炉灶，而是说可以有更多的可能性，各种不同的角度来撞击我们的现实。

赵千帆：

刚才我说自恋或反对从中国本体或本位的方向来谈论，并非针对章老师的观点。恰恰相反，他提的"气"的概念非常有意思。我也想过这个问题。我翻译本雅明的"aura"的概念，直接翻译成"气息"，引起了一些争议。后来发现国内翻译成"灵韵"。类似"气"和"韵"都是中国特有的概念。汉语中的"气"跟"空气"或"以太"还不完全一致，它有个内外贯通的层面，而且还有一个感应的层面。翻译这种概念的困难之处在于，如果停留在原来的语境中，就没法落地。传统中国哲学概念——其实西方概念也一样——必须经过经验和具体科学操作过程的提炼和清洗。中国哲学中，"气"的概念是非常重要的，不管在审美还是在政治中，但问题是，比如"民气"这样的概念，它是无法在严肃的政治辩论中出现的（它必须经受类似"公共舆论""民意调查"等社会学、政治学程序的检验）。"五脏六腑之气"也是如此，无法作为"普世性"医学范畴被直接拿来使用。诺贝尔医学奖得主屠呦呦是从张仲景的一个药方里得到的"青蒿"线索，然后提取了青蒿素，这种提炼和清洗的过程，在概念上是一样适用的。很多概念不能再在传统语境中使用，必须和经验磨合，进行清洗和提取，没有这个过程就很容易变成回到中国传统世界观的构建。西方的操作则是每一代的思想都不断地在清洗上一代的概念，比如什么是"神"，什么是"天使"，什么是"理性"，在西方神学都有很多辩论的，有很多反复进行的争论和谱系学考察。把西方的概念翻译成中国概念或汉语概念也应该就是这样的工作。

还有一点，就是刘老师提到的书写的问题，现在看来，它确实是最具有中国特色的一个方面，能在最新的电子媒介的汉语版本中直接观察到。在座的都是跨语种的研究者，应该都能感受到这一点。比如"火星文"这样的概念，很可能也只能出现在我们的文化中，包括"表情包"，最初是从日语文化中发展出来的，它也受到汉字文化的影响。这也是个很有意思的话题。

吴璟薇：

爱情是一个重要话题，克莱默尔谈到爱欲模型，将"信使"作为暗喻模型，体现媒介的中介性消失后会产生的效果，可类比中国的"心有灵犀一点通"。彼得斯说，人和天使之间的沟通也许不需要身体。对于爱情作为中介性的话题，曾国华老师最近在研究相关议题，请他来分享思考。

曾国华：

现代西方爱情观念的构建并非瞬间就完成了，实际上有一个很长的过程。文艺复兴运动时期，爱情故事的爱情观念相比中世纪和希腊罗马时期已经有很大的改变。但是当下一般意义上理解的爱情，是与卢梭连在一起的。卢梭在多部著作中尤其是《爱弥儿》一书中构建了基于浪漫主义和自由主义的生活原则，其中就包括爱情。卢梭的著作在当时对新兴的资产阶层应该过什么生活有很详细的生活指引，很多家庭按照指引去做，这也有一个长期构建的过程。这种构建在启蒙时代对法国有强大影响，并慢慢扩展到世界很多地方，在总体上影响了欧美的爱情观念，虽然后来经过了很多次修改。列维·施特劳斯的大弟子阿兰·布鲁姆在"爱的三部曲"中对卢梭以降的古典浪漫主义爱情观进行了颠覆，这种颠覆其实在某种意义上是很值得重视的，虽然不见得说布鲁姆自身的主张是一个非常重要的意见。

中国也是这样。刚才有些老师提到爱情一直没有被颠覆。其实很难说有没有被颠覆。现在一般理解意义上的爱情观念的颠覆，如果从哲学或广义的思想史角度来说，其实一直在进行。除了五四时期以来的爱的观念，元曲里也呈现出了和中国其他时代完全不一样的爱的观念的异质性。爱的概念的扩展性在后来也有所体现，《红楼梦》的贾宝玉就是如此，曹雪芹"赋予"贾宝玉的爱其实是非常有意思、非常独特的一种爱情观。他并不求得一种双向的感觉，更多是一种付出，而且这种付出有一种超越性。《心灵的革命》里谈到爱情的近代化，包括家庭的管理等一系列东西，也是说这种观念的建立或相应的变化，是一个复杂的状况。到今天为止，中国讲"爱情"，至少有三四种不同的来源，在不同的状况、不同的语义、不同的语境下，这个概念会有不同的意义指向，意义在一个范围内不停地游移。

如果从这个角度看，从传播思想史或媒介思想史的角度去谈，还可以有更多的工作可以做。它与非常多的新事物关联在一起。如果从相对广义一点的角度去理解媒介和传播，基本上没有什么话题是和大主题没有关联的。从大主题的各种理论角度去看，什么都可以做研究。在我读书那个时代，大家的基本看法是，没有"东方的理论"，也没有"西方的理论"，只有好的理论，有启发的理论，对思路的梳理有帮助的理论，对学界的讨论、对问题的研究深度、对学科的发展有贡献的理论；关注的是理论自身的适用性、解释力和启发力。理论的引入、反思、吸收、再创造需要不断进行。

克莱默尔曾讲，当风太大，你听不见时，你会意识到空气作为声波的重要作用，意识到媒介载体的存在。电视机突然坏了时，你意识到媒介的影响；上不了网时，才意识到网络的存在。跳出这个体系之外去看，原来看起来无缝链接的状况里边，会显现出存在的问题。在这个意义上，东方的体系和西方体系，不同来源的全球各地的思想交汇，从方法论角度看，是具有积极意义的事情。

吴璟薇：

刚才嘉宾们讨论了媒介学的本土化与东西方交流，也回应了什么是"德国媒介理论"这一问题。这个概念和"批判学派等于法兰克福学派"的旧观点一样故步自封，德国媒介学者也没有自我命名为"German media theory"。只是由于近年基特勒等人对技术的讨论受到了英美学界的关注和引介，这一概念才慢慢被固化。基特勒和其他德国媒介学者的区别很大。

不过，跨地域的交流和沟通也是存在的，比如加拿大英尼斯学派影响了德国媒介学学者，法国后现代主义学者对德国媒介学者也有类似影响。所以我们在探讨本土化问题的时候，也回答了德国媒介学派的话题，德国媒介学派并没有为自己设立明确的边缘或框架。推荐《跨越大西洋：媒介和传播研究在北美和欧洲德语区之间的发展》（*Media Transatlantic: Developments in Media and Communication Studies between North American and German-speaking Europe*）一书，专门讲述北美和德国媒介学之间的理论对话，可帮助了解多个媒介学派。该书指出，德国媒介学虽然开端于基特勒，但固化的第一步开始于卢曼，早期理论背景可追溯到法兰克福学派对媒介的研究。如果要进一步关注德国媒介理论研究，还得回到基特勒之前的时代，引入卢曼。

碳基生命与硅基生命的交流

吴璟薇：

刚才嘉宾们谈到去人类中心主义的话题。传播学的具身性研究、媒介和技术话题、人类世概念的引入，都有去人类中心主义或后人类的思想。有读者提问，碳基生物与硅基生物是否能够互相理解？媒介是否可以发展出新的语言和新的理解？

章戈浩：

从历史维度看，传播政治经济学者会把到目前为止经济发展的核心定义为基于煤炭等元素的碳资本主义。信息技术最核心的元素已经从碳基转成了稀土。以后是否会延续过去的碳资本主义方式，演变成稀土资本主义，还是会出现稀土社会主义？两者不太一样。站在批判研究的视角，讨论未来会怎么样，其实在于当下如何想象未来。未来是按照当下对未来的想象而进行的。现在主流的关于未来的想象，在批判研究学者看来，它实际上是认可当代资本主义的，是所谓的资本主义现实主义的想象。现在要做的是，对未来提出一个批判性的想象，而不是沿着现在既有的技术路径往下发展。要研究碳基生命和硅基生命的未来，着重点应该在现在，探讨和汇聚生命的未来，想象以后作为碳基生命与硅基生命的相处。

张磊：

核心在于语言，但是此语言不是我们传统意义上的人类的语言，而可能是一种理解的工具、理解的可能性，或者用一个现在流行的词就是可供性。这种语言可能会采用各种符号来进行，也会借助各种物质性运行，可能会在人、物之间进行各种沟通。在这个基础之上我们如何来命名它、定义它？当然是破除既有的界限去寻找它。

对生命、对晚超人，我们有一个可以思考的问题就是生命的存在。通过媒介的延续，会不会有一种新的生命的存在方式？回应王金礼老师说的伦理问题，最大的伦理是要重新理解家庭、家庭的伦理，我们需要媒介在家的伦理环境中延续我们的存在。

王金礼：

碳基生命如何面对硅基生命，这与其是一个社会学的想象，不如说是一个伦理问题。作为一个人文研究者，我们所说的都是想象的，没有明确的根据。从自我身份定位的角度出发，讨论是否能够接纳非碳基生命，讨论与之共存和合作的可能性，现在还为时太早。我们对非碳基生命，毕竟还没有现实的了解。

曾国华：

这取决于在什么层次上定义硅基生命。比如电子计算机算不算生命？现在一般认为，硅基是没有"生命"的。从生机主义的角度看，任何物都可以有某种"生机"。物之所以能够成为物，还是有一种东西在支撑，生机结束了物就崩解，它有一个广义上的生命的过程。从这个意义上来说，这个可能不单单涉及伦理。因此，碳基生命和硅基生命当然可能是可以沟通的，但它们面临和进行什么样的沟通，要看情况。我能理解提出这个问题的时候，我们指向的是人工智能技术上的、身体的生命，这里涉及程度上的差别。例如"AlphaGo"这样的弱人工智能，算不算是一种生命？它已经有相当强的特定智能，基本上可以击败任何一个人类棋手，但是它绝对不具备强人工智能，不具备可以和人类类比的模拟性或真实性的智能状况。

所以谈这个问题时会进入这样的状况：如果不从生机主义的角度来看硅基生命，而是从碳基生命这种严格的概念（即人、植物、动物、微生物才算生命）看，就会面临碳基生命和硅基生命无法交流或者它们的交流会是一个发生在未来的问题。但如果我们从生机主义的角度去看，这种交流其实正在发生。现在我们和宇宙、自然、物、所有东西都在交流，宇宙范围内的无限多的个体形态都在发生交流。因此，碳基生命和硅基生命的"communication"可以是一个很复杂、多模态的过程。如果从生机主义的角度看，这个话题会更加有趣、更有启发性、更有生产性。这其实是非常哲学化的话题。刘海龙老师研究身体的概念，和这个话题直接相关。

刘海龙：

上述问题需要与生物科学、计算机科学学者一起思考，文科毕竟有学科限制，也停留在一个想象阶段。我们现在还是以人为主体的交流来想象如何与计算机交流。比如哈贝马斯的交往理性，即至少双方要愿意交流，有开诚布公的态度，具备能够交流的语言，这样才能完成交往。但是，首先要承认对方具有平等地位，双方还要有意愿。硅基生命能不能发展到这一步？发展到这一步之后，有没有和人交流的意愿？能不能沟通？我们的身体和硅基生命这两者之间是可能有一种中介性的。人类可以借助硅基的运算方式理解硅基生命的思维方式。反过来，硅基生命理解人类也是一个复杂过程。这些超出了传播学所能驾驭的范围，需要多学科共同合作，包括脑科学、计算机科学、伦理学等。

具身性的回归

吴璟薇：

刘海龙老师谈到具身的问题。有读者关心，从媒介与技术的关系，到城市大屏幕，人通过技术实现新公共领域的探讨，那么人在其中的具身性、在场性是否一个可以思考的新起点？这个时代是否意味着以身为媒的身体的重新回归？

潘霁：

这是一个具体的经验和现象领域。提问者没有指出要从哪个理论点切入、具体问题是什么。实际上到处都是有趣的、新奇的点，所以这个问题无从回答。倒过来讲，对于太过时髦新奇的点，在研究时反而要保持一定警觉。如果你在理解新奇的经验时仍旧用旧的理论或者旧的理论假设切入，反而会让新的东西消失在自己的研究中。这也呼应了我们的讨论主题。此时哲学可以帮助我们时刻保持一个不断追问的姿态，警醒自己对现象的把握。换句话说，如果没有一系列或自觉或不自觉的哲学前设，即使是一个对经验现象的描述，也是不可能的。这个问题本身不太清晰。至于身体的问题，则留给海龙兄。

刘海龙：

提问者可能有两重意思。第一，是身体的体验上的差异。第二，身体是麦克卢汉讲的身体的延伸。城市本身成为身体的延伸，大屏幕成为我们的身体，让我们有一种新的方式进行沟通。如潘老师所说，这个问题本身比较模糊，讲到了一个现象。提问者模糊地看到了现象，但没想清楚问题。很多问题在问的时候已经包括答案了，这个问题没有成为一个真正的问题。这位提问者可能想问的是，这个话题有没有研究的价值。研究价值要看这个话题或现象能带来什么新的视角。媒介地理也好，城市也好，具身性也好，能够让人们看到什么？什么现象能够对这样的视角、那样的理论有启发性？

媒介的隐匿性

吴璟薇：

有读者提问："克莱默尔说，媒介有隐匿性；麦克卢汉说，媒介如空一样存在；海德格尔说，媒介不可见。这其中有区别吗？"由这个问题引出一个核心话题，即讨论媒介的隐匿性。请几位老师一起分析。

潘霁：

该问题的提问方式尚有可以改进的地方。不能从一个理论家的所有理论话语中抽出一段来，然后与其他不同脉络，带有不同问题意识的理论家横向比较。先要搞清楚克莱默尔讲的是什么意思，想解决什么问题，讲的信使之死，针对的是什么现象或经验。这样才有可能去进行比较。

刘海龙：

同意潘老师所说。几位学者在不同语境下展开讨论，每个人的提问方式、要解决的问题、对媒介的定义差异极大，所以要先弄清各自的问题意识。第一，需要注意，海德格尔没有说过媒介不可见，说的是"物"。他没有针对性地谈论过媒介。如果把"物"理解为媒介，那么"物"在什么情境下成为媒介？这更值得谈论。第二，克莱默尔讲的是哲学上的中介性问题，所以她讲的媒介不是通常意义上说的电视、广播、互联网等具体媒介，讲的是一种过程或媒介性。第三，麦克卢汉讲的媒介实际上也不是我们通常所说的信息媒介，而是既包含了信息媒介，又包含了非信息媒介。《理解媒介》中的几十种媒介远远超出了今天所理解的信息媒介的一般概念。我同意潘老师的说法，要首先回到每个学者的语境中。

赵千帆：

这个问题背后有现象学的线索。提问者所引用的诸家说法，如"空""无""不可见"，都是相关学者（克莱默尔、麦克卢汉、海德格尔）在不同的语境下对现象学基本问题的重构。现象学关注的是世界如何在特定视域结构中显现出来。最初胡塞尔是在认知和描述的

213

层面上来展开这个问题的；后来到海德格尔，就转化为在世存有以及人与物的关系问题。卢曼也有很强的现象学背景，虽然不容易直接看出来，但他对胡塞尔非常熟悉。克莱默尔更不用说，直接会谈到自己的现象学方法。

吴璟薇：

今天我们讨论了一些重要话题，包括哲学和新闻传播学如何对话、传播学理论是否需要本土化、碳基生物和硅基生物的交流等问题。我们下学期再会！

附录二
领读与主持人介绍

韩晓强　电影学博士，西南政法大学新闻传播学院副教授。媒介研究公众号"观察者的技术"创始人。

刘海龙　中国人民大学传播学博士，中国人民大学新闻学院教授，博士生导师。海龙果读书会组织者，中国人民大学杰出学者（青年），传播系主任，《国际新闻界》杂志主编，中国人民大学新闻与社会发展研究中心新闻传播研究所主任，复旦大学信息与传播研究中心研究员，武汉大学媒体发展研究中心研究员；美国宾夕法尼亚大学、中国香港城市大学访问学者。研究方向为传播思想史、政治传播、传媒文化。

潘霁　复旦大学信息与传播研究中心副主任，复旦大学新闻学院教授，博士生导师。美国南卡罗来纳大学传播学博士，新加坡南洋理工大学新媒体研究组博士后研究员。研究领域包括城市传播、数字技术和研究方法。著（译）作包括《文化框架：美国主流媒体中的"中国制造"》《地理媒介：网络化城市与公共空间的未来》《跳动空间：抖音城市的生成与传播》等。发表中英文论文多篇。

孙藜　上海大学新闻传播学院教授，复旦大学信息与传播中心研究员。近来致力于中国近代城市媒介史研究。

王金礼　武汉大学博士，福建师范大学传播学院教授，福建省闽江学者特聘教授，福建师范大学马克思主义与当代媒介研究中心（福建省哲学社会科学研究基地）主任，中国新闻史学会新闻传播思想史研究委员会副秘书长。主要从事传播伦理、传播思想史、媒介哲学等基础理论研究。代表性学术成果有专著《新闻德性论：原则框架》及论文《重塑传播研究的知识边界》《作为知识的新闻》《确定性的迷思》等。

吴璟薇　清华大学新闻与传播学院副教授，德国柏林自由大学媒介与传播学院博士。研究方向是媒介理论新媒体中的公与私、跨文化传播、政治传播、媒介史。

徐亚萍　上海师范大学影视传媒学院副教授。研究兴趣：视觉文化、电影理论、纪录片。

许煜（Yuk HUI）　曾在香港大学和伦敦的金匠学院学习计算机工程和哲学，并在法国哲学家贝尔纳·斯蒂格勒（1952—2020年）的指导下完成哲学博士论文；其后在德国吕讷堡大学取得了哲学教授资格。他先后任教于金匠学院、吕讷堡大学、包豪斯大学、中国美术学院和香港城市大学。他也曾任巴黎蓬皮杜中心创新研究所的博士后研究员以及柏林德国电信实验室的客座科学家。许煜是博古睿哲学与文化奖的评委，也是哲学和技术研究网络的发起人。出版的专著包括《论数码物的存在》《论中国的技术问题—宇宙技术初论》《递归与偶然》，以及即将出版的新作《艺术与宇宙技术》。

袁程　柏林自由大学哲学博士，首都师范大学哲学系副教授。著有《实践智力与实质思考：寻求理性的表达概念》（*Practical Intellect and Substantial Deliberation: In Seeking an Expressive Notion of Rationality*）。目前研究兴趣为实践理性和慎思、道德心理学和情感研究、德国媒介理论。

袁艳　华中科技大学新闻与信息传播学院教授，博士生导师，复旦大学信息与传播研究中心兼职研究员。英国威斯特敏斯特大学传播学博士。《媒介与传播地理学》译者。从2014年起在国内首开"媒介地理学"课程，并在相关领域权威期刊发表多篇中英文论文。曾获第十一届湖北省社科优秀成果二等奖和首届新闻传播学期刊优秀论文奖。

曾国华　荷兰阿姆斯特丹大学媒介研究系哲学博士，现任中国社会科学院新闻与传播研究所助理研究员。近年研究领域为媒介社会学／人类学、文化理论与社会理论、媒介技术与社会变迁，以及流行文化研究。

章戈浩　澳门科技大学人文艺术学院助理教授，英国拉夫堡大学媒介与文化分析博士，主要研究兴趣为生存论媒介研究、质性数据分析、武术研究、弗卢瑟（Flusser）研究。

张磊　中国传媒大学国家传播创新研究中心研究员、博士生导师。研究领域为：文化研究、媒体人类学、媒体物质性研究、传播学理论、国际传播等。曾赴美国宾夕法尼亚大学安南堡传播学院、中国香港城市大学媒体与传播系、英国伦敦大学金史密斯学院、韩国首尔国立大学传播研究所担任访问学者。著有《焦虑与希望：对北京城市贫困群体的传播社会学研究》《传播学总论》等著作，在中英文刊物发表论文六十余篇。

赵千帆　浙江大学哲学博士，德国洪堡总理奖学金学者，先后访学于德国汉堡大学、柏林洪堡大学。现为同济大学人文学院副院长，哲学系副教授，硕士生导师，研究领域为德国哲学、美学、社会理论和媒介理论，尤其是法兰克福学派（本雅明、阿多诺）和尼采的翻译与研究。

图书在版编目（CIP）数据

媒介与技术研究经典导读. 第一辑 / 吴璟薇, 毛万熙主编. —— 北京： 中国传媒大学出版社, 2022.12（2023.11重印）
ISBN 978-7-5657-3315-4

Ⅰ. ①媒… Ⅱ. ①吴… ②毛… Ⅲ. ①传播媒介—研究 Ⅳ. ①G206.2

中国版本图书馆CIP数据核字(2022)第195494号

媒介与技术研究经典导读（第一辑）
MEIJIE YU JISHU YANJIU JINGDIAN DAODU （DI-YI JI）

主　　编	吴璟薇　　毛万熙
策划编辑	曾婧娴
责任编辑	曾婧娴　　裴向敏
封面设计	拓美设计
责任印制	李志鹏

出版发行	中国传媒大学出版社		
社　　址	北京市朝阳区定福庄东街1号	**邮　　编**	100024
电　　话	86-10-65450532　65450528	**传　　真**	65779405
网　　址	http://cucp.cuc.edu.cn		
经　　销	全国新华书店		

印　　刷	艺堂印刷（天津）有限公司		
开　　本	787mm×1092mm　　1/16		
印　　张	14.5		
字　　数	308千字		
版　　次	2022年12月第1版		
印　　次	2023年11月第2次印刷		

书　　号	ISBN 978-7-5657-3315-4 / G·3315	**定　　价**	75.00元

本社法律顾问：北京嘉润律师事务所　　郭建平